艺术侦探

找寻失踪艺术瑰宝的故事

[英]菲利普·莫尔德 著 李欣 译

生活·讀書·新知 三联书店

Simplified Chinese Copyright © 2017 by SDX Joint Publishing Company.
All Rights Reserved.
本作品简体中文版权由生活·读书·新知三联书店所有。
未经许可，不得翻印。

图书在版编目（CIP）数据

艺术侦探：找寻失踪艺术瑰宝的故事／（英）菲利普·莫尔德著；
李欣译．—北京：生活·读书·新知三联书店，2017.8（2021.4重印）
（新知文库）
ISBN 978-7-108-05857-7

Ⅰ.①艺…　Ⅱ.①菲…②李…　Ⅲ.①艺术品-拍卖
Ⅳ.①F768.7

中国版本图书馆CIP数据核字（2016）第290276号

责任编辑	李　佳
装帧设计	陆智昌　刘　洋
责任印制	董　欢
出版发行	生活·讀書·新知 三联书店
	（北京市东城区美术馆东街22号 100010）
网　　址	www.sdxjpc.com
经　　销	新华书店
图　　字	01-2017-5353
印　　刷	北京隆昌伟业印刷有限公司
版　　次	2017年8月北京第1版
	2021年4月北京第3次印刷
开　　本	635毫米×965毫米　1/16　印张17.5
字　　数	204千字　图40幅
印　　数	11,001-14,000册
定　　价	42.00元

（印装查询：01064002715；邮购查询：01084010542）

伦勃朗（Rembrandt van Rijn，1606—1669），
《大笑的伦勃朗》（*Rembrandt Laughing*）
铜板油画，23.75厘米×17厘米

拍卖品图录显示，这幅画是这位伟大艺术家的一位追随者所作，估价只有1000—2000英镑。当这幅小画在2007年10月的村镇拍卖会上以260万英镑的价格售出时，引起了轰动，随后，专家证实它是一幅失踪的伦勃朗原作，尽管事实上，这家拍卖行未曾在拍卖会开始前采取任何措施证明这一点。就在本书于2009年春天付梓之际，这幅画因有关出口协议的提案（对从英国离境的古典艺术作品至关重要）被媒体报道，在艺术界重新露面，据说估价已经高达2000万英镑。

托马斯·庚斯博罗（Thomas Gainsborough，1727—1788），
《一位绅士的肖像》（*Portrait of a Gentleman*）
布面油画，65.5厘米×48厘米

经过清洁和修复之后，原本看上去不太对劲的躯干底下，露出了伊普斯维奇时期（Ipswich-period）的庚斯博罗轻松活泼的标志性笔触。

托马斯·庚斯博罗（1727—1788），《一位绅士的肖像》（*Portrait of a Gentleman*）
布面油画，65.5厘米×48厘米

这幅画最初在eBay上出售，虽然没有标注为庚斯博罗作品，但头部显然是他的风格，进行修复之前，过度补色造成躯干部分呆板到了不可思议的程度，让这幅画整体上看起来有点像酒吧招牌，以致花不到200美元就能将它买下来。

威廉·多布森（William Dobson, 1611—1646），《查理一世肖像》（*Portrait of King Charles I*）（局部）
布面油画，48.3厘米×39.4厘米

提香（Titian, 1488—1576），《不要碰我》（*Noli Me Tangere*）（局部）
布面油画，110.5厘米×91.9厘米

这个例子很好地说明了原设计是怎样掩盖作品，让它变得不太妙的。尽管已经历尽沧桑，作品的原设计，或者说作者最初的想法，用肉眼观察鼻子外缘，依然清晰可见。这个鼻子的外观在后来的修复中遭到了误解，修复师不恰当地"吸收"（本来可以不予理会）了原设计，导致现在的玛达莱娜长了一个奇怪的希腊式鼻子。

这张照片是在清洁过程进行到一半的时候拍摄的，足以说明遮住画面的光油有多么脏、多么根深蒂固，它是如此模糊，以至于遮住了作品美妙的笔触，就这样，一幅出自艺术家本人的精美原作被拍卖行当成了复制品。

弗朗西斯·海曼（Francis Hayman，1707/1708—1776）
《画家本人和妻子的肖像》（Self Portrait with Wife）
布面油画
左侧图：39.4厘米×31.7厘米
右侧图：62.2厘米×43.2厘米

右边这位女士的肖像，在2006年美国的一场拍卖会上售卖时，身份和作品归属都不详，经过研究和推理，我们得出了结论，她实际上是一幅双人肖像画中的一部分，原来的画中人，分别是艺术家自己和他已然分居的第一任妻子，这一点可以从左边的这半幅画中证明。在这幅画生命中的某个时间点，它被从中间剪成两半，画中的这对夫妇从此劳燕分飞，海曼太太远渡重洋，来到美国。如今，他们在故乡英国的埃克塞特博物馆永远地复合了。

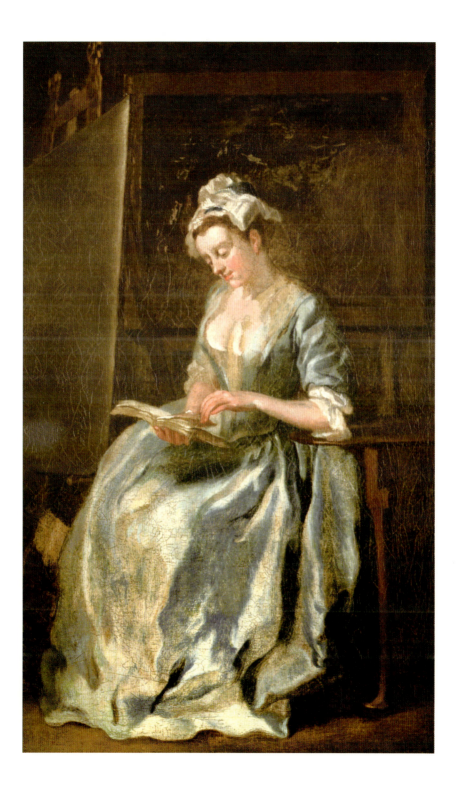

美国馆

1992年，作者和厄尔·牛顿与他所藏的数百幅肖像画中的一幅的合影——经过分析，可以确认画的作者是约翰·莱利（John Riley）——让我感到困惑的是，这些作品居然藏在佛蒙特乡间废弃的教堂里。我当时在牛顿家见到的惊人的大规模收藏"美国馆"，后来有了完整编目，现于佐治亚州的萨凡纳艺术与设计学院展出。

无与伦比的捐助人

厄尔·W.牛顿教授是一位慈善家、收藏家、任性的囤积者以及出色的学者，他将自己的一生都献给了收藏事业，积累了数不清的绘画作品，这些后来成了巨大的艺术史教学遗产。照片中，他正坐在自己收藏的一幅庚斯博罗肖像作品前。

乡村肖像画廊

这座藏在佛蒙特乡间简朴的木结构教堂里，藏有厄尔·牛顿令人惊叹的英美肖像画宝藏。

发现之旅

厄尔·牛顿以及被他当作司机的儿子比尔用这辆风格独特、几乎报废的宾利车在机场接我，将我带向一段旅程，这段路的终点是他们隐秘的家族艺术宝藏。

威廉·贺加斯（William Hogarth, 1697—1764），
《穿玫瑰塔夫绸的女士》（Lady in Rose Taffeta）

这是牛顿那座不同凡响的画廊里到目前为止发现的最重要、价值最高的作品，这幅大师级的杰作来自英国当时最伟大的肖像画家，牛顿在大约三十年前以250美元的价格将它买下。遇见它，已经让我感到，这番跨大西洋的朝圣之旅不虚此行。

班克西(Banksy),《暴君》(Rude Lord)
布面油画,88.6厘米×76.8厘米

这是一幅惊人之作,展示了旧的艺术作品怎样因当代艺术名人的介入和改造而增值。这幅18世纪的托马斯·比奇创作的肖像画,由于没人肯出超过底价2000英镑的价格,未能在拍卖会上售出,两年后,却在同一家拍卖行变成了一幅成交价为32万英镑的现代艺术作品,只因班克西在上面添加了一只竖着中指的手。

托马斯·庚斯博罗（1727—1788），《童年的自画像》（*Self Portrait as a Boy*）
裱于布上的纸板油画，22.8厘米×20.3厘米

托马斯·庚斯博罗在大约12岁时给自己画了这样一幅肖像。正如这幅自信的作品所表现的那样，他在那时候便已拥有惊人的天赋，该自画像可能创作于1739年，也就是他离开萨福克郡的萨德伯里去往伦敦之前。

托马斯·庚斯博罗（1727—1788），《科拿森林》(*Cornard Wood*)
布面油画，122厘米×155厘米

英国国家美术馆所藏的《科拿森林》，庚斯博罗最著名的早期作品之一，是一幅无可争议的杰作。根据艺术家本人的回忆，他在世的时候，这幅画就转手过大约二十次。

托马斯·庚斯博罗（1727—1788），《科拿森林》(*Cornard Wood*)
布面油画，63.5厘米×76厘米

拍卖行描述这幅画时用的是"萨洛蒙·凡·罗伊斯达尔（Salomon van Ruisdael）的追随者"这样的说法，罗伊斯达尔是一位17世纪荷兰风景画家，当我们考虑是否购买这幅作品的时候，手头可供参考的只有商品图录和数码照片。然而，从构图和可以观察到的技法上看，无须怀疑，它原本是一幅庚斯博罗早期作品，于是我们决定将它买下来。

科拿森林风景

这个观察角度临近庚斯博罗画那幅更早的《科拿森林》时的位置,可以看清远处埃塞克斯郡的大亨利教堂尖塔。

奥利弗在科拿森林

我11岁的儿子奥利弗坐在科拿森林边缘的一棵橡树下。很明显,这棵树与两幅画中庚斯博罗笔下的树非常相似。

唐纳德·特拉赫特（Donald Trachte，1915—2005）仿造的诺曼·洛克威尔作品《离家》
布面油画，111.8厘米×111.8厘米

这幅画是唐纳德·特拉赫特伪造的，被人们当成诺曼·洛克威尔（Norman Rockwell，1897—1978）原作挂在斯托克布里奇的洛克威尔博物馆。专家们对此一无所知，直到原作于特拉赫特去世若干年后在他的家里被发现。

阿灵顿的波希米亚式社群

盛装出席1955年佛蒙特州阿灵顿街头市集的艺术社团成员，从左至右依次是：诺曼·洛克威尔、唐纳德·特拉赫特、弗兰克·霍尔（Frank Hall）、维克·多纳休（Vic Donahue）和乔治·休斯（George Hughes）。

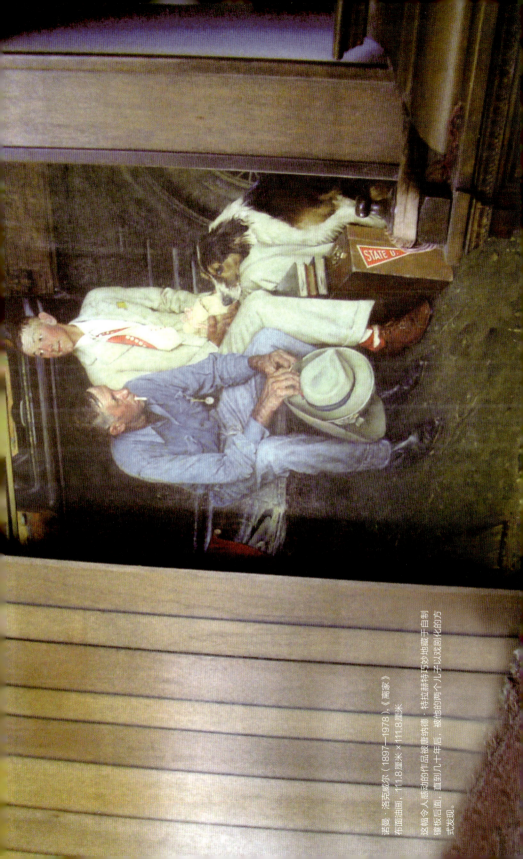

诺曼·洛克威尔(1897—1978),《离家》,布面油画,111.8厘米×111.8厘米。

这幅令人感动的作品被唐纳德·特拉赫特巧妙地藏于自制镶板后面,直到几十年后,被他的两个儿子以戏剧化的方式发现。

唐纳德·特拉赫特（1915—2005）仿造的诺曼·洛克威尔作品《离家》（局部）
布面油画，111.8厘米×111.8厘米

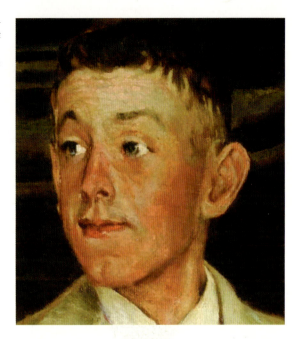

诺曼·洛克威尔（1897—1978），《离家》（局部）
布面油画，111.8厘米×111.8厘米

比较两幅画中男孩的头部，可以揭示特拉赫特作品作为伪作在品质上的不足。男孩的表情不够活泼，细节如耳朵的处理太无力，整体面貌的塑造也说明了作者只是在拙劣地模仿。

安东尼·凡·戴克爵士（1599—1641），《玛丽·维利耶夫人》（*Lady Mary Villiers*）
布面油画，101.6厘米×83.8厘米

我们发现，在这幅尊贵的凡·戴克绘制的肖像画重新装裱的画布之后，藏着英国皇室的花押字，清楚地证明它曾经是查理一世的藏品，这位国王的艺术品收藏在他1649年遭到处决后便散佚了。

安东尼·凡·戴克爵士的《玛丽·维利耶夫人》（*Lady Mary Villiers*）上的皇室花押字
布面油画，101.6厘米×83.8厘米

艺术界的"天使"

作为幕后"天使"，大英帝国司令勋章（CBE）获得者阿尔弗雷德·贝德博士在艺术品购买过程中的行为，对包括我在内的很多经销商的命运而言有重大影响。贝德是犹太人，在第二次世界大战前夕出生于维也纳，他后来的崛起，以及他和妻子伊莎贝尔曲折而持久的爱情，可以成为史诗小说的素材。

伦勃朗（1606—1669），被遮盖的自画像
木板油画，70.8厘米×55.2厘米

从20世纪初拍摄的这幅照片上，可以看到佩奇所藏肖像画最初的样子，那时候这幅画上布满了伦勃朗画室工作人员添加的内容。

佩奇买下这幅作品时的样子。正如你现在看到的这样，佩奇之前的收藏者已经开始除去部分加上去的内容。

这幅肖像画在佩奇清除掉耳环和部分头发之后的样子。

马丁·比吉尔的精细修复挽救了一幅几乎卖不出去的混合作品，清除掉了那双难看的鱼眼，修复后，作为一幅完全由伦勃朗自己创作的作品，最终卖出了700万英镑的高价。

恩斯特·范·德·韦特林和马丁·比吉尔

恩斯特·范·德·韦特林教授,艺术界最受尊敬也最有影响力的学者和鉴赏家之一,也是伦勃朗研究项目的主席。他左手边是位于阿姆斯特丹的项目的杰出修复师马丁·比吉尔,恩斯特和马丁在很多幅伦勃朗作品的研究、探索和发现工作中都有合作。

上图:恩斯特·范·德·韦特林(1938—),《我父亲的肖像画》(*Portrait of My Father*)

范·德·韦特林教授临时从艺术鉴赏领域走出来,进行创作,完成了一幅迷人的作品。在这幅作品中,他描绘了孩提时代的自己看着父亲画画时的情景。

右图:恩斯特·范·德·韦特林(1938—),《我父亲的肖像画》(*Portrait of My Father*)(局部)

上图: 庞培奥·巴托尼(Pompeo Batoni, 1708—1787),《基里尔·格里戈里耶维奇·拉兹莫夫斯基伯爵》(*Count Kirill Grigoryevich Razumovsky*)
布面油画,298厘米×196厘米

当克里斯托弗·温特沃斯-斯坦利从他居住的城市维也纳的电话簿入手进行搜索时,追踪巴托尼这幅杰作的发现之旅便开始了。

右图: 专注的搜寻者

克里斯沃弗·温特沃斯-斯坦利站在匈牙利艺术家菲利普·德·拉斯洛(1869—1937)的一幅作品前,为了找到这位艺术家创作的肖像画,他一直不知疲倦地在这些模特的后人的家中以及偏僻的欧洲博物馆里进行追查。

16世纪英国画派,《年轻的伊丽莎白,公元1547—1558》(*Young Elizabeth c. 1547-1558*)
木板油画,76.2厘米×38.1厘米

这幅伊丽莎白公主(后来成了女王)当时的肖像画,最初被人们认为是晚出的复制品,在修复师的细心工作之后,原作戏剧化地摆脱了后来几次修复运动的影响,得以复苏。

上右图:本多尔·格罗夫纳博士

历史学家、不知疲倦的研究员,我的很多次绘画狩猎、购买的冒险之旅中重要的合作伙伴。

左图:历史学家、艺术侦探大卫·斯塔基博士在肯特郡希佛堡的一次揭幕仪式中

他是一个持有独立的、有时富于争议的观点的人,这位学者、作家和主持人在对若干早期肖像画和其他艺术作品进行的鉴定和解释中都做了重要的推进工作。

大图：被认为是荷兰艺术家"史蒂芬"（Steven）的作品，汉普顿所藏伊丽莎白一世肖像画，1563年，木板油画，后来裱于画布，196厘米×140厘米

这是我们一次重大购买行动的成果清洁之后的样子。除去不必要的补色之后，我们激动地发现这幅肖像画恢复了它曾经失去的光泽、品质和细腻。后来的研究则补充了其他信息，包括对艺术家"史蒂芬"其人的重新认识。

小图
带着橡树叶子的玫瑰花，这朵花是另一位艺术家在比原作稍晚的时候绘制的，引起更多令人好奇的猜测。

伊丽莎白一世女王亲笔撰写的演讲稿，这次演说是1563年在上议院进行的，她在这次演说中提到了树上的花、水果和豆荚。这些意象在这幅由"史蒂芬"创作的肖像画中被反复使用。

"药房"餐厅拍卖会,2004年10月9日拍卖师奥利弗·巴克在苏富比大力推广的"药房"餐厅拍卖会的现场。他的妻子瓦妮莎从会场第四排目睹他售出由达米安·赫斯特设计的符号化的餐厅装饰。这些东西原本要面临被丢弃、忽略或者毁掉的命运,却因为最终售出了数百万英镑的高价而震惊整个商业艺术界。

新知文库

出版说明

在今天三联书店的前身——生活书店、读书出版社和新知书店的出版史上，介绍新知识和新观念的图书曾占有很大比重。熟悉三联的读者也都会记得，20世纪80年代后期，我们曾以"新知文库"的名义，出版过一批译介西方现代人文社会科学知识的图书。今年是生活·读书·新知三联书店恢复独立建制20周年，我们再次推出"新知文库"，正是为了接续这一传统。

近半个世纪以来，无论在自然科学方面，还是在人文社会科学方面，知识都在以前所未有的速度更新。涉及自然环境、社会文化等领域的新发现、新探索和新成果层出不穷，并以同样前所未有的深度和广度影响人类的社会和生活。了解这种知识成果的内容，思考其与我们生活的关系，固然是明了社会变迁趋势的必需，但更为重要的，乃是通过知识演进的背景和过程，领悟和体会隐藏其中的理性精神和科学规律。

"新知文库"拟选编一些介绍人文社会科学和自然科学新知识及其如何被发现和传播的图书，陆续出版。希望读者能在愉悦的阅读中获取新知，开阔视野，启迪思维，激发好奇心和想象力。

生活·讀書·新知三联书店
2016年9月

向奥利弗致歉，我本应拿出写作时间陪伴他的

目 录

序言 /1

第一章 雪夜林边的美国宝藏 /35

第二章 绿叶边缘的秘密 /61

第三章 洞察和欺骗 /96

第四章 对真相的追求 /156

第五章 历史的力量 /193

第六章 发现机会 /233

术语表 /262

致谢 /270

序言

"我想你听说过,"他开启了话题,"事实上可能就是你。"

我不明白他在说什么。趁我面露茫然好奇之色,他开始跟我兜圈子,时而透露些风声,时而又想打听点儿什么。

"今晨广播都报道了此事,想必你一定知道。"他强调。

"知道什么?"

"关于伦勃朗。"①

"什么伦勃朗?"

"就是那幅一度被当成伪作或仿作的伦勃朗自画像,底价估计在1000英镑。哦,别装了,你肯定早就知道!"

"很遗憾,我没听说过。"我反问道,"它在哪儿?"

"就在这条路上。"

我的谈话对象马克·兰塞姆(Mark Ransom)是位经验丰富、精明能干的商人,只有意义非凡的作品才会让他发起这种拐弯抹

---

① Rembrandt Harmenszoon van Rijn(1606—1669),荷兰人,巴洛克艺术的代表画家之一,也是17世纪荷兰画派的主要人物,被誉为荷兰历史上最伟大的画家。——译者注。全书脚注均为译者注。

角的谈话。现在,他知道已经吊足了我的胃口,我别无选择,只得按照他的节奏继续聊下去。我也觉察出了他心中的不平,因为他自己没能得到某件东西。

"好吧,在这条路上的什么地方呢?"我示意他继续说下去。

"在赛伦塞斯特镇①的摩尔艾伦与英诺森拍卖行(Moore Allen & Innocent)。"

他现在让我更加不知所措。两天前,我亲自参加了他提到的那家机构的拍卖会,确实回忆不起任何一件可以视为大师作品的拍卖品。当然,也没有什么拍卖品的品质接近伦勃朗这位西方古典绘画史上最著名画家的水准。

"他们说这幅画拍出的价格已经创造了单幅作品在村镇拍卖会上的纪录,远高于其他拍卖品。"他故作镇定地补充说。

"多少钱?"我小声问道。

"包不包括拍卖佣金?"

我受够了他的吞吞吐吐。"继续往下说。"我挑明道。

在一阵残酷而漫长的停顿之后,他用适度的音量道出了那个金额:

"两——百——六——十——万——英——镑。"

故事情节变得愈发扣人心弦。伦勃朗研究项目(RRP)主席恩斯特·范·德·韦特林(Ernst van de Wetering)教授是当代最杰出的艺术鉴定专家之一,以研究伦勃朗作品见长,听说这幅画现身拍卖会,他当即破例发出邀请,请神秘买家把拍得的画作拿给他看一看。不久,范·德·韦特林教授宣称那幅画确为伦勃朗原作,巧的是,这不是一幅传统意义上的自画像,而是日常生活

---

① Cirencester,位于英格兰心脏地带科茨沃尔德(Cotswold)的一座商贸活跃的村镇。

肖像（与正式的、易于辨认的画像不同），教授还为此画取了个新名字，叫"大笑的伦勃朗"。就在本书付梓之际，该画重新出现在一则与出口许可提案（对从英国离境的古典名画来说至关重要）有关的艺术新闻中，据说估价已高达2000万英镑。

我依然不明白到底发生了什么。当时我正在休假，有的是时间，可我仅仅在赛伦塞斯特镇的拍卖室徘徊了半个小时，见鬼！也许我真的只是忽略了那幅画——它是一幅很小的铜板油画作品——但我现在也怀疑，是否有人于我参观展厅之际在密室中查看了那幅画。或者，这些只是我给自己找的借口？我也未浏览展品图录（这是个重大失误），那幅画至少会出现在图录的封面上。总之，身为一名职业的艺术品商人，我有些不好意思提起此事。可就是在接下来一星期的时间里，我才深深地意识到自己不知情到什么程度。

最初，一位绘画修复师告诉我，在拍卖会开始前一周，他被人请去分析那幅画的情况；之后，一位商人向我透露，他本来已经准备好与另一位商人合伙将那幅画的价格抬高至50万英镑；在接下来的一个月，我和伦敦一位重要拍卖商聊起此事，他说一位客户向他透露了那幅画的情况，为此他特地请了一天假，乘火车到村里看个究竟。加之出价过低的人——我后来查明是著名的纽约艺术商人奥托·瑙曼（Otto Naumann）——和得到消息的其他人，比如为引出最终成交的那位个人收藏家而出价的买家们，以及一些艺术品经纪人[①]（他们没有画廊，只能在村镇拍卖会上寻求机遇），我才知道自己是多么天真地置身事外。

---

① art runner，这类交易者通常为个人，在艺术品交易过程中起到掮客作用，为买卖双方穿针引线。在每次展览或拍卖结束后，他们将未售出的艺术品从一个展地转移到另一个展地，促进售卖并从中牟利。

这一认识在一定程度上促使我写这本书。在书中，你可以了解到，在技术革命背景下，即便是在距离伦敦两个半小时车程的地方，相对小的拍卖场，一件名不见经传的艺术品，国际艺术品市场对它何其敏感。写书是解释这一现象最直观的方式之一。十年前我写了《沉睡者：寻找遗失的大师杰作》（Sleepers: In Search of Lost Old Masters），那本书记录了包括我在内的人们在艺术品拍卖会等场合中的重大发现。我可能需要把那本书重读一遍，但我当时并没有提到互联网，当然也就没有把它当作不可或缺的工具。时过境迁，颇具讽刺意味的是，作为资深的艺术品商人，我身处拍卖现场，却一无所获，与此同时，反倒是那群看到拍卖行网站挂出的图录，于拍卖前数周就开始疯狂上网搜索大师杰作信息的人，早就准备好出价方案，成了潜在的买家。当然，很多人在拍卖会上看到的无非就是自己在网上图录中见过的拍卖品的实物而已。我知道，不仅拍卖行网站上会有全部拍卖品的高清数码照片，所有人都能通过搜索引擎进行查询，而且只要点一下鼠标，就能立即与他人分享照片，分享的对象可以是收藏家、美术史专家、商界同行、潜在的客户等，毫无疑问，在这些获得分享机会的人当中，有一部分跃跃欲试，准备报价，这一点我在赛伦塞斯特镇那次拍卖会上已经见识过了。

这就是科技时代赋予这个行业的新气象——成百上千的人睁大眼睛，凝视一切潜在的重要作品。这些作品不仅成了更多人触手可及的商品，也能越过商界的藩篱，成就一门学问。人们对潜在的发现进行搜索和比较的能力正在以相当快的速度提高。有能力的研究者通过查阅无数公共收藏、档案文件、文章、价格记录和传记等，正以迅雷不及掩耳之势支持或推翻对于艺术品的直觉判断。为了完成一次发现，你不仅要在书面资料中查找相关证据，还要从画的风格、材质等方面进行证实。一幅画出处（即它的历史）的重要方面有可能即刻得以还原，但在十五至二十年前，这个过程得通过专业档案研究完成，需要数周，或者至少好几天的时间。在时刻都是最后期限的艺术品拍卖市场，互联网的力量让过去意义上的交易仿佛发生在黑暗的史前时代。

不仅信息技术使发现的手段有了进步，对绘画的技术分析也对此领域有所助益。人们可以判断、认识画作的物理特性。如今，越来越多穿实验服的科学家走进过去那个封闭的、只属于艺术家的世界。对我而言，科学最大的用处之一就是确定一幅画的最早可能时期（terminus post quem，简称TPQ），也就是它可能被创作的最早时间。数据库和其他科学工具在这一领域也大有可为。此外，颜料分析在确认颜料本身组成成分和使用方式上已经更为精确。将颜料分析与不断增加的有关这些颜料何时起、被谁首次发现和使用的记录结合起来，可以为判断艺术品的状况增添有价值的佐证。科学数据是伦勃朗研究项目的基石之一，该项目鉴定小组由范·德·韦特林教授领衔，过去五十年在阿姆斯特丹和其他地区进行深入探索，在后面的章节我会做详细介绍。伦勃朗研究项目提供了令人信服的理由，证实一些人们过去忽略的画作实为价值数百万英镑的原作，有时也会让持有伪作的收藏者沮丧不已。

科学分析也让那些狩猎名画的人更容易开展工作。在我20世纪80年代中期刚刚进入艺术品商业领域时，使用X光设备（以便弄清一幅画作的底下是否藏着另一幅年代更久远的作品）甚至如同天方夜谭。那意味着我星期一一大早就得在伦敦某私立医院和那些身体不幸受伤的病人一块儿排队等待相同的服务。如今，专业设备和人员乘车流动作业，他们不仅随叫随到，为画廊或艺术品修复机构提供帮助，还推出了包括红外线摄影在内的其他服务。红外线摄影可以用来看清画家的底稿——也就是草稿线，以证明画作的真实性。

树木年代学是一门通过树木年轮判断其树龄，来推测制作画板用的树木被砍伐时间的学问。树木年代学如今已成为精密科学，而在过去，想了解树龄，人们得长途跋涉，到伦敦以外的地方做不靠谱的画板材料鉴定，因为当时的测算依据往往是有问题的。当然，这样的情况已经一去不复返。像汉堡大学的彼得·克莱因（Peter Klein）教授这样频繁来伦敦的专家，就可以手持放大镜当场提供服务，当人们需要辨认在画板上绘制的早期作品是否为原作时，这种准确度出众的专业服务具有无法估量的价值。现在，调研科学已变得触手可及，随时能帮人们改变主张，排除或支持推测性的观点。

我不断被问到（以及被告知）那么多从天而降的科学技术知识，是否导致人们无法有更多的发现，因为作品及其特征在这种信息知识透明的环境下变得无处藏身；在印象中离我们最近的艺术界的纯真年代，拍卖商将豪华古宅中的藏品堆成杂物大卖场，如果哪件东西还有缩略图，那简直像中奖一样。在我看来，从某种意义上说，事实恰恰相反。这个世界上充满了或不确定作者，或被错配了作者的作品。当然，世界上待发现的伦勃朗画作数量有限，但发现是依赖知识的，知识能让过去未曾发现的事物为人们所理解、重视。当然，发现也依赖于能产生买家的市场。我们的文明让此前被忽视的艺术家重新被赏识，也带来前所未有的更大量的可检索的知识，因此，发现佳作的机会也在成倍增加。

当然，正如在那幅伦勃朗画作的例子中证明的，尽管老一辈的顶尖名画猎手往往涌向一处，但那时候有待发现、可被收入囊中的作品数量比现在要多。这些猎手中有经销商，也有拍卖商，他们中有很多人在这个领域相当权威，为了捍卫自己的名誉，不顾财务状况也要放手一搏。新一代的艺术侦探在掌握现代科技的同时，也需要具备老一辈猎手那样的能力。本书的功能之一，就是告诉读者，这究竟意味着什么。

我对艺术作品状态之谜最感兴趣，在本书最末，我附录了简短的术语表，以重新定义书中经常使用的一些术语。对判定古董级画作来说，尽管分析科学或学术知识也有用武之地，但是在我看来，真正的名画鉴赏家能在客观因素干扰、破坏导致画作晦暗难辨的情况下找到最有用的线索，这是普通修复者不具备的特殊本领。有些学者，以及我的好几位同行都具有这种能力，尽管专业是经验和知识的产物，但它也需要想象力和直觉这种不可言传的力量。与识别出补色，以及被掩饰的部分到底什么样同样重要的是，这些画可否修复，或可以怎样修复。

画布或画板上的画作是非常脆弱的，百余种不同类型的侵害会对其产生威胁。最常见的、可以修复画面的覆盖物是能使画作变颜色的光油。油画一般被画家涂以光油，涂上光油的表层成了均质隔层，犹如一扇"窗"，透过它，我们可以看到画的风格、轮廓，以及隔层之下现出的颜色，同时，它也给画提供了保护。经过时间的沉淀，光油也可以充当拂去灰尘的海绵，不论这层灰尘是来自烟尘、火炉还是厨房。有时，如果这些破坏性物质毒性足够大，它们会渗透至光油层以内，侵蚀画作本身。一滴碳酸饮料足以对画作造成无可挽救的破坏。不过，我觉得无论何种破坏，都比不上我最近在加尔各答看到的几幅18世纪英属印度肖像画，它们被汽车尾气熏染，画的表面因化学反应呈颗粒状。这种类型的损害比较罕见，而碳酸饮料通常也只待在容器里，直到被喝光为止，很少对画产生污染。上帝保佑，多数情况下，这些污损的范围仅限于画作的光油层，污染使画的表层变得像月食的天空一样黑，关键在于，这些画作经过处理后呈现了出人意料的变化，在清除被污染的光油层之后重获新生。

我在一家伦敦拍卖行偶遇一幅据说是庚斯博罗[①]所绘的肖像画，画的男主角是画家的熟人，一位传统的中年男子，看上去，脏得令人窒息的光油层两个世纪以来都未曾从画作的表面抹去。这幅画表层已变成桃木色，想必是被随意摆放在后廊，画中这位先人的家庭关系和身份同画的表面一样被忽视了。透过污垢组成的坚实盾牌，这幅画上的高亮部分——头发三处、衣领一处——仍可以有效地被识别出来。我冒险投机一把，出价1200英镑把这幅有趣的作品买了下来。

我之所以这样做，并非由于确信光油层底下一定有可复原的原始作品层（虽然我希望某些品质很高的东西潜藏在那里），而是因为我知道即便没办法复原什么，我还可以卖掉画框——那是一副高品质、与作品同时代、手工雕刻的画框——收回部分损失。

我带着新战利品去找我的修复师，有幸见证了很少能做得更好的生动变化过程。霎时间，修复师的操作台被沾满污垢的棉签弄得乱七八糟，每一道程序都溶解、吸收了两个世纪以来不断渗入光油层的来自人类、植物和矿物的沉积物。修复工作耗时不到一个钟头。我所购买过的最肮脏的画作之一重见天日之后活

---

① Thomas Gainsborough（1727—1788），英国肖像画及风景画家。他是皇家艺术研究院的创始人之一，曾为英国皇室绘制过许多作品。他以惊人的绘画速度而闻名，更多地采用自然观察而不是严格的技巧。约翰·康斯太布尔曾说："看看他的画，我们就会感到眼中有泪水，却不知是从何而来。"

像一只新生的羊羔———一幅庚斯博罗的作品,几乎处于原生状态(某些画作经过及时清洁和修复过程后呈现的一种未受影响的状态),欢蹦乱跳地被释放出来。把这幅画卖给美国收藏家厄尔·牛顿(Eorle Newton)之后,换来的钱能应对我三个月的开销。很多对于干我们这行的人的专业性的挑战,就是像这样让我无法遗忘的带有刮刮卡性质的例子。

原来颜料即便只是轻度的变色,对那些靠光和细腻的笔触表现的画家来说,也可能产生毁灭性后果。这本书封面上那幅画,是拉维尼亚·丰塔纳①于16世纪末为一位不知名的女士创作的肖像画,这是一个污秽光油层之下暗藏惊喜的好例子,不过跟可能发生的情况相比,这种算是好的。在极端情况下,画面上的白色会变成糖浆状的褐色,红色变成深褐色,蓝色变成绿色,黑色则变得跟沥青似的。那些经常在天空和背景中出现的微妙画笔痕迹也有可能从画面中完全消失,它们原本可以用来判断作者是谁。在画作(表层)受损的情况下评估其状态,不仅需要了解光油的清洁能达到何种程度,也要对画家或相应流派的作者擅长什么有足够的把握。

如果美术馆没有用心展现或解释画作最本质的状态(core condition),参观时我的不满会达到愤怒的临界点。所谓本质状态,指的不是画作被污染,而是它们被过度清洁或损坏的情况,这种状态十分常见。我们今天对画作的感受在很大程度上并不取决于画家最初的创作意图,而是画上有什么,也取决于对画作遭遇过的改变的说明,关注这些跟聚焦于一幅保存状态超好的作品

---

① Lavinia Fontana(1552—1614),文艺复兴时期的意大利画家,普罗斯佩洛·丰塔纳之女。她的创作手法多种多样,既画肖像画,也创作历史场景画。

同样富于启发性。许多伟大的艺术作品构成了人类视觉历史的脊梁,它们能做到这一点,是因为它们的本质状态,诸如色彩色调方面,轻柔的薄罩层和闪烁的润饰造成的令人眼花缭乱的幻象,脆弱的颜料经过历史的淘洗竟毫发无损地存留,保持着最初的冲击力,这些往往也是拍卖会上拍出最高价格的画作。然而人们有一种倾向,就是宁愿将卖得好的原因僵化地归结为作品本身质量好,而不是它们显著的良好状态。世界上有无数画作,如果它们没有遭到破坏,原本可以让我们看到一种不同于今天的视觉文明史。在很多情况下,有些作品被降低档次,归属于相对来说并不知名的艺术家,从而不被重视。发现它们,采取某些方法复原它们,是追寻被遗落的艺术瑰宝的另一种方式。

目前几乎不存在放了五十多年,表层还没遭到哪怕是最微小污损的画作。最常见的问题是自然降解。随着时间的推移,任何颜料都会经历化学变化,特别是在受到光照之后。一个极端的例子是当乔舒亚·雷诺兹①爵士还在世的时候,他的客户愤怒地退回了他画的肖像画,因为画面上人物手、脸颊和下颚的肤色褪去了,这是由于乔舒亚对颜料进行了实验性的尝试。随着岁月的流逝和不够细致的清洁,许多画作的状态变得愈发糟糕。原本看起来很健康的模特呈现出尸体般的模样,肤色呈灰白或者灰蓝色,只留下画家用力刻画的骨骼和通常都能被完好保存下来的衣装,以证明人物原有的魅力。

我的好友、已不幸惨死于车祸的托尼·班克斯(Tony Banks)不仅是一位聒噪而高调的议员、动物权利倡导者和典型的切尔西

---

① Joshua Reynolds(1723—1792),18世纪英国著名画家,英国皇家学会及英国皇家文艺学会成员,皇家艺术学院创始人之一、第一任院长。他以肖像画和"雄伟风格"的艺术闻名,英王乔治三世很欣赏他,1769年封他为爵士。

队热情球迷，还是一位政治类纪念品的狂热收藏家。他买到了一幅在萨塞克斯拍卖行被归在其他画家名下的、真正的雷诺兹作品，这幅肖像画的主人公是18世纪政治家、荷兰男爵一世亨利·福克斯（Henry Fox）。班克斯看到它超凡脱俗的外表，及被清洁过的面部——这些都给人以这幅画品质不高的第一印象，欺骗了拍卖商和其他买家，班克斯用几千英镑就把它拍到手。当画面的底色被清洁过之后，整幅画的质量得到了极大的改善，人物头部周围亮了起来，和之前面无血色、看上去很恐怖的样子形成了鲜明对比。细致的清洁工作还原了画家造型和轮廓的痕迹。这幅画被泰特美术馆①的马丁·珀斯托②进一步证实为雷诺兹原作，就这样，班克斯拥有了一幅价值10万英镑的画。在一场比赛之前，他和恰好遇到的球友一起到下议院的皮金屋酒吧为此庆祝了一番。在周围人疑惑的目光中，他举杯向荷兰男爵致敬——在他眼中，那是一个伟大政治王朝的开创者，然后举杯致意在他看来糟糕透顶的雷诺兹画技。班克斯死后，这幅画被收购，成为下议院藏品。

几乎每位画家在完成作品的过程中都会修正最初的设想，有些是小修小补，有些则彻底颠覆，这种修正是艺术表达过程中自然而然的一个步骤。随着时间的流逝，颜料的透明度会越来越高，色彩不像过去那样浓郁了，画家创作意图的改变就变得可见。这种因褪色而显露出来的痕迹被称为原设计，赋予画作生命力（这些线条和草图让我想起漫画家和绘图员有时用图形呈现动感效果），但有时候原设计也会因其形状、轮廓让今天看画的人分心，感到困惑。修复师如果被原设计误导，可能会顺着错误的线条朝

---

① Tate Gallery，位于伦敦，是一家国际现代艺术博物馆。现在馆藏有亨利·马蒂斯、毕加索及马克·罗斯科等大师的作品。
② Martin Postle，雷诺兹研究专家，曾任泰特美术馆高层管理人员。

违背画家初衷的方向修复下去。我觉得英国国家美术馆①馆藏最负盛名的画作之一——提香的《不要碰我》②就是此种情况一个很好的例子。该作品于1511年至1512年间绘制完成，尽管其真实性毋庸置疑，但玛达莱娜向上倾斜的侧脸给画作带来的强烈情绪张力，有点被她那反常的希腊式鼻子稍稍破坏了。仔细观察这个鼻子的边缘，可以发现有一个颜色很浅的鼻子被最终的修复盖住了。修复者需要做的不过是轻轻添加薄罩层，使笔调更柔和，还玛达莱娜以威尼斯画风的容貌，使画作更美、更有生命力。

再次强调，这个领域只有敢冒风险的专业人士才能混得风生水起。在纽约的艺术品市场上——至少我记得是这样——出现过明显是原汁原味的17世纪伟大荷兰艺术大师弗兰斯·哈尔斯③绘制的一幅老妇肖像画。最初，通过数字图像进行检查，很清楚，哈尔斯原本将鼻子放在另一角度——现在它已经被视为原设计——那个角度可以让老妇呈现温和的立体派外观。这幅画已经被谨慎地著录为"可能隶属于"哈尔斯，而不是确认为其原作，估价为30万至40万美元。需要做的就是请修复师将目前呈现在画面上违背作者初衷的鼻子恢复到他原本设想的样子（作品售出之前我们在画廊里用Photoshop仿制了一幅这样的画）。其他人可能会得出同样的结论：这幅画的价格大致是较低估价的三倍，也就

---

① National Portrait Gallery，位于英国伦敦市中心特拉法加广场北侧的美术馆，成立于1824年，收集了从13世纪至19世纪、多达2300件绘画作品。
② 提齐安诺·维伽略（Tiziano Vecelli，约1488—1576），英语系国家常称呼为提香(Titian)，是意大利文艺复兴后期威尼斯画派的代表画家。《不要碰我》是他创作的一幅油画，取材自福音书中的一个著名片段。画中田园风光以其深蕴的气氛把人物包围起来。耶稣显灵复活，玛达莱娜跪在他面前，想摸一下耶稣，但被耶稣高贵的动作推拒了，耶稣拉回了自己的白色披风。
③ Frans Hals（约1580—1666），荷兰黄金时代肖像画家，以大胆流畅的笔触和打破传统的鲜明画风闻名于世。

是接近100万美元,我们没能买到它。为了说服合适的修复专家帮助修复,作品的新主人可能有一些更有价值的证据证明画作的真实性——这涉及发现宝贝过程的另一方面,我接下来的讲述会回到这个问题上。在过去二十年来的很多场合,我注意到学者、艺术品经销商和拍卖师是怎样以相似的方式因原设计而看走了眼,可见需要一种辨识方法,防止人们误读这些痕迹并忽略它们。

最常见的损害绘画作品的外因是过度清洁——要么是由于化学制剂,要么是由于用力擦洗——也可能是在重裱(重新裱衬新画布)过程中造成损害。很多画作由闭塞乡舍的主妇保管,画作表层残留的成分展示了家族世代累积的各种物品,例如,尿液、薰衣草、灰尘、切碎的土豆。蛋清有时被用来作为光油的替代品。更为复杂的工作,比如修补画作的破洞这种活儿,有时则交由高级木匠来操作。然而,我猜这些朴素的修补方法的破坏性远比不上所谓专业修复者给作品涂上乱七八糟的油,那是19世纪末20世纪初欧洲、美国艺术品市场快速扩张的后果。由于这一时期的收藏热,不少画作被剥去表皮、弄皱、划破,想起自己在拍卖会上见过的此类展品,我不禁扼腕叹息。光鲜亮丽的外表的吸引力、简单粗暴的处理方法、不成熟的市场、欠缺严谨的标准,都造成了当时无数毁灭性的修复行为。画的表面被烙铁熨得过于扁平,以至于大部分颜料和原本富于表现力的厚涂(颜料涂得较厚、较突出的部分)被压平变薄,像一层釉,表面油光可鉴,简直可以拿来对着刮胡子。拙劣地使用破坏性溶剂,会对画作产生如汽油胶化剂[①]般的毁灭性后果,我曾千百次目睹他们肆意破坏

---

① 汽油胶化剂(napalm)是几种武器用途的可燃液体之总称,字面上指的是凝固汽油弹中用来与汽油混合以产生胶质燃剂的黏稠剂成分,主要通过黏附在物体表面持续燃烧来造成伤害。

的结果：风景中被破坏的植被，船上被破坏的绳索，脸部被破坏的眉毛，人像上被破坏的脚，甚至最后加上去的飞鸟，或者画家的笔触，都被这些人用化学溶剂溶解，致使在今天湮没无闻。

尽管这样的事依然在发生，科学和文化研究新成果已使修复技术有所进步，所以对画作的伤害和扼杀已经不像过去那样常见，但也有非常多的在拍卖会或其他场合露面的知名画家的作品价值被人为低估，只因人们对其情况缺乏了解。即使编目的人感觉到这幅画有可能属于一位知名画家，低估可以成为一种避免引起有关其真实性争论的巧妙手段，让市场"自主决定"。一些最令人兴奋的发现就是这种做法的结果。

一个鲜活的例子正在画廊办公室门外见证我写下这些文字，每当我抬头向外张望，和他目光相遇，精神都会为之一振。这幅作品画的是被处死前若干年的查理一世①。当时英国国内激战正酣，朝廷撤回牛津，画家抓住了国王庄严却又颓丧的神情。在战役接连打响、局势危机四伏的情况下，国王和他的保王党成员穿上华丽战甲和丝织披风，坐下来等待画家为其画像，遭遇围困的朝廷还是被画了进来。宫廷画家安东尼·凡·戴克②爵士死后，他的衣钵传至英格兰画家威廉·多布森③。威廉·多布森在1646年去世时年仅35岁，在短暂的创作生涯中，只有约60幅作品为后人所知。然而他的画作融入了本地人的同理心和诗意的沉静。可靠证

---

① Charles Ⅰ (1600—1649)，自1625年3月27日起至1649年1月30日被处死时止，是英格兰、苏格兰及爱尔兰国王。他是唯一一位被以国王的身份处死的英格兰国王。
② Anthony van Dyck (1599—1641)，比利时弗拉芒族画家，是英国国王查理一世时期的英国宫廷首席画家。查理一世及其皇族的许多著名画像都是由凡·戴克创作的。他的画像轻松高贵的风格，影响了英国肖像画将近一百五十年。他还创作了许多圣经故事和神话题材的作品，并且革新了水彩画和蚀刻版画的技法。
③ William Dobson (1611—1646)，英国画家，擅长创作人物肖像的作品，作品风格有自己鲜明的特点。

据表明，在牛津的两年封闭创作时间里，多布森手头的纸笔少得可怜，被迫在很小的画布上完成作品，出于节约颜料的需要，他的肖像画写实性特征增强了。这些作品是对内战最后几年英国社会乱象动人的真实记录，被议会军击溃的王家军，遭到被杀戮、处死、放逐、掠夺财产的结局。多布森是我最喜欢的画家之一，他的作品在许多方面都可以看作英国本土肖像画流派的起点，那种令人着迷的清晰感在七十四年后贺加斯①的作品中得以重现。

这幅肖像画由伦敦一家知名拍卖行出售，当拍卖图录尚未付印时，我们最初便在网上看到它了。我依稀记得见过这张画，那是在由马尔科姆·罗杰斯②博士策划的在英国国家肖像馆③进行的多布森展以前十二年的事。但由于肖像画另一个版本若干年后在佳士得拍卖行出现，且已故的英国皇家藏品总管、17世纪英国绘画最重要的学术权威奥利弗·米勒（Oliver Millar）爵士对它评价不高，出于安全考虑，拍卖行决定将它描述为一个复制品。如果只看图录上的缩略图，人们无法了解这幅画的重要性，于是没有人会注意到这样一个有说服力的证据，那就是这幅画曾被和国王关系十分亲近的第一代汉密尔顿④公爵收藏过，然而其平整度和

---

① William Hogarth（1697—1764），英国著名画家、版画家、讽刺画家和欧洲连环漫画的先驱。他的作品范围极广，从卓越的现实主义肖像画到连环画系列。他的许多作品经常讽刺和嘲笑当时的政治和风俗。后来这种风格被称为"贺加斯风格"。
② Malcolm Rogers，1948年出生于英格兰的斯卡布罗市（Scarborough），曾被授予大英帝国司令勋章（CBE），他是美术史学家、画像技法专家，1994年起在波士顿美术馆担任安与格雷厄姆·冈德馆（Ann and Graham Gund Gallery）终身馆长。
③ National Portrait Gallery，英国的一家肖像艺术画廊，坐落在伦敦特拉法加广场旁边，英国国家美术馆的北侧。自1856年起，肖像馆向公众开放。肖像馆收集了历史上的重要的、著名的英国人画像，馆藏项目包括照片、绘画、素描与雕塑等多种艺术门类，而收录的肖像有亨利七世、莎士比亚、伊丽莎白二世等。
④ James Hamilton（1606—1649），第一代汉密尔顿公爵，苏格兰贵族、重要的政治军事领袖，在普雷斯顿战役中指挥保皇派和苏格兰军队，战败后被处死。

阴暗色调使它不被看好。但即便看高质量的数码照片,也不能代替仔细打量作品实物,这是一幅我渴望再次亲眼见到的作品。

我们到拍卖场的后廊找到了这幅画,颇费了一些工夫,用很强的手电筒光仔细检查画面,还原画作身上发生的事。这幅画已经被笨拙的修复者破坏得不成样子。大约七十五年前,或者更早的时间,修复者只做了部分的清洁并裱衬了新画布,在这个过程中,脏的光油层残片被塞进原始画布纹路的缝隙里,就像尘土可能被踩进地毯的缝隙里似的。这些难以清除的微粒意味着你可能无法看清画作的颜色,模特被遮住,技艺高超的肖像被弄得像桌垫一样。如今,一层晚些时候涂上的光油覆盖了画的表面,让它变了颜色。

这幅画被认定为"多布森追随者"的作品——或者更直接一点的说法就是其他人画的副本——估价在6000—8000英镑之间。由于近年来人们对这类作品的兴趣与日俱增,十年前,有一幅多布森作品在佳士得以16.5万英镑的价格成交。即便最终证实,这只是十年前卖掉的那幅多布森作品的另一个版本(不是那种谁也没见过的、新发掘出来的作品),它仍有潜力成为一幅重要且值钱的作品。它有它光鲜的出处,我们最终成功地为它平反昭雪了。

在这本书中,我将阐述一幅画的历史怎样影响它的外观。我会告诉你一幅画的出处是怎样让声名显赫的专家也完全找不到北,把伪作当原作,以及画作的出处如何帮助我们解锁它的重要性和地位。查理一世肖像的案例说明,出处能帮人建立对画作的视觉预感。这幅画据称是收藏于17世纪英国最杰出的家庭之一,但它最早被确定地载入藏品图录是在画作完成将近五十年后的1696年。在拍卖开始前几天,我们在坐落于特拉法加广场(Trafalgar Square)旁边的国家肖像馆找到了汉密尔顿公爵藏品图录，发现一处记载，1704年，这幅画挂在汉密尔顿公爵的寓所豪利罗德宫（Holyrood House），令人欣慰的是，这幅画在藏品图录中被视为多布森本人的作品。

经过一场拍卖战，我们最终付出比预计价格高出许多的3.9万英镑拍得了这幅画，但这仍然比我能承受的最高价格低很多。我把它交给经常合作、此前帮我清洁过两幅多布森画作的修复师西蒙·吉莱斯皮（Simon Gillespie）。可以想见，用清洁剂和解剖刀的尖去掉顽固光油渍的过程何其缓慢，然而经过一上午的时间，西蒙已经让国王的半张脸露了出来。清洁之后的部分，眼睛和脸颊都笼罩着银光，造型复杂柔和，同未处理的区域形成鲜明对比。不到一个月，西蒙已经让整幅画重见天日，遭到处决的英格兰国王引人注目却又曾被污渍遮住的脸，如今已被马尔科姆·罗杰斯完全认可，这幅作品无疑是原作。

到目前为止，对画作最戏剧性的发现是通过移除过度补色来实现的。从绘画诞生早期开始，出于诸多原因，总有人故意让艺术品变得模糊。有时候这么做是出于宗教或政治方面的考虑——例如9世纪至10世纪伊斯坦布尔圣索菲亚大教堂的基督教壁画，在15世纪的时候便被穆斯林征服者覆盖掉了，就如在英国和欧洲大陆教堂里数不清的精美壁画在从中世纪晚期开始的宗教大清洁当中被覆盖掉一样。有时候遮盖是出于艺术方面的原因。若干世纪前，根据有记载的例证，当人们将早期绘画大师作品拿给专业艺术家修复，他们并不是像我们今天理解的那样清洁和修缮画面，而是拿起画笔重新在上面创作，他们单纯地相信这样可以改善画面质量。正如我在这本书里写到的那样，伦勃朗的画室也会雇用助手翻新他那些不太好卖的画，并不在乎自己画风的纯粹性。在过去的二十年里，我也遇到过无数出于对性问题的假正经,或者出于提升商业价值等目的遮盖胸部、私处和掩饰双下巴的作品,遮盖的技法相当拙劣。

但是我所见过的遮盖行为更常见的目的是掩饰外力造成的诸如补缀、裂缝、剥落和磨损等伤疤和修复痕迹,其中过于明显的开裂被称为裂纹。这是一层时而巧妙、更多时候较为拙劣的伪装,其目的在于欺骗,让人以为画作的表面没人动过手脚。过度补色被或多或少地用于几乎所有旧作,鉴于颜料和画底本身脆弱的特质,人们会以温和得体的方式修复、润饰破损的部分。我敢说,在纽约大都会博物馆或伦敦泰特美术馆,你找不到任何一幅从未受到此等照顾的、超过一个世纪的古画,只要跟古画沾点边,就无从幸免。

补色存有争议,或者坦率地说,吸引猎手们的地方在于,它会被滥用,或用于隐瞒真正的作者,抑或掩饰补色之下画作的质量。要了解这一现象怎样产生,其实并不难,只要你把一幅画想象成牛仔靴,想象自己是旧时代的牛仔靴修复者。譬如说,你用颜料填补了马身体一侧的一个洞,但色调不够完美。填充或修补造成的凹陷或凸起会反光。修复者可以速战速决地完成工作,而不是致力于配合颜料去让画面变得完美,他们简直是来自地狱的建设者。通过扩大补色的使用范围,在马的肋部扩散和融合补色,可以在相当大的程度上掩盖手工修复的痕迹。当然这样做的时候你大面积地、厚厚地覆盖了画家原本完好的作品。可是何必要在乎这些?反正连买画的人对此也毫不关心。画作依然是"原作",而且挂在壁炉上方,看起来很漂亮,特别是当修复者已经清洁了画的表面并进行了整体过油,并且让关键部位,比如画家的笔触保留着原样的时候。

这种破坏艺术的行为不胜枚举,我职业生涯中最令人神往之处，就在于大片补色被剥离之后，真正的艺术价值得以显现的时刻。在那些瞬间，冒着遭罪的危险运作一桩充满压力和不确定性的生意的行为才显得有意义，它们验证了我抉择的正确性。我选择凭智慧，而不是一份舒适的薪水来维持生计，尽管后者更有保障的养老金使生活看上去不那么糟糕。我坚信，在这个世界上，无论何种成功，也比不上我常常带给买画的城市大亨的那种满足感。考古学家在某些时候也一定会感受到同样的兴奋。尽管事实证明，对比较古老的补色来说，修复工作不可能做到让底下的原作毫发无损，或者鉴于人们对遮盖之后的画作的估价，修复的成本实在太高，否则在许多情况下，修复是可行的。接下来我们要面临的一个大问题是，修复为何会成为首要任务：遮盖行为本身是不必要的，还是说事实上有着充分的理由，说明这是对无法弥补的损坏的一种处理方式？

这个问题将在后面的章节中详细论及，我将使用伊丽莎白一世一幅重要肖像画作为例子，但对我来说最满意、最立竿见影的经历，是在几年前一次对绘画修复时，除去过度补色之后，"丑小鸭"突然变成"天鹅"的体验。当时我正滚动鼠标在eBay上寻找肖像画。我不记得当时键入的"古董""肖像"之外的检索关键词是什么，但冥冥之中在一堆看起来很恐怖的货品中，某件东西引起了我的注意。在我的记忆中，这件作品被贴上"美国式""19世纪"的标签，画中的年轻人紧紧地裹在一件考究的棕色夹克里。点开大图，人物头部和身体绘画质量的差异瞬间让我想到了什么。那是一些吸引人的特征，经过精心设计、引人注意；人物的躯干乏善可陈，不够美，从解剖学意义上来看也不太舒服。进一步看颜料在嘴巴和眼睛部位的运用方式，我可以看出其中包含庚斯博罗早期作品的所有特征。在后面专门讨论如何发现庚斯博罗的风景画的那一章，我谈到通过笔触识别作品，笔触也是艺术侦探用来发现某种类型的遗失画作的重要线索之一。因为关注肖像画，我不得不去了解大量重要肖像画家各自独特的风格和技法。画笔的走势、颜料的混合和使用方法，像人的指纹般多种多样，也有类似的指认作用。我问自己，如果这幅画的头部是画家自己画的，为什么躯干看上去像是个临时找来的广告牌画手的杰作？这难道是个混合复制品？如果画作整个出于一个临摹者，既然他能把脸部画得那么好，他显然并没有完全履行自己的职责。卖画的人是个没有提供任何关于作品历史有用信息的经销商，几乎没有必要与之做进一步的讨论。不过，我发现自己是在低于200美元的范围内出价最高的买主。

作为一名（相当）业余的博物学家，我试图抑制自己使用动物想象的冲动，当这种想象被用于艺术，难免使人感到混乱，但是，没有比"破茧而出"更恰当的短语可以用来形容接下来发生的事情了。两周后，那幅不带画框的作品经由联邦快递抵达我的画廊，我被其表层补色底下可能出现的东西吓呆了，以至于我厚着脸皮进入其中一探究竟。我拿出秘密藏在最上面抽屉里的一瓶丙酮，还有一瓶白酒，决定开始扮演上帝的角色。到目前为止，我确信头部出自庚斯博罗的手笔，底下"应该"有个与之相配的身体。我也得承认自己有点逞能，只因为为此我需要付出的是可以忽略的代价。

就像人们在电视上说的那样，这不是一件应该在没有大人在场的情况下做的事情——此时此刻，"大人"指的是专业修复师——但我算了算技艺精湛的专家完成修复工作所需要的时间，比起大多数新手，我觉得自己急需经历更好更漫长的学徒期；事实上，加上这幅画，我已经见过至少三十幅庚斯博罗作品修复的部分过程。闲暇无事时我会憧憬身为一个修复师将是多么享受的事。尽管就成为一位职业修复师这件事情来说，我缺乏90%的必要的耐心，然而生命只有一次，幻想是让它正常运转的安定器。几乎没有例外，我每次都把潜在的发现交给专业人士证实，仿佛将可疑的东西拱手让给别人去调查，我为什么不冒一把险？我决定，过一把当专家的瘾。我这辈子不太可能需要花时间学习如何开飞机，或者对朋友的阑尾炎进行实验，但这是我生存、呼吸和居住的世界，这件新的美国战利品意味着某种令人兴奋的契机。我对手术一旦失败的风险有着深刻的了解，但依然有信心搞破坏。我把画放在我的画架上，将画廊的卤素灯对准画的表面。我戴上一副放大镜（和我们的修复师戴的那种一样），伸出双手握住卤素灯——对于照亮细节来说它的作用是不可估量的，把它向画面移近。我独自待在画廊里，没有什么会分散我的注意力；那是一个冬天的晚上，窗外漆黑一团，电话铃声不再响起。

我开始小心翼翼摸索着清洁，开始的时候仅在画中人的夹克表面用白酒看看颜料是否会发生反应。结果什么都没发生，白酒停留在衣服表面，就像雨水停留在挡风玻璃上。所以我改用丙酮，这是修复师们最爱的"烈酒"，用棉签蘸着它清洁肖像画人物的右肩。对于这样谨慎的最初清洁步骤，我已经观察过上千次。马丁·比吉尔（Martin Bijl），欧洲最著名的绘画修复师之一，在本书后面的一章里对着手修复手术时那些让他深陷其中的汗流浃背的身体感受有详细描述。尽管同专业修复师遇到的技术挑战相比，我所做的事犹如儿童的把戏，我却在过程中获得了和他们相似的体验。这也给我适当的提醒。我的修复师不喜欢别人在他们亲自处理之前对作品动手动脚，我付给他们钱，他们还是会板起脸来指责我在画作污损的表面使用白酒——尽管这是最温和的研究方式。我饶有兴味地想,当我拿给他们一个完全解剖过的画作遗体,他们会说什么。

丙酮瞬间就发生了反应。不管补色层的成分是什么,过去五十年来附着在表面上的东西像猪油一样溶解了。透过镜片,我第一次看见藏在补色之下、最初绘制肖像主人公身体时用的颜料。我用白酒将它擦了擦。擦出来的这部分直径只有几毫米,对评估作品质量来说实在小了点儿,不过在卤素灯的光束下它看起来年头早一些,也真实得多。让我欣慰的是,这些颜料性质稳定,不溶于丙酮。

或许是由于溶剂本身醉人的气味,我的顾虑开始解除。我意识到自己即将走上一条不归路:这不是修复的过程决定的,而是因为我的心血来潮。我发现自己无法从为被割掉的头颅找回躯干的迷人进程中全身而退。清洁过的画面明显地出现了无与伦比的卓越品质,那种笔触让人联想起画作的脸部。贯穿画面表层中间的是一系列撕裂的痕迹,这些地方被粗糙地补以白色填充剂,说明画布曾被弄破。这就是我一直在寻找的有明确说明意义的决定性证据:修复者向易操作的选择做出了妥协,这样做完全没能显示他的手艺,但是,这还不算完,他过度使用创造力,对整幅画做了重新设计。

此刻满地散落着干了的棕色棉签。一小时后,我发明了一套稳定的流程——将药棉包在小棍的一端,在杯子里蘸一蘸,再在画上滚一滚。肖像的庐山真面目一点一滴地浮现,联结成一幅可以读懂的艺术作品。那些原本混淆视听、无法卒读的区域焕然新生,共同构成画面的线条和层次。在整个清洁工作进行到右下四分之一,即将告一段落之际,我被吓了一跳,忽然停下来。我遇到一个颜料色彩与其他地方不同的区域。这部分呈粉棕色,那一瞬间我觉得自己发现了原始的基底，即整洁的画布。我完成了这一壮举，还是说我赶上了使用毁灭性方法的修复者？我用大量的白酒浸透了画面——同时也是为了浇灭我的惊慌，我把画转到冲着灯光的角度。我的欣慰之情溢于言表。借助透彻高亮灯头，我看到精致的、保存完好的勾勒人物肤色的笔触。我发现了一只手的边缘，那手端庄地放在主人公的夹克里——这是庚斯博罗用来转移观者对解剖学的注意力的巧妙掩饰性构图技法之一。

接下来的一天我难为情地将脱过一层皮的画交给我的修复师丽贝卡·格雷格（Rebecca Gregg），她只得同意对作品进行集中清洁。在她面前我避免谈及任何关于诸如为什么作品散发着溶剂味道、修复层怎么剥离了、画作表面为何覆盖着有迹可寻的白色丙酮残留之类的话题，但我深深怀疑她已洞悉其中原因。在接下来的一周时间里，丽贝卡都在对这幅画进行处理。她的主要目标是一丝不苟地对撕坏的部分进行修复，让庚斯博罗的原作光鲜地复现在画布上。我们最终让一幅伊普斯维奇时期①的庚斯博罗原作重生，焕发自信的活力。我不知道画中人是谁，他或许是一位当地商人，抑或是画家在事业早期结交的朋友。画家的身份，和可能的表现对象，显然已开始被遗忘在时间的长河里——我将在本书第一章提到许多逃离不幸命运的作品。当这幅肖像挂在画廊时，它被单纯地看作eBay上的一位先生。不论给这幅画补色的是哪一位美国人，当沉浸在狂热的覆盖过程中时，他一定不知道自己正在掩盖一幅庚斯博罗作品。

在我看来，我满足了自己在科学领域进行挑战和冒险的愿

---

① Ipswich，英国东部萨福克郡的一个城镇，位于奥尔韦尔河河口。1752年，庚斯博罗和家人一起搬到这里，直到1759年迁至萨默塞特郡的巴斯。

望，奇迹般地在不损坏内层原作的前提下成功除去补色，我没有必要重复这个过程。我的治疗工作圆满结束。那时我别无选择。然而过去的两年当中，同事们一直以为我是醉鬼，他们把丙酮瓶子藏了起来。

有一种比过度清洁更糟糕的命运可能降临到画作身上。那就是，它可能被切碎。有时候贼会为了掩盖赃物的身份而这样做——发生这种情况的最著名作品来自莫奈和特纳；有时候出于商业或情绪上的原因，作品也会遭此厄运，我参与了一些此类案例，看到在修复过程中，被割裂了几个世纪的碎片仿佛受到某种神圣的引力作用，重新拼接在一起。如果发现的艺术是侦探工作的要点，对我来说没有任何一次处理"犯罪"的策略比我们于2006年在伦敦的多佛街（Dover Street）开办画廊期间做出的方案更好的了。

我有一位30岁的研究员本多尔·格罗夫纳（Bendor Grosvenor），在后面章节展开的过程中，我会对他做更详细的介绍。他就是通过翻阅全球商品来开展日常工作的，这是他工作中最重要的部分。他做起来带着年轻人特有的轻车熟路，他对计算机的熟练使用以及敏锐的眼光让他走出一条新路，从拍卖会上众多可能的作品中探寻机遇。在英格兰新罕布什尔州的一个拍卖场，他遇到一幅画，于是发邮件让我检查。这幅画被称为"贺加斯画家圈"作品，它描绘了一位身着绿色连衣裙、戴着帽子的漂亮姑娘，她全神贯注地看着腿上的一本书，尽管是在半个世纪前，她却像简·奥斯丁小说中的人物那样好学深思。尽管我不知道这幅画出自谁之手（数码照片清晰度不够，而且明显地脏了），我断定它质量足够好，有被证明是名家手笔的潜力，特别是在清洁完之后，可能在诸如裙子之类的地方会让我找到线索。

绘画中纺织品的表现方式和笔触一样，在判断艺术家的个人特质方面会很有启发。

我们以7500美元的价格将它买下，当它几周后送达画廊的时候，我们将它从木箱里拿出来，它看上去比我预期的还值得重视。裙子的颜色表面上看是绿色，它挡住了底下的一种不确定的色调，这种颜色透过满是尘垢的光油可以看到。围绕着主人公身体的，是经年累月的补色，它遮住了画面的细节，以及可能的破损。我们决定将判断的时间推迟到修复工作完成之后，这又是丽贝卡·格雷格的活儿。过了一个月，在清洁和修复完成之后，肖像中的主人公摇身一变，在我们的画廊里成了另一位女性。她的肤色已焕然一新，呈现健康的粉色，她的衣服从暗黄的光油底下解放出来，呈现引人注目的石青蓝，洛可可式的褶皱摇曳生姿；她的左胳膊现在优雅地抬起，从画面上看，胳膊放在一张雅致的独腿桌上。去掉补色之后露出来的一条褪去一半袜子的腿，从画面左下方闯入我们的视线，着实令人大吃一惊。在修复的中途，丽贝卡曾打电话给我们说她发现了不得了的东西，现在事实已摆在眼前。不论你怎样看这幅画都不会看错，这是一处太明显的原设计。结论既令人沮丧又耐人寻味：这条腿属于从画中消失的一个人物。这不是我第一次无奈地得出结论，我们购买了一幅大画的一部分。

检查一下纺织品的风格，带着充分的自信描绘出来的家具，还有面部结构紧凑的画风，我能看到足够的证据，清楚地说出作者是谁。这时我马上想到的名字是弗朗西斯·海曼（Francis Hayman，1707/1708—1776）。他是当时一流的肖像画家和主题画家，他最近一次出现在艺术新闻里，是在伦敦艺术品经销商阿格纽斯（Agnews）将他的重要代表作、小说家塞缪尔·理查森及其家人的一组肖像画以100万英镑的价格卖给泰特美术馆的时候。尽管这并不足以让他的作品声名鹊起，他也成了被人看好的画家，其作品已纳入很多公开或私人的收藏，还成为由著名艺术史学家布赖恩·艾伦①博士主办的一次展览的展品主题。本多尔马上开始着手细细比较海曼作品与我们最近发现的女士肖像画，寻找重复的主题和风格上相似的癖好，以便判断作品到底是谁画的。第二天，他示意我到他的办公室去，用屏幕给我展示了一张画。那是藏于埃克塞特②博物馆的一幅海曼自画像，埃克塞特是他的出生地。自画像上他戴着画家常戴的那种帽子，拿着调色板和画笔，身体呈动感的扭曲姿态，脸冲着看画的人，腿却伸向了构图范围之外。本多尔打开我们买下的那幅画的文件，将这两个文件放在并排的位置上。

尽管人们不知道我们从美国买回来的这幅肖像画只是半张，它暗示了埃克塞特博物馆所藏自画像也被切成了两半。周边的部分画布仍下落不明，但海曼自画像中的大腿和我们买的那幅画里被切断的小腿毫无疑问是可以无缝对接的；此外，从美国买来的画里原本并没有意义的画架和画布现在也能产生叙述感，丈夫在画室里给自己和妻子画像，这个场景变得完整了（本多尔带着我们的画亲自到那个博物馆，经过对自画像及其画布织物的全面体检，证明了两幅画毫无疑问可以合成一幅）。

当我审视画中这位年轻画家的生活，一个耐人寻味的假设不言自明。海曼结过两次婚。这幅画或许画的是他的第一任妻子，那段婚姻以离婚告终，画被撕成两半，是不是意味着他试图

---

① Brian T. Allen，耶鲁大学博士，在19世纪美国艺术、法国艺术和英国浪漫主义诗歌方面有广泛著述。
② Exeter，英国城市，英格兰西南区域德文郡（Devon）郡治。

篡改自己的私生活历史,也许在第二任妻子(1752年结婚的)的坚持下,他撕掉了画中令她不快的部分?没有足够的证据支持这一结论,但显然发生了什么,否则撕画可能就是无意识的破坏行为。在画廊的开幕展览当中,我们将这张画的两半都展出了,来自埃克塞特和其他地方的无数朝圣者闻讯赶来围观这对团聚的夫妇——一些观众对我们将已经选择分手的夫妻强制摆在一块儿的行为表示质疑。在埃克塞特博物馆决定买下我们手中的半幅画纳入其收藏之后,不论人们情愿与否,这对年轻夫妇现在永远地复合了。

对潜在大师作品的发现具有不可估量的价值,这能确保著名专家赞同你的说法,并对你表示支持。在本书中,我专门写了一章,探讨历史学家如何帮早期艺术作品升值,当然,艺术史学家的作用与这一问题更紧密相关。无论一位经销商或拍卖商多么了不起,其知识水平恐怕都与其诚信度不相上下,我们要为在商业上占领先机而努力,如果学术界能提供知识上的客观保证,我们就可以进一步满足客户的需求。几乎所有已故的、有一定地位的艺术家都"指派"了一个在世之人,为其画作裁决真伪,充当这种角色的人可谓形形色色。有的人之所以被委以这样的职责,是因为过去担任的职位,比如当过博物馆董事,或者重要国家机构(特别是藏有上述艺术家作品的机构)的管理者。更常见的情况是,这个人发表过有关这位艺术家的文章,因此获得了权威(没有什么比一两本学术著作更好的发表定论的平台了);有时候影响力仅仅是源于学界、拍卖商和经销商彼此看法的共识。在法国,艺术家拥有遗产继承权的后人有时会承担起这一职责,毕加索、马蒂斯和毕沙罗都授权家族后裔充当艺术上的裁决人。对所有的艺术领域的专家而言,一旦一流的经销商和拍卖行认可其地位，他们会获得两个实实在在的好处：第一时间知晓经销商和拍卖行所有上新的机会，以及在某些情况下利用专长赚钱的契机。

为很多这样的专家考虑，我在书中专门用一章写了其中一位在我看来有代表性的人物。权威助力作品价值的系统有严重的弱点，当专家无法为作品的真伪负责时，情况会令人沮丧，因此，弥补这个系统的缺陷是十分必要的。让我们以一个假设的情况为例。如果你是个学者，打算给一位颇有些身价的艺术家写本书；我还是不要提艺术家的名字吧，以防有谁觉得这是对自己的冒犯。就算不是博士、教授，你也得拥有一系列受到认可的资质，很快找到有意愿合作的出版商。你选定一个令读者感兴趣的角度——可能是画家对性的偏执，对女权主义（一种常见的倾向）、政治，或者其他艺术家的态度，等等。这本书获得学术界，可能还有大众传媒的正面评价，博物馆也找到你来办这位艺术家的展览。你做演讲、讲课、写文章，很快，你成了相关主题的卓越艺术史专家。

现在切换到买家的视角。经销商为你提供了，或者说拍卖行说服你竞标这位艺术家最近被发现的一件作品。它尚未出现在已有的记载当中，或许被弄脏或遭到过度补色——可能仍旧是上述状态，却缺少任何有用的出处。对方对作品的开价已经相当于画家已有作品的价格，你得拿出一张大额支票，你需要些安慰，确认它是原作。然而你已经爱上了这幅画，不愿与得到它的机会失之交臂。除非经销商或拍卖商的专业知识和名声已到了无须其他背书的程度，显然，你还得亲临现场，或者索要作品，请公认的专家看一眼。搜索一下专家的名字，你发现无论在哪儿，这位专家和该艺术家的名字总是一起出现。

再次想象，你是一位专家。你收到一封邮件，咨询相关问题，并附带一份请你亲自前去看画的邀请。他们将这封信发给你是十分正确的，因为你相当一部分的时间和精力都倾注到了那位艺术家身上：你通过所有能用到的途径研究他／她，看过他／她几乎全部有记载的主要作品（剩下的也看了照片），对所有关于他／她的学说了如指掌。

你遭遇的第一重困难是，没有真正见过这幅画——很少有专家会冒险在仅看过照片之后就提供结论性的观点。如果这幅画刚好在世界的另一边，此时就有个现实的物流和成本问题：要么画得到你手里，要么你就得亲自到画的所在地。尽管仔细的实地考察对你了解这幅画有帮助，你也知道自身能力的局限。根据你的研究结果，你清楚这位艺术家的作品曾在过去被人伪造过，作伪者当中有他的追随者，也有画室助理。于是你倾听内心的警告声。你能针对画做本身做出长达一小时的演讲——只要那幅画确实是由这位艺术家创作的，然而对于艺术作品的物理属性，你也能做到吗？你真的了解其状态吗？你真的了解这位艺术家独树一帜的特征，以及那些区别于深受他影响的人，或者被他教过的人的特质吗？你是否完全了解其特质，即便在有数不清的仿作、伪作、复制品的情况下——掌握读取其鉴别特征唯一正确的方法？该作品无论主题还是风格上，都跟一般的画不太一样（这就是为什么它一开始就被发现），所以它对你的眼光和直觉有更强烈的依赖。

你不得不依赖鉴赏力——根据笔触定义和识别面前这幅画使用的技法是谁的。你真是能做到这一点的人吗？在艺术家生平和作品题材方面，你的知识丰富程度是无与伦比的，但当问题涉及技术细节时，你能否自信地从理论转向现实？你那本广受赞誉的著作，以及你讲授的艺术史概论课程，都不要求你拥有这样的洞见。策展对你来说是非常宝贵的经验，但在这个过程中你要做的是证明一个观点，而非对艺术家的技法进行概述。更重要的是，你是不是感觉到，由于资金问题的卷入，这个差事承载着风险？这样一来，你应该怎么说呢？最好的做法可能是表现得犹豫不决：你可以仅仅对画作进行描述——采取这种方式至少不会让你因为断定作品是或不是原作，将自己置于商业交易的风口浪尖。但也许这幅画是原作，由于你的不负责任，本可以成为该艺术家新近发现的画的杰作被你给排除掉了。凡此种种，不胜枚举。

在我看来，艺术史和鉴赏力分属不同的学科，它们偶尔能相互结合，但更多时候并无交集：一位军事史专家不一定能成为优秀的将军，一位经济学教授也不一定是个出色的商人。不同领域的知识都非常有用，需要的时候各自都能恰如其分地提供服务，但它们分属人类能力的不同领域。

好的一面是，如果画显然是原作，但被专家否定了，有时在拍卖会上，你可以用其真实价值零头的价格买到它。它们是典型的"沉睡的作品"。我在序言开头提到的著录错了的伦勃朗作品的拍卖商说，荷兰国家博物馆（Rijksmuseum in Amsterdam）和一家大拍卖行都在拍卖会开始前就对那幅画做过检查。不好的一面是，如果你发现了某件毫无疑问是原作的作品，专家却可能没有足够的技能、信心或时间对其予以认可。当然，你可能觉得任何想有所发现的人都会这样抱怨，但也有几次，当证据是那么显而易见，画作明显带有该艺术家的气质，旁证如此具有说服力以致即便是一条盲犬也能看得清清楚楚。这些对作品与作者对应关系的错位，通常有一种随着时间的流逝自行归位的方式——当新的学者参与到艺术史发展进程中的时候，这些专家会将艺术鉴赏水平提升到新的高度，但对于快速发展、充满竞争，要应付棘手银行借贷和画廊开销事宜的现实世界而言，等这么长时间太奢侈了。

我知道有些专家可能状态不大稳定、情绪化、夸夸其谈并且带有政治色彩，他们中的一些人和有声望的出版委员会一道，以局限和偏见妨碍人们对一位艺术家的恰当理解。我知道一个案例，一位学者告诉充满犹疑的画作收藏者："我知道这幅画是谁画的，但我为什么要告诉你让你去赚钱呢？"（诚然，在这种情况下，学者不能因其专业知识获得报酬。）还有一些很牛的艺术史学家用自己的声明为作品结案，尽管有说服力的证据的存在证明了相反的结论，我将在稍后的内容中用一幅安东尼·凡·戴克作品对此予以说明。尽管对技术和艺术史知识的掌握降低了犯重大错误的可能性，只要画作的归属依赖于人的判断，这种现象就依然会发生。

对于怎样在这本书里介绍一些当代艺术发现，我做了漫长而艰难的思考。问题在于，过去几年里创作的作品几乎不可能丢失然后找到——尽管在未来一个世纪的时间内，只要市场的胃口保持不变，无疑还会有很多类似的机会和刺激让人们去寻找当代艺术作品。然而，对于当代艺术的构成，要进行更为宽泛的释义，得允许对一些潜在的、戏剧性的改变和描述有所包容。这方面最有趣的例子之一是涂鸦艺术家班克西①的一幅画，这幅画2014年即将在苏富比拍卖行的当代艺术卖场出售时，引起了我的注意。画中有一幅由西方乡村画家托马斯·比奇（Thomas Beach）创作的真正的18世纪绅士半身肖像画，班克西以他独特的叛逆手法在画上恬不知耻地画了一条胳膊和一只竖起中指的手——一种非典型的粗鄙叛逆的班克西声明。我在拍卖行里观察这幅画，看得

---

① Banksy，生于1974年，英国传奇涂鸦大师，这个名字是他的化名。

越久，藏在底下的肖像画似乎就越眼熟。回到画廊检视自己的记录，我忽然意识到班克西用的是一幅被买进（buy in）的肖像画——"买进"是个用于指代没能在拍卖会上卖掉的作品的术语。在两年前苏富比拍卖行的另一场规格稍低的旧作和英国画作卖场上，该作品没能以预估的最低价位2000英镑成交。由于班克西对作品破坏性的再创作（这样画几下花不了他几个小时的时间），在同一家拍卖行的一个当代作品卖场，我眼睁睁地看着它以32万英镑的价格成交！此事足以成为对我们所处时代的出色注脚。它在更大程度上是一个制造宝贝，而非发现宝贝的案例，本来我以为这会成为自己在书中唯一额外讲到的当代艺术案例，直到我开始挖掘一个更引人入胜的故事：两位男士让即将被拆毁的餐厅内饰摇身一变，成为价值数百万的艺术品。"药房"餐厅①室内设备的设计完全由著名艺术家达米安·赫斯特（Damien Hirst）操刀，这是彻底让当代艺术品和最令人震撼的沉睡多年的作品变得一样有价值的最典型案例之一。本书最后一章还会回过头来讲其中的细节。我偶然赶上了写这件事的机会，因为随后立即发生的事意味着当代艺术拍卖新篇章的开始，而这一切就发生在我写完这本书的一个月之前。

我不是以报道者，而是以该领域有经验的从业者的身份在写这本书。大多数内容涉及的例子我都是直接参与过的，但也有一些案例涉及我通过工作结识并试图沟通的、富于洞察力的人。在这种意义上，本书描述的对象是事实而非虚构故事（当然，我搞错的部分是例外），艺术界还有很多我没有触及的角落，所以本

---

① Pharmacy，达米安·赫斯特1998年在英国伦敦诺丁山门（Notting Hill Gate）开设的餐厅名字。该餐厅因管理不善于2003年关门大吉。

书所涉范围有限。不过本来我也不追求全面。如果用艺术的比喻描述，那么本书的目的是对一些小的场景和人物进行素描，由此就可能窥见一个更为宏大，充满无数可能性、戏剧性、挑战性和人物个性的场景。尽管本书题材涉及的是艺术和对艺术问题的答案，但人们对艺术品进行侦探式追索时的发现、狡诈、冒险和比拼等，无一不在我们熟悉的人类行为领域范围之内。因此，本书的另一个目的是彰显被吸引到这个领域中的经销商、艺术史学家、历史学家、收藏家和绘画修复师的性格和动机，他们追求的究竟是艺术的真相还是利益，抑或两者兼而有之？

写作这本书最大的野心在于，将艺术作为对简明时代特征研究的论据，延续历史悠久的文艺复兴时期的传统，为时代作一两幅自画像。艺术给这种功能很大的空间。在受天才崇拜观念影响的世俗世界，艺术的商业价值和神圣性已为全球范围内的收藏家和博物馆所证实，许多已故的（也有在世的）艺术家获得了圣人般的地位。正如杜尚[①]所说的那样，对一些人来说，艺术能起到镇静作用，但它与神的力量无法相提并论。尽管如此，人们倾向于认为艺术确实能对精神寄托的强烈需求予以回应。收藏一幅伦勃朗原作［或者，在纽约收藏家汤姆·卡普兰（Tom Kaplan）的例子中，最近的统计是他藏有八幅伦勃朗原作］或者一幅洛克威

[①] Marcel Duchamp（1887—1968），画家，出生于法国，1954年入美国籍，纽约达达主义团体的核心人物。他的出现改变了西方现代艺术的进程。可以说，西方现代艺术，尤其是第二次世界大战之后的西方艺术，主要是沿着杜尚的思想轨迹进行的。因此，了解杜尚是了解西方现代艺术的关键。

尔^①原作，就像圣物对中世纪的心灵一样，对人有某些诱惑力。这种魔力绵延至当代的艺术品交易，当作品关涉到一些人物，比如达米安·赫斯特，我们会看到其在拍卖会上被竞拍的情形，就好像那是真十字架的碎片^②一样。如同艺术本身，艺术品市场对人类行为的展现可谓意味深长。

---

① Norman Rockwell（1894—1978），美国家喻户晓的插图画家，是这个画种当之无愧的领军人物。其在1943年所绘《邮报》封面《铆工罗斯》成为"为美国保卫家园而奋斗"的代名词。1977年，他获得美国总统福特授予的和平时期国家最高奖励"总统自由勋章"。德国《法兰克福汇报》谓其插画艺术已达到"20世纪的顶峰"。他的作品有许多被介绍给中国读者。

② 真十字架是基督教圣物之一，据说就是用以处死耶稣基督的十字架，相传是君士坦丁大帝之母圣海伦娜于公元326年前后在圣地朝圣期间所发现。十字军东征时期，阿拉伯人曾进入耶路撒冷抢夺真十字架，守卫真十字架的圣殿骑士团顽强抵抗，最终不敌，全军覆没，导致真十字架被破坏。由于真十字架为人所崇拜，其碎片成为圣物，交易频繁。某些天主教神学家认为，基督的血使真十字架不易朽蚀，所以不论取下多少，总体积也不会减少。因此，中世纪基督教势力所及之处，教徒们总以拥有一块真十字架碎片为荣。

第一章
雪夜林边的美国宝藏

　　远远望去，我开始辨认出舞动的灯光、整齐划一的街区，还有那座被雪柔化的美国城市无休止的蔓延。日落时分，任何轻松的感觉都稍纵即逝。

　　最初，我对自己即将到达的城市一无所知，对动身要去的地方也毫无概念。我此行要去拜访的那位先生跟我说，下飞机之后，还要坐两个小时的汽车到很远的乡下去。然而，更让我担忧的是这位先生本人。除了三个月前他突然造访我画廊的那次之外，我对他一无所知。当时他只是拿旅行袋装了些书，还有一堆用破旧棕色信封包裹的照片，与我匆匆见了面。那次之后，我们才开始联络，而他最近寄来的一封信里夹着给我买的机票。

　　如今，我起程了，准备与他在荒野中共度周末时光。

　　当我在近十六年后写下这些时，我还是会被其间发生的离奇故事打动。那是在可以被称为"前互联网时代"的岁月里，我所做的最后几次艺术品交易冒险之一。当时我正要去调查这个人于20世纪五六十年代攒下的绘画藏品。由于他给我的照片大多是黑白的，而且有些模糊，很难估算其价值——我必须亲自去看看。

可谁知道会怎么样呢？凭着直觉和对冒险的向往，我想那里也许会有令人兴奋的东西，所以我接受了这位不明身份的收藏者的邀请。当飞机着陆，我开始面对自己的决定所带来的现实的时候，那种兴奋的感觉开始消失。

可以拿今天我们对同样从街上走进来的"不明身份"的人所采取的应对措施，和我在十六年前的境况做个比较。当他离开画廊没多久，或者很可能还在画廊里的时候，我们就可以搜索到他的生平和职业信息。这听起来充满无情的怀疑，但在这样一个到处是诡计、欺诈、迷惑的世界里，作为画廊的主人，当一个人开始占用你的精力时，迅速查到他的履历细节是非常重要的。不仅如此，我还会要求他回家之后把他的画的电子文件发给我——在这个时代，此事对任何人来讲都不难做，哪怕只有一台普通的相机。如果发现画的品质还不错，我就可以舒舒服服地坐在自己的皮椅上，放大屏幕上的图片，好像身临其境地去看画一般，仔细地研究它们。只有在这种情况下，当我对这个人和他的藏品有强烈的感觉时，也许会考虑走出画廊去看看实物。

相反，在那个没有互联网的年代，阅历尚浅的我一头撞向了荒凉的未知。地点在美国佛蒙特州的伯灵顿市，时间是1992年11月23日——感恩节后的第一天。寒风扑面而来，我走出机场，穿过马路，走到厄尔·牛顿教授让我同他会面的公交车站。我已经忘了他的模样，直到这位老人来迎接我时，我才又一次看见他那略微佝偻的身姿和紧绷的笑容（后来我意识到那几乎是他一成不变的面部特征）。他的声音不够洪亮，却字斟句酌，其中的长句都用可以觉察出来的停顿结尾。

"欢迎来到伯灵顿，"他说，"你来得正是时候。"

所以至少我找到了要找的人。但我没认出他身边赫然出现的、身穿粗呢大衣和牛仔裤的人。此人身材健硕，头发乌黑，面色红润，与其他部位的服饰极不相称的是，他头上戴着一顶司机常戴的贴头鸭舌帽。

"这位是比尔。"厄尔说。

大块头向我伸出手来。

"他来为我们开车，"厄尔补充道，"前方有很长一段路要走，我们得即刻出发。"

比尔拿起我的一件行李，我们三人一起走向一辆令人望而生畏的老式白色宾利车，它被停放在路的另一侧，巨大的底盘锈迹斑斑。我和厄尔坐在后排座位上，比尔小心翼翼地将车子开离机场，不慌不忙地驾车驶入夜色中，直奔高速公路。时间已经很晚，我感到流离失所、疲惫不堪，平日作为艺术品经销商的那些套话已经没有力气说出口了。我沿着比尔宽阔的肩膀和帽檐边缘向外凝视前方的路。厄尔穿着厚外套，从黑暗的角落里向我挪近，不时介绍着沿途那些逐渐消失在视线之外的景物。这时，开始下雪了。

行驶一小时后，我们换到小路上。那里没有车流，路旁也无房屋。其时已至深夜，我发现我们走的是山路，被雪覆盖的陡坡不时被田间的溪流冲断。

"你家离这儿远吗？"我问道。因为我开始意识到，先前获知的地址——佛蒙特州，布鲁克菲尔德，14号公路，牛顿家——不太像是地图上能找得到的地方。

"恐怕还有一段路要走，况且天公不作美。"厄尔回答道。

挡风玻璃上，雨刷同扑面而来的雪呼哧带喘地抗争着。

"你看，我们不住在镇上或村里，所以遇到这种天气，路途显得格外漫长。到最近的杂货铺都要一个半小时车程。"他郑重地补充道。

"那一定会让购物变成一个问题吧。"我尽可能用兴奋的口吻回应。

"当然。不过我们并不是完全孤立的。离我家几英里之内有几个可以买到钓饵和弹药的乡下店铺。"

"好吧。"我说,我们又回到宾利车引擎的轰鸣和雨刷呻吟的配乐声中。

我儿时的朋友查尔斯·格莱兹布鲁克(Charles Glazebrook)曾和我一起在邦德街(Bond Street)我的第一家坐落于楼上的画廊里工作,两年前,我在他的带领下第一次乘飞机到美国。回英格兰之前,他在两家主要的艺术品经销公司工作了五年,在伦敦做了一阵画廊经理之后,他决定辞职创业,和我共用办公室。他经营风景画,我经营肖像画,当我们坐在相邻的办公桌前为新事业奋斗时,他也会缅怀在大洋彼岸的经历——无论好坏。那时他还是个很年轻的画廊助理,住在曼哈顿上西城一栋有大批蟑螂出没的破旧公寓,当夜幕降临时,有些蟑螂会爬到卧室的墙上。有时候,当蟑螂爬过天花板时,他会被因重力跌落在脸上或身上的蟑螂惊醒。不过他也给我讲了艺术方面令人兴奋的部分,比如关于拍卖会、经销商和收藏家,最重要的是,在那里,有找到、购买20世纪上半叶英国绘画并将它们带回祖国的机会。"我别无选择,只能亲自去找找看,"他说,"不然就跟机会失之交臂了。"

在查尔斯逸事的鼓励下,我于1990年第一次到美国旅行,那一年我29岁。抵达肯尼迪机场后,我只能按他的提示决定下一步怎么做,那就是乘出租车到我预订的巴比松酒店(Barbizon),然后逛五大拍卖行。我与纽约最初的亲密接触,是在与两个当地司机争抢自己行李箱把手的拉锯战中开始的,他们就如迅猛龙扑向猎物一般。因为没看见合法的黄色出租车候客处在什么地方，我被违规黑车盯上了。我坐上了拉锯战中胜者叮当乱响的出租车，支付了预期价格两倍的钱款——这就是对充满机遇的土地的初体验。那时我的专长已经开始发展，那是从都铎时代起到现代的英国肖像画，我给自己的公司取了一个严谨的描述性名称，叫作"历史肖像有限公司"。尽管肖像画收藏在20世纪初达到极盛，20世纪30年代起，印象派和当代艺术取代了肖像画，成为众人追逐的目标。美国的博物馆紧跟潮流，从那以后定期交换或出售其收藏的旧式英国肖像画，因为有人愿意私藏。然而，仍然有一些人像我一样喜欢有趣的肖像画，说句不好听的，那些画有时被以稍显体面的佣金廉价抛售。因此，作为一个穷得叮当响的年轻经销商，我的事业有了一个令人兴奋的开端。尽管到目前为止我也只在英国做生意，英国主流艺术界对肖像画的爱好，除了对那些最好的作品之外，同样在式微，而我的生意则在扩大，我对新的储备也已饥渴难耐。

　　掌握了正确的研究、修复方法和营销策略，认识了有意愿的买家之后，我才成立自己的公司。在创业开始前的两年，我在伦敦城内和市郊的小规模卖场上买到一些早期肖像画，将它们卖给画中人物的后代。在那之后，我的交易范围扩大到包括英国名人——国王、王后、诗人、政客和作家等在内的肖像画，还有主要画家的作品，从那时起，我开始能辨别他们的风格。最振奋人心的事莫过于在拍卖会上买到著录错误、画家或画中人被完全搞错的沉睡多年的画作，在另一场拍卖会上重新出手或者私下交易时，它们具有可观的升值潜力。

　　我的初次美国之行让我和三位至今仍过从甚密的朋友、贸易伙伴结识。第一位是来自道尔拍卖行（Doyle's Auctioneers）

的佩吉·斯通（Peggy Stone）。遇到她几个月之后，她就从那家拍卖行辞职，和她丈夫拉里·斯泰格拉德（Larry Steigrad）一起创业。拉里从那个月起开始独自经营，此前他在鲍勃（Bob Haboldt）——曼哈顿的一位重要的古代名画交易商——手下工作了十年。当我让佩吉给我看所有拍卖行货架上那些尚未出售的肖像画——那些在之前的拍卖会上没能卖掉的画作——的时候，她感到好奇。我最终在第二天以私下交易的方式从他们那里买了两幅这样的画。

佩吉立刻拨通在佳士得工作的密友蕾切尔·卡明斯基（Rachel Kaminsky）的电话，告诉她："我们这儿有个大活人想买咱们所有未售出的肖像画。"紧接着，我同蕾切尔在她的拍卖厅储物室见面，我在那里又成功地买到了两幅"买进"的画（未售出的拍品）。佩吉接着又向自己的丈夫介绍我这位伦敦来的傻瓜，他邀请我去他们的公寓做客。经过旷日持久的讨价还价，拉里以独立交易商的身份第一次卖给我一幅画：荷兰人威廉·维辛（William Wissing）一幅画了两个小孩的风景画。（可恨的是，五年后他说，倘不是我率先在谈判中撑不住了，我原本可以少花2000美元。）周四、周五两天，在当地主要公开拍卖会上，我又买到几幅画，到了周末，我随身携带12幅英国肖像画登机，我与美国的"恋爱"便从此开始。

我也意识到自己参与过竞争，可喜的是，竞争的结果能负担我的差旅费，尽管那时我仍在美国。我在东佳士得（Christie's East，主要拍卖场一侧较小的附属建筑）花2000美元买了一幅17世纪法国肖像画，画中人被描述成身份不明者，但我看他像路易十四。虽然我专注于英国画，我猜，在伦敦一定有人愿意买法国"太阳王"的肖像。转天，我在酒店收到詹金斯先生（Mr.

Jenkins）的消息，他通过佳士得要到了我的电话号码。当对方声称自己是"教堂司事"时，我以为他打错电话了。接着他说自己就是我要找的詹金斯神父，但他当时正在接受忏悔。一小时后，他又打来了电话。

"你一定是那个不知名的法国人肖像的买家吧。"他用纽约爱尔兰口音说。

"你说的是路易十四。"我回复道。

"好吧，你早知道了。想不想快速赚到一笔钱？我打算出个低价，希望以更低的价格买到这幅画。作为绘画收藏家，我对路易十四这个主题很着迷。"

我以3500美元的价格将画卖给了他，不但卖掉了自己第一幅来自美国的沉睡艺术品，而且认识了第一位美国客户——一位善于讨价还价的牧师。

那时候除了出去看拍卖会、私人收藏，见交易商之外，没有其他看画的办法。尽管现在我还会定期前往美国，但评估购买大量作品可以通过远程查看数码照片来进行。

在职业生涯的早期，我能看到的那些艺术品，特别是肖像画图录中的缩略图，往往只比邮票大一点。此外，当时我在通过缩略图读取作品的作者和状态方面的经验远没有现在丰富，多年来的成败历练让我深受启发。我们的业务规模也急剧扩大。我的研究员、技术革新时代的少年本多尔·格罗夫纳能在一天之内完成上百幅这种缩略图的筛选，他用搜索引擎便轻而易举地覆盖了全美和世界其他地区的作品。现在，即便在看不到原作的情况下，我们最多的时候一周能买下三幅风格各异的画作。

1992年，我的公司无论人员还是技术力量都比现在有限，那时的我做事几乎漫无目的，只能到处旅行，那时候每年要跑三趟纽约。不知为何方神圣的厄尔·牛顿通过一位了解我专长的经销商找到了我。所以在又一次横跨大洋的旅程中，我见到了他。这次我进入了完全未知的领域。

经过了绵延不绝、地势平坦但夹杂湍流的山谷，宾利车稳稳地到了山下。我越来越疲惫，老化的加热系统让车子里冷得要命。我看了手表才知道自己还停留在英国时间，忙将表针调到傍晚。我们在路上走了两个半小时，刚想问厄尔还有多远，我就察觉发动机在减速。

"终于到家了。"厄尔说。车头灯沿着白雪皑皑的车道照向带有巨大白色护墙板、嵌着绿色百叶窗的房子，星条旗在房前飘扬。当我从深陷的真皮座椅里爬出来时，房子的大门已经打开，一位年逾古稀、身形颀长的女士在向我打招呼，屋内橙色的光照亮她金色的卷发并勾勒出她纤细的身材。

"欢迎来到佛蒙特，"她一边说，一边热情地伸出手，"我是乔（Jo），厄尔的妻子。终于把你盼来了，快进屋吧。"

她带我走进低矮的大客厅，当我的眼睛适应了灯光，发现屋子的一端有张桌子郑重地摆上了感恩节晚餐，还有优雅的杯子、汤碗和蓝色的瓷盘。房子里到处是书，充满暖暖的防腐剂气息，和木墙上的东西形成鲜明对比。时差和12小时的长途跋涉让我筋疲力尽，当我端着一杯茶坐在扶手椅上，房间的暖意让我平静了下来。尽管到达目的地，主人的热忱欢迎也使我获得了释放，我还有足够的精力环顾四周，但此时我开始意识到有什么地方不太对劲儿。我的不安持续了几分钟之后迅速升级为不爽和担忧。

我所认识的每位成功的艺术品经销商都有一种本能，进入房间即浏览其中画作。这座房子里的画作平淡无奇，只是保存方式比较专业。我横跨大西洋，自然是从一开始就希望看画的时候能同与真正艺术藏品有关的证据相遇。但是，尽管墙上的装饰物是供人欣赏的图片和带框的照片，架子上有数不清的饰物和小摆件，我视线范围内并没有油画，连个画框都没有。除了散落各处的杂志、平装书和大开本精装书表明房主对阅读的兴趣之外，什么线索都没有。如果有人让我通过室内情况猜他们的身份，说他们是温和的中产阶级家庭我会有点犹豫，但有可能是高校教师。不过他们应该不是环游世界的艺术收藏家。

我尝试回忆厄尔在我的画廊里给我看的那个信封里的照片。那些当然是油画，我也记得他告诉我它们还都是原作。我忆起自己研究过那些照片，尽管模糊不清，我觉得它们看着很像充斥着瑕疵，带着原来画框的原作。无论如何，在那段日子里，作为一名艺术品经销商，我的日常工作就是阅读长篇累牍的图录，从最初的照片评估和判断潜在的机会。然而，现在看来，一层的主要房间没有任何像大师原作的作品。"什么情况？"我问自己，"如果根本没有画该怎么办？如果他们除了信封里的照片之外什么都没有，或者照片是从别处借来的该怎么办？难道我越过大西洋之后被请进了一个好心的（如果运气好的话）幻想家家庭？"

厄尔带我上楼，我们沿着一条狭窄的过道进了我的房间（同样没有画），他建议我赶快下来吃饭，说话的时候带有客套的委婉，毕竟为了迎接我的到来，晚餐已经推迟了。坐到专门安排给我的座位上，我琢磨着，如何在既激动又疲惫的状态下酝酿出吃饭的胃口，何况天色已晚，我也很难再发表什么言论，直到我看见一个额外的空座位。

"我们还在等另一个人吗？"我问道。

"就差我们的儿子比尔了。"牛顿夫人回答说。一两分钟后，大门开了，司机带着一阵风走了进来，摘掉帽子，在桌子尽头就座。我注意到他整晚都在和母亲交换着微笑的表情，只好避免流露惊讶的神色。"显然，在早些时候的见面期间，我错过了某些信息。"我试图这样安抚自己。厄尔从厨房拿来一大只火鸡和一碗红薯，坐到我和他妻子的对面。牛顿夫人紧握双手祈祷，她的话我现在还清晰地记得，只听她向上帝和我们几个说道：

"亲爱的上帝，感谢你带菲利普来我们这里。在接下来的两天，我们希望大家都能有惊喜和兴奋的感觉。也许他不会感到失望，大家或许能从他身上学到东西。"

我说"阿门"的声音盖过了在场所有人。

对于那天的晚宴，我已经印象不深，除了第一次品尝红薯，以及在牛顿夫人的怂恿下谈了我的父亲母亲、兄弟姐妹，以及作为一名单身汉，我在伦敦的家庭生活是什么样，这类话题触动了她。她告诉我除了比尔，他们还有个女儿，在纽约一家公司上班。牛顿夫人十年前从小学教师的岗位上退休，现在积极参与当地教堂事务，在里面演奏管风琴。她有着母亲特有的唠叨，我自己开始思考，如果这家人用了某种谈话套路，牛顿夫人应该不是其中的一个部分——或者至少我可以无视这个桥段。

关于牛顿家的收藏在饭桌上未被提及，然而，当我找到一个自然切换到这一话题的时刻，我问起厄尔他的收藏在何处，他只是回答道，一切都会在第二天上午揭晓。这期间我忍不住观察在桌子另一头的比尔，他用巧妙的方法切开火鸡，多半时间保持沉默。我后来才知道，他住在楼上的一间客房，奇怪的是，他在辞去利雅得一家乳品店的工作之后，最近定居于此。当他摘掉帽子露出一头乌黑的直发，我望着对面的他，能看出在亲切的脸庞和红润的双颊之外，他还拥有专注的特质。

这期间厄尔那僵硬的笑容很少从他脸上消失，当他意识到我的语速开始放缓,他建议我去睡觉。他告诉我,估计明天一大早就要开始一整天满负荷的活动了。

我倒头便睡,但凌晨四点左右突然醒来,花了足足十分钟的时间弄清自己身在何处,之后自问道:我怎么把自己弄到这鬼地方来的?望着窗外,我几乎看不到任何东西,除了雪和黑暗,还有马路对面另一幢若隐若现的房子的白色轮廓。我迫切地需要去洗手间。整幢房子一片寂静,除了我从小卧室走向记忆中的洗手间所在地时地板发出的轻微嘎吱声。我头晕目眩地推开门,摸索着灯的开关,才发现我已经走进了一间卧室,没人在里面住。我站在书籍构成的铜墙铁壁前,这些书堆了足有1.5米高,覆盖整个房间的地面。我从未见过在这么小的空间里,集中放着如此多的、成吨的老旧巨著,还有一大堆闻起来很香的腐烂纸张。我静静地关上门,从卫生间走出来,回到床上。

打完一个比自己预想中更长的盹儿之后,我下楼吃早餐,发现牛顿家的一天早已开始。厄尔身着浅蓝色斜纹软呢外衣站在那里,手上拿着一把大钥匙。

"我想让你先见见我的妹妹茵蒂雅(India),她就住在马路对面,"厄尔很高兴,"她是最有趣的女人,拥有大量藏书。我知道她一定愿意见你。"

这家人和书的关系到底是怎样的?沉吟片刻,我们便嘎吱嘎吱踩着积雪去见茵蒂雅。阳光明媚,我的精神在晨曦中恢复,尤其当我发现我们并不像我想象的那样与世隔绝。路对面是一座装了白色护墙板的教堂,护墙板有些掉漆,一头的牌子上写着"美国馆"(Museum of Americas)字样。再往前走一点,在我们行进的方向有个大的活动工作室,后部附带临时扩展的部分。

当我们穿过路的另一边一座空荡荡的建筑物和车库时,"这些都是你们的？"我问道。建筑物周围停放着二十多辆呈各种腐锈状态的轿车，大多是20世纪五六十年代长轴距款式，包括克莱斯勒和林肯，就像在古巴等地还在投入使用的翻新车。其中甚至还有一辆伦敦的黑色出租车。①它们大多车胎已瘪，看上去像正在腐烂、即将化为乌有的尸体；其中有一辆的中间居然长出了一棵树。

"是的，"厄尔说，"我收集老爷车。它们终有升值的一天，但除了这儿以外无处停放。"

他敲了敲外面有活动工作室的那座房子的门。招呼我们进去的是一位七十来岁、坐在扶手椅上的女士。茵蒂雅长得轮廓分明，她的眼睛足以说明她和哥哥一样富于洞察力。她的脖子上有一串很重的民族风合成宝石项链，配合她洞穴般住处的其他物品，像各处的东方花瓶、俑和饰物之类，倒也协调。顺着她指给我的方向，我看见在奇怪房间后部深处隐秘的角落有间书房，里面的书籍井然有序地摆放着。当她指给我看的时候，是那么骄傲，可见其中有稀罕的重要藏品。

"我要确保厄尔没有用他的手碰过这些，否则它们会像其他藏品一样腐烂掉。"她忽然出人意料地脱口而出。我转过来看着她的脸，试图寻找其中讽刺或幽默的表情，然而，除了嘴轻轻动了一下之外，什么都没看出来。

厄尔承受了她的中伤，仿佛妹妹直言不讳的是一件让他骄傲的事。在与她谈起收藏趣味之后，我了解到她拥有图书馆学学位——所以才有这么多书——她在远东地区生活过一段时间，帮助美国政府实施计划，为美国军人开设寓教于乐的课程。从那时起她开始收藏东方古董。

---

① 传统的伦敦出租车外观有点像我们所说的"老爷车"，外观一般是黑色。

"我没结过婚,"她强调,"因为我从没遇到像我一样聪明的男人。"

厄尔希望证明这位与他有血缘关系的女学者令人印象深刻的智慧和鉴赏力;可他儿子在给我们开车的两个多小时时间里始终沉默不语。探访结束前,他迅速带我走出活动工作室前往教堂,说是要给我看他的某件东西。

起初,钥匙打不开大门,他只好去找比尔帮忙,后者轻巧地让我们步入室内。厄尔来回踱步,寻找开关,从宽敞的内部空间跟我聊起。

"我们把这里称为美国馆,"他用一种骄傲而略带常态的口吻,仿佛这是熟练的开场白,"我们的目的是讲述美国的故事,以及美国是怎样脱离同英国的关系——从英国演变而来的一切,包括美国的文化、法律制度等。"

"你们有很多游客吗?"我问道。

"每个月有三四位吧。我们周末开馆。"他在黑暗中答道。

如果这一切是一场大骗局,我觉得,至少现在看来已经进行到了结尾的部分。站在教堂门口,我的双眼逐渐适应了室内昏暗的灯光,开始注意到供信徒使用的椅子——不同的是,座椅上和座椅周围都没有人,只有一些正方形和矩形的东西。当厄尔打开顶灯,我所看到的景象,多年以后依然如昨日般清晰。那里确实有教众:不是人,而是17、18世纪的肖像画,总量接近300幅,不仅放在椅子上,而且覆盖、充斥着室内每一处可用的悬挂空间、空地或角落。我慢慢沿着过道走去。雷诺兹、莱利①、冯索斯特②的作品挂在本应挂耶稣受难像③的地方——那曾是座天主教堂——很多由知名度较低的画家创作的其他作品靠在四周的墙上，有的则堆在一处。放在圣坛的作品则采用双挂式，作者主要是美国画家，包括吉尔伯特·斯图尔特④和罗伯特·费克⑤的作品。我到处看了看，画作都保持着古老的模样，有些带画框，其他则只有画布，我眨着眼睛，仿佛被一阵强光惊到了。

  这不是博物馆收藏，而是密室宝藏；不仅是因为主人将作品储存、悬挂起来，很多都不带标识，让一切有一种辉煌庄严的室内卖场的感觉，阁楼上那些原封不动的作品仿佛忽然跃进展厅，接待前来参观的游客。画作的状态加深了这一印象。就如室外那些老爷车一样，许多都呈现各式各样的衰败景象。霉菌覆盖了一对靠墙放着的画作的表面，画中人分别是一位17世纪贵族和他的妻子：发白的"云"从画布顶端的边缘蔓延开去，就如蕾丝面纱，几乎挡住画中的男士除鼻子之外的所有特征，画作被真菌以奇怪的方式保护着。由于缺少零部件（使画布紧绷在框上的木钉），画布如飘动的风帆般松散地挂在内框上，加剧了湿度对画

---

① Peter Lely（1618—1680），荷兰裔英国画家。早期作品多为神话宗教题材，受安东尼·凡·戴克和荷兰巴洛克画派影响。曾任查理一世时期绘画助理，后又为克伦威尔父子服务。1660年查理二世复辟后，再度成为御用画家。1662年加入英国籍。
② Conrad von Soest（1370—1422），德国画家，哥特式晚期的一位重要的大师级人物。
③ 苦路（Stations of the Cross）是指天主教一种模仿耶稣被钉上十字架过程的宗教活动。苦路像由14幅画组成。内容是描述耶稣受审被钉十字架的经过，挂在教堂左右两侧的墙上。
④ Gilbert Charles Stuart（1755—1828），美国最著名的肖像画家之一。他最出名的作品是一幅未完成的乔治·华盛顿肖像。
⑤ Robert Feke（1705/1707—1752），美国肖像画家。艺术史学家理查德·桑德斯（Richard Saunders）说："费克对美国殖民地时代绘画的发展影响巨大，他的作品树立了判定后起画家水平的新标准。费克的画约有60幅存世，其中12幅有签名和日期。"

面的影响，使画作内容难以辨认，除非把画面转到直对着房顶照明灯的角度。还有些画一个多世纪以来都未经清洁，其清晰可辨的盎格鲁-撒克逊色调融合褪色的光油，呈现出一种民族色彩，如果艺术家和画中人看见了，恐怕都会大吃一惊。

"大部分画是我在20世纪五六十年代购入的，买的时候很便宜。"厄尔解释道，"有时是在拍卖会上，事前未做功课，有一次我从经销商那儿花100美元买了一摞共五幅画，他买画是为了要那些画框。你也看到了，我并不是多有钱，只是尽我所能做了该做的事。"

此时，一幅靠在祭坛上很特别的画引起了我的注意。它脱颖而出的部分原因是它本身的质量，但也是因为它不那么规矩，周围的作品和它相比就正常多了。画的主人公是位身着粉红色塔夫绸、体态肥硕的中年女性，她并不害羞，不合时宜的浅笑透过圆润的双颊流露出来。它的率真令人迷醉。

"她是谁？"我问。当我开口时，我知道，世上只有一位艺术家能完成这一创举。他不能脱离社会，却对社会进行残酷讽刺，这恰好成就了他的伟大：不卑不亢，却对画中人物做了有说服力的诚实回应。此前我从未见过这幅画，却在一座废弃的教堂里发现它，单为这个原因，我来一趟佛蒙特州也不虚此行。

"我很高兴你发现了它，"厄尔说，"那是我从开始到现在买到的最贵的一幅肖像画——花了250美元。他们说这是贺加斯作品。你觉得是吗？"

"太神奇了，"我回答道，"真想不到！"它在我眼中是一幅价值40万至60万美元的画。

接下来的几天，我们一幅接一幅地仔细检查所有肖像画——我手持电筒加以评估，厄尔在他的笔记本上做记录。他在买大多数画时主要凭外表，而非以相关艺术家的基本知识做判断，因此用我吃饭的本领将这些画作划入作者名下，重新为其正名的过程，让我充满快感。虽然由于厄尔漏洞百出的购买思路，可以想见，其中有些非常不入流的作品，但也有不少其他作品，比如艺术家约瑟夫·怀特·德比①、乔治·罗姆尼②、乔纳森·理查德森③和戈弗雷·内勒④等人的作品，厄尔收藏的全是原作。在这座不受干扰的墓葬，我有一种揭开丢失的英美肖像画遗产真相的美妙感觉。

由于厄尔主要是在20世纪五六十年代购入作品，那是英国艺术品市场极度低迷、档次适中的英国肖像画可以用非常低的价格买入的时期，如此，他才能积累起种类和质量都相当可观的收藏。除非画家是人们耳熟能详的，诸如凡·戴克、庚斯博罗和科普利⑤——这种情况下像保罗·麦伦⑥这样热衷于将名家名作纳入让自己更骄傲、更富于成就感的收藏之中的人会冲在最前面——归属相对不确定，特别是没有明显装饰的肖像画，很难找到买家，在那时，人们几乎没有驱动力或专业精神对这类画作进行准确的编目。在频繁往返于英美两国的旅行中，厄尔已经用同样的理由购买了很多这样的艺术品，以及其他商品，比如轿车、书，还有我后来才发现的旧房子：如果有什么东西被以极低的价格出

---

① Joseph Wright of Derby（1734—1797），英国风景、肖像画家。被誉为表现工业革命精神的第一位职业画家。
② George Romney（1734—1802），英国肖像画家。他是同时代最杰出的艺术家之一，为许多社会人物作画，其中包括纳尔逊勋爵的情妇爱玛·汉密尔顿。
③ Jonathan Richardson（1667—1745），英国画家、绘画收藏家和艺术领域的作家。
④ Godfrey Kneller（1646—1723），英国17世纪至18世纪早期肖像画代表人物。在查理二世至乔治一世统治时期担任宫廷画家。
⑤ John Singleton Copley（1737—1815），北美殖民地时期最重要的画家，也是美国本土培养的第一位伟大画家，擅长肖像画、历史画创作。
⑥ Paul Mellon（1907—1999），银行家，美国历史上最伟大的艺术品收藏家和慈善家之一。

售——这将是一个底价——而这些东西又与历史、艺术、设计或文献有某种关联,遇到这种情况,他就会去扫货。有一次他盯上一辆停在村子主路上年久失修的老爷车,与车主取得联系,问他有没有兴趣出售。"当然愿意,"车主说,"除非你已经在几个月之前将它从我这儿买走。"上述事件似乎让他产生一种病理性囤积的愿望,那是一种更大的雄心,为此他不断提到我们的编目:他渴望将这些物品和收藏留给教学机构,支持对美国历史,特别是英美关系的研究。

那天吃晚饭的时候,我对他有了更多的了解。当时比尔不在,乔像一盏灯一样驻守在桌子的另一头,维持着家庭的骄傲和爱,开始向我讲述她如何在高中时与厄尔相识,并于大学毕业后在教堂举行婚礼。与她喜结连理的男人也不是省油的灯:在接下来的半个世纪里,为了他的事业和兴趣,他们在三十个不同的地方生活过。他在渴望的驱使下不断开辟收藏的新领域,他承认,关于收藏他和妻子之间有一个重要的区别:"我收藏物品,乔则收藏人心。"他咧嘴笑着,为自己简练清晰的概括感到得意。

厄尔对物品和工艺的热爱在他还很年轻的时候,以一种有趣的方式崭露头角。13岁那年,他在父母家中建起了自己的印刷厂。尽管规模极小,产品多为卡片、小册子和信纸之类,他一直坚持经营厂子,在马萨诸塞州阿默斯特学院读书期间的一个暑假,他去拜访美国著名诗人罗伯特·弗罗斯特(Robert Frost),后者授权他首次将自己的诗《金色的柑橘》(*The Gold Hespéridée*)刊印——对一位认真的学生来说,这是莫大的荣誉。厄尔的母亲是位多才多艺的艺术家,她帮他画了个封面。岁月如梭,后来的他不仅成为诺威治大学的历史学教授,在接下来五十年的时光里,他担任了一系列各式各样的文化职务,包括十所收藏、历史和档案机构或协会的董事。厄尔告诉我,教授历史学一直是他的使命,他在20世纪50年代当过富布莱特学者①,曾先后任教于英国布里斯托和伦敦的大学,在英国,他还获得了博物馆管理学位。

他用相对少的成本得到了如此多的东西,这已经让我相当惊讶,当我知道他还成功地在美国和英国买了16套房子,我的景仰之情更如滔滔江水。对他而言,人生中的使命永无止歇,在过去十年,他每年有一半时间不在家,目光始终投向财富和收藏机会。他在破败地段发现没人敢碰的、被白蚁占据的房子,慢慢地翻新它们,省吃俭用地生活,不做任何在他看来没有意义的消费,偶尔出售东西,始终用收益做保守的投资(后来我听说他有19个银行账户和25个小额基金),他成功探索出了满足自己收藏欲望的方法。在一定程度上,因为物质生活极为节俭,当看到绘画和艺术品的时候,他能让自己全身心沉浸在购买中,在他看来,这些多数人都会忽视的东西,终有一天会现出历史意义。他通过搜寻去预测什么东西在未来有价值,而非追赶当下的潮流;尽管预算有限,也能用广泛的购买策略买到想要的东西。那天晚上我发现,他在这方面明显能力过人。尽管厄尔讲起话来慢吞吞的,有时带着一种年迈的调子,但他对古今不少学科都有很深入的了解,带着审慎的系统性观点看待蕴含其中的道德问题。毕竟在他看来,历史和历史研究对解决当今的问题来说至关重要,他

---

① 富布莱特计划(Fulbright Program)是一项由美国政府资助的国际教育交流计划,根据时任美国参议员詹姆斯·威廉·富布莱特(民主党,阿肯色州)的提案于1946年设立。它也是世界上声誉最高的国际教育交流计划之一,通过50个负责机构在155个国家和地区运作,已有超过29.4万的学者、教育者、研究生和专业人士参与交流,参与者中有53位诺贝尔奖得主、29位国家元首和80位普利策奖得主。

的收藏行为是对这一看法的延伸。

接下来的一天，我继续为厄尔的收藏做笔记，每隔一段时间，比尔会被叫来给画作拍照，如果画作的背面包含有关画家或模特进一步的研究线索，那么背面也要拍。比尔和我偶尔有些交流，他带我到地下室，展示了一门让我难忘的手艺——他自己设计制作了储物柜。显然，从他和我聊天的内容来看，他对父亲的收藏怪癖并没有多少兴趣。他解释说，自己只是需要在父母和姑姑不在家时待在博物馆周围。看来，这就是他现在的生活了。

我原计划第二天早上离开，请他们送我到搭机场大巴的车站。厄尔要处理我为他的收藏编写年度作品图录的费用问题——那是一项远无止境的任务，我给他新编了三十条左右，确认或否定了部分作品的作者归属。

"我不想给你钱，而是希望你拿走点什么。"他说，在我看来这体现了他简朴的特质。

这对我来说再合适不过了，我开始考虑带走哪样东西。我巴不得带走贺加斯，但不知何故觉得他没有考虑到这种可能性。相反，他带我到车库，当我们找到前往散架豪华轿车的路时，他打开一扇木门。门内有更多车辆，但它们在很大程度上被无数东西遮蔽了，那些东西要么充斥着货架，要么堆成一坨，要么从地上的盒子里满溢出来。我琢磨着，他是不是至少打算给我一辆车，但是我越这样想，就越难有惊喜。他也怀着无限热情向我指着他购买的肖像画，并拿出更小的东西。毛绒玩具、娃娃、锅碗瓢盆、打字机、笨重的老式商用复印机还有大型电视机，把能看得见的地方都塞得满满当当，而浴缸、马桶和淋浴喷头则组成了背景（根据我后来的推断，他收藏这些是为了在房子里使用）。

我看着离我最近的一个盒子，里面有没开封的便携计算器、会说话的塑料鹦鹉玩具和玩具汽车。

"这就是我认为你可能喜欢的东西。"厄尔一边说，一边从两侧各一台收音机、一幅小画构成的杂物堆中钻出来，那是一幅萨福克郡（Suffolk）的斯陶尔河（Stour River）油画草稿，画上有一片深红色天空，白色斑点示意牛群。"这是我20世纪70年代花12英镑在温莎一家古玩店买的。他们说，这幅画有可能是约翰·康斯太布尔①的作品，但我不收藏风景画，你愿意把它带走吗？"

我仔细察看了作品的笔触，注意到一处因受潮而冻硬的光油，它冲淡了画的色彩。画布上有折痕，表明在最初某段时间，它曾被收在一只盒子或信封里。它有一定的升值潜力，环顾周围其余物品，我没时间细琢磨了。

"就它吧。"我说。

道别的时候我有些伤感。乔站在门廊让我答应还会回来，说她想让我也见见她女儿。之后我到活动房去见茵蒂雅，她也表达了相似的感情，还开了她哥哥破烂不堪的仓储的玩笑。比尔从房子里出来，这次没戴着他的司机帽子，我再次跟他还有厄尔一起钻进老宾利车。这个奇怪的社区和它背后的秘密的确迷住了我。后来，当厄尔和我告别时，他说："我将这些看作一项事业，我还会继续前往伦敦。请你也一定要回来，因为还有很多工作要做。"

两年多以后，我真的回去了，其间，我回到邦德街，继续编写年度作品图录，用的是在国家肖像馆、考陶尔德美术馆（Courtauld Gallery）的维特图书馆（Witt Library），以及其他艺术

---

① John Constable（1776—1837），英国风景画家。

史上重要场馆拍到的藏品照片，以还原丢失的有关艺术家身份和作品的信息。那幅小风景画后来证实是康斯太布尔的原作，那是一幅户外作品草稿，画的是紧邻戴德姆（Dedham）的一条河，他当时在那个村子里生活和工作。我把它卖给了一位美国收藏家，换来了足以支付我们花在复活厄尔一生藏品这件事情上的钱——这让我很开心，但我后来发现在满足他的心愿的同时，也有硕果累累的结局。厄尔至少三次来到我在邦德街一层的画廊，我注意到他走路越来越慢，每次来访都比上一次虚弱。在他最后一次来访时，我看到他哭了。他告诉我，比尔罹患严重的骨质疏松症，肝病又造成了更复杂的症状，尽管在接受最好的医疗，他似乎已经失去了活下去的意志。半年后，比尔去世了。

年龄和悲伤并没有阻挡厄尔顽强的意志，他甚至在英格兰林肯郡的霍恩卡斯尔（Horncastle in Lincolnshire）又买了一套房子。有段时间，一连几星期，他都在居住条件极其简陋的情况下，每天坐长途汽车和火车在整个英国境内奔波。我还跟他互换了一些画作。他的藏品里缺少一幅庚斯博罗的作品，我就用自己的一幅画跟他换，换来的是一幅英国画家乔纳森·理查德森的作品。那是他给有着精湛艺术技艺的、与他同名的儿子画的一幅生动的肖像画，画面上小乔纳森·理查德森周围还有他的其他绘画和雕塑。这幅画至今还挂在我家。

在厄尔生命中的最后几年，我们几乎失去联系，但在2006年我收到他女儿托妮（Toni）发来的电子邮件，那时我还没见过她。她在信中说，她父亲在一家养老院住过半年后，于佛罗里达州的家中去世。我向她表示慰问，托妮则在回信中建议我去他们在佛罗里达的家中看看她和她母亲，以及厄尔的收藏情况。我完全不知道，厄尔已将所有收藏，包括他的书和印刷品一起，赠予佐治亚州萨凡纳艺术与设计学院①，学院专门为他盖了一幢楼。于是，2008年，我飞抵杰克逊维尔②，托妮和她（当时刚刚喜结连理的）丈夫克拉克开车送我去那所大学，好让我见证破败教堂里混乱的藏品如何摇身一变，成为国宝。

很难想象让那些藏品升级为国宝到底有多艰难。在走进位于萨凡纳的马丁·路德·金大道（Martin Luther King Boulevard）上那座壮观的19世纪带多立克柱③的希腊复兴式建筑④之前，我停下来深吸了一口气。在人字顶的外墙底下有个漂亮的圆形牌子，上面写着"厄尔·W. 牛顿英美研究中心"字样。入内，宽敞的空间，抛光的松木地板，营造出历史神殿般的氛围。画作没有用吊钉悬挂在墙壁的接合面或随意堆放，好一点的肖像画被优雅地安放在精致的壁画天花板之下，置于一种科学控制的、博物馆配套的环境之中；每幅画也做了标记，仔细地加上画框，表达了收藏机构的敬畏之心。令人欣慰的是，鉴于过去的状态是那样，很多画作都做了修复，经由全美修复师的妙手，重现当年的色彩和线条。这所据称是美国最大的美术学院喜出望外地获得这批收藏，连同厄尔附带的捐赠，价值已高达900万美元。1992年，当时的

---

① The Savannah College of Art and Design in Georgia，缩写：SCAD，又名"大草原艺术设计学院"，是美国一所美术及设计大学，成立于1978年。
② Jacksonville，美国佛罗里达州人口最多的城市及全美第十三大城市。
③ Doric-colonnaded，是古典建筑的三种柱式中出现最早的一种（公元前7世纪，另外两种柱式是爱奥尼柱式和科林斯柱式，三种柱式都源于古希腊）。特点是比较粗大雄壮，没有柱础，柱身有20条凹槽，柱头没有装饰，多立克柱又被称为男性柱。最早的高度与直径之比为6∶1，后来改至7∶1。著名的雅典卫城（Athen Acropolis）的帕特农神庙（Parthenon）即采用多立克柱式。
④ Greek Revival building，一种建筑风格，灵感来自于希腊古典时期，由苏格兰建筑师詹姆斯·斯图尔特（James Stuart）在18世纪中叶首创。到18世纪末期，这种风格广泛应用到欧美的城市规划和公共建筑设计中，在英国持续到1840年左右，在美国发扬了更长时间。德国柏林的勃兰登堡门便是希腊复兴式建筑的典范。

英国总领事代表女王出席了学院校长的就职典礼，厄尔和他的家人获得了全场的起立鼓掌，校长保拉·华莱士（Paula Wallace）的光芒在慷慨捐赠者的映衬下略显暗淡。她说到，这些藏品让学生获得研究第一手作品的机会，这将"促进学术研究……激励学生努力进行新研究和新创造"，从那时起，中心每年吸引12000名参观者。白金汉宫向厄尔颁发了大英帝国官佐勋章（OBE）以表彰他对英国历史文化做出的贡献。

车行在去往萨凡纳的路上，我有机会问托妮一些问题。她丈夫开车，她坐在副驾驶的位置上，我在后排座位记笔记，想知道这一切是如何发生的。尽管我知道厄尔有少量积蓄和一份学者的固定收入，他如何积累下这样一笔遗产，仍然是个谜。现在看来，他还给妻子留下很多财产，使她在佛罗里达郊区的豪宅里安享晚年。我还想知道他其余的财产是怎么处理的。当我回顾厄尔的老爷车时，托妮转了转她明亮的蓝眼睛。60岁的她，美得惊人，身材颀长，有和母亲一样浓密的头发（她的是黑色的），红色唇膏生动勾勒出她的坦率风格。回忆父亲对她来说不是愉快的经历：那是由真挚的感情和令人不安的事实构成的醉人的混合体。

她告诉我，厄尔去世的时候，他那些房子里的汽车一共有六十多辆。有的已被腐烂的树枝树叶掩埋了一半，有的已被老鼠占领，绝大部分从上到下都锈住了。散架的发动机已经漏油，污染了水道，令佛蒙特州当地官员非常惊愕。很多书没能撑过其间的十年。厄尔家的房顶积雪结了冰，冰融化后压塌了我在佛蒙特的第一夜曾迷迷糊糊走进的满是书的那间卧室的屋顶，将大部分的书化成纸浆。当我问起房子的情况，故事同样令人沮丧。在开始买下一套房子之前，厄尔很少能完成对房屋的修缮，很多房子处在腐朽贫瘠或者修复未完的状态，屋顶漏水，房檩坍塌。

"爸爸是个了不起的人。"托妮说,"他取得了非常出色的成就。我被他所做的一切迷住了。但他有他的怪癖。"越是听说他的怪癖,我就越发意识到不仅是他本人,而是他的整个家庭,都为萨凡纳贡献了一笔巨大的文化遗产。

厄尔对俭省生活的热衷近乎变态,有时会让整个家庭捉襟见肘。尽管我了解他是个反感胡乱花钱的人,我并没有意识到他反感的程度。托妮最初讲的都是小事:他热衷于收集各类优惠券,总试图用它们支付药费和餐费,即便过期了也要呈递给对方,受到质疑时,他则挠头佯装不知。他从不支付小费,曾回到桌上带走别的家庭成员留下的小费。吃自助餐时他会夹带食物,乔能从他的衣兜里翻出几块馅饼和饼干。然而更要命的是,只要能不花钱,他会逃避一切付账的机会,不只是请客吃饭,哪怕房子的供应商和建筑工人来了他也不想给钱。他永远在问,"我们能从哪儿得到钱?"为长达六个月的艰苦跋涉起程时(决定返回的时候他只是提前几天通知乔),他也不会为家庭开销留下钱。如果债主来敲门,或者更吓人的情况是,厄尔指定的要来收购房子的地产代理商来访,乔只能避不应答。有时则是厄尔后退时撞了别人的车或船然后逃之夭夭,人家找上门来了。

"我们小时候从没被他夸奖过。"托妮说,"他只佩服那些在他看来和他一样有更高目标的人,他留着鼓励的话,用在我们沿着他所选择的路走下去的时候。"可那是一条孩子们既不愿意走,也没办法走的路。

托妮十几岁便逃往纽约,成为一名摇摆舞艺人。她和哥哥一起在佛罗里达的圣奥古斯丁开了家餐馆(比尔显然是一位出色的厨师),托妮在里面专职表演弗拉明戈舞。她经历了短暂的婚姻而后离婚,之后又在IBM就职,成为财务运营经理,最近她从这个职位上提前退休了。她说她年轻的时候"醒来能闻到咖啡香",成功避免受家庭生活"无休止压力"的牵绊。

比尔的经历则与她不同。"他想保护妈妈。"托妮解释说,"爸爸不在家的时候,妈妈经历了一段非常艰难的岁月。尽管她对爸爸的爱毫无保留,爸爸也深爱着她,独处对她来说依旧是很难熬的。妈妈在当地教堂说过,自己的丈夫总是缺位,她经常不知道他身在何处,这对她造成了伤害。"

"那比尔身上发生了什么?"我问道。我并未推断出是什么毁掉了他的生活,但我现在开始怀疑背后的原因。

"比尔和爸爸不同,他有别的天赋,他就是那么一个善良、有才华而温柔的男人,我爱他爱得心疼,他渴望得到爸爸的认可,可爸爸从没鼓励过他。就这样,再加上要应付爸爸在家中的缺位,要保护妈妈,还有钱的问题,可怕的压力摧垮了他。"

"比尔临死前,你见过他吗?"我问道,虽然我觉得自己已经闯入了让彼此更加不舒服的区域。托妮转过脸去背对着我,几秒钟后,她的目光从前方的椅背上转回来,情绪在习惯性的镇定之外流露出来。

"见过,比尔调养期间跟我来佛罗里达住了一阵。谈到压垮他的家庭责任,他说了一句话,让我终生难忘。他说,'轮到我来买单了。'"

在托妮的照顾下,厄尔度过了生命的最后六个月。他病得太重,无法去旅行,她则可以趁这段时间更深入地了解他,她回忆起最后几周的一个转折点,由于回归了解脱般的本真,当时厄尔对她说,她"现在看着不错"——好像他正在根据自己其他的财产评估她的价值。托妮和她的丈夫还有妈妈现在住在佛罗里达。

"你们付出那么多代价值得吗?"当我们开车回机场的时候,

我问道。

对托妮来说,回答这个问题并不容易。心爱的弟弟的死,母亲不得不承受的压力,也让它成了相当大的难题。她承认,尽管她理解父亲为什么那样做,但她无法容忍他的做法。

一天后,我收到一封邮件。附件是厄尔学生时代的导师罗伯特·弗罗斯特写的一首诗,托妮觉得诗的最后一节最接近对她父亲所谓的"更高目标"的解释:

> 树林可爱,虽深暗而黑远,
> 但我已决意信守我的诺言,
> 在我睡前还有许多路要赶,
> 在我睡前还有许多路要赶。①

---

① 原文:The woods are lovely, dark and deep. But I have promises to keep, And miles to go before I sleep, And miles to go before I sleep. 录自弗罗斯特《雪夜林边》(*Stopping by Woods on a Snowy Evening*)。

第二章
绿叶边缘的秘密

冷眼看去,洛杉矶艺术市场的不少东西似曾相识。那是交易中的势利,说好听一点就是明哲保身,当一幅过去未能成交的肖像画回到拍卖场,在艺术品交易者眼中,它仿佛是病恹恹的。这种情况不只发生在肖像画身上。卖不掉,仿佛让它们失去自尊,让高贵的静物开始腐烂,宗教画被阴郁的气氛笼罩,就连欢快的阳光风景画也变得晴转多云。

新的画作,讲述着新的故事,同时也散发着诱人的魅力。其中一幅刚刚召唤了我。2006年11月,我翻阅本多尔桌上一本摊开的销售图录,看见一张小的彩色插图,是一幅绘有质朴林地场景的人物画。图片说明写着"萨洛蒙·凡·罗伊斯达尔[①]的追随者",估价为2000—3000美元。

"追随者"是个有点包罗万象的术语,拍卖行通常用它描述能力不足,需要遵循其他人风格的晚出艺术家。罗伊斯达尔是17世纪著名的荷兰风景画家,他和同时代一批杰出的画家一道受人

[①] Salomon van Ruisdael(1602—1670),荷兰画家,最著名的风景画家之一。

尊重，因为他用树木、宁静水域和灰蓝色天空精心编织的生动风景，触动了荷兰资产阶级的心。罗伊斯达尔作品的构思是那样恰到好处，即便在死后，他的作品依然长盛不衰，以致一批英国追随者希冀用他那种欧洲大陆资产阶级喜爱的风格满足愈发不好对付的赞助人。

但这幅画不像荷兰大师普通模仿者的手笔。画中的一切都能带来熟悉的美妙感受。作品一开始便震撼了我。迂回的一排栎木，灰烬和山毛榉，深色的水池，还有一对挥舞斧头的劳动者，这样的设定对我来说似曾相识，却表达着与上次见到的那幅画不同的情绪。还有树叶——对光与绿影的运用使上部纤细而屈曲盘旋的树枝彼此协调，浑然一体。经常需要在风景画中营造大片绿地的画家往往会发展出简易的画法，用流畅笔触和点画勾勒出的林地一眼就能认出。伟大的画家敢于承担风险；他们像野心勃勃的魔术师，不断开拓幻想的边界。画这个树丛的画家知道在某种光的运用下，山毛榉树干能发出白色金属般的光泽，反射，而不是吸收光线。

我想，好吧，放松一会儿。尽管它乍一看很像那位大师的作品，为什么不能视为出色的仿作？简单的几招技法足以让我有点乐观。很多时候这种充满诱惑的作品会将我拖入困境，图录和看起来还不错的东西让我的梦想被挫败了无数次——过去我常常是宽恕的，但偶尔，在抵押了财产之后，会发生最痛苦、最难忘的事。

我深吸一口气，再次凝视那张小图，这次尽可能调用更多带有偏见的经验。我对自己说，来吧，再接再厉，找出画上的破绽，笨拙的痕迹，简陋、死板的过渡，人物的完整性和力量感——任何让我幻想破灭，防止我兴奋的东西。有一处神来之笔,画家用奶油橙色的颜料绘制出苍老、可能已在垂死中的栎树树干,那是在同作品正中央相隔几厘米的地方。从表面上看,它像一束阳光,或者奇怪的反光,像一小群萤火虫发出荧光,将上面旋转的叶片映衬成了橙棕色。这是用来活跃林间空地的艺术技法。

在我的职业生涯里,我发现了足够多的沉睡中的画作,它们给我带来了情绪上的冲击,可现在让我无法正常呼吸的,不是某个画家,而是画的主题。画家的童年逸事开始闪现。作为艺术品经销商,我们经常被问到,发现一件被遗忘或被著录错了的画作,会带来怎样的内心体验:有时窍门就像在记忆翻牌游戏(pelmanism)中将对的牌翻过来一样简单——那是毫不犹豫、令人愉悦的瞬间。另外一些时候,记忆就像不安的信号灯,能穿过黑暗,但灯的波长还没有达到让作品的归属足够确定的程度。这张诱人的画作是上述两种情景的结合。我认出了画家和主题,但对我来说不同寻常的是,在那一刻,那张画确实尚在人间。它之前去哪儿了?它怎么能在一百年中逃过艺术史上的所有搜索?

我将图录放在本多尔面前。

"你看看这幅小小的荷兰风景画。它难道没让你想起什么?"我问道。

本多尔推了推眼镜,俯身向前。只用了几秒钟,他就意识到自己正在查看的是熟悉的《科拿森林》(*Cornard Wood*)的轮廓。

托马斯·庚斯博罗(下文称汤姆)的童年是在大家族的嘈杂声中度过的。尽管传记中对其早期生活的描述自相矛盾,他似乎是家族中四个男孩里最小的一个,有五位姐妹。他于1723年出生在萨福克郡萨德伯里市(Sudbury)一幢半木结构的房子里,那儿一度是个驿站,噪音很大。汤姆的父亲对英国第一位浪漫主义画家的影响是不好估量的，但从传记作者的描述来看，他一定功不可没。他是个身材高大的服装商人，头发仔细地分着，在其他人牙齿都像腐烂的树桩一样的年代，他的牙齿分外洁白整齐。他以18世纪浮华的方式佩带一把剑，尽管并没有记录表明他的剑法有如何一气呵成的灵巧之处，他仍有优秀双手剑客的美誉。汤姆的母亲玛丽（Mary）娘家姓伯勒斯（Burroughs），是一位教会学校教师的妹妹，高雅而富于艺术气质。尽管已没有存世的作品，她以擅长绘制花和静物著称，或许汤姆就是闻着松节油①的味道，看着母亲用笔画着水果和花瓣长大的。她从汤姆幼年起就鼓励他学习艺术。母亲的影响似乎在他早年的肖像画里有所体现，有的作品用诗意的方式表现英国的植物，让它们显得破败，被弃置或放入背景，衬托出那带有非常微妙的独立色彩的野花的动人力量。

　　天才少年灵光乍现的瞬间可以追溯到童年时期。汤姆就读了舅舅汉弗莱（Humphrey）任校长的当地文法学校。他显然不是个传统意义上的好学生，他用素描和漫画修饰作业本的封皮，展示了天生的艺术学习能力。同学们喜欢他的作品，委托他把自己的本子也画成他那样，他们会替他完成主科习题作为回报。然而，后来事态升级了，他运用艺术技法伪造了一张他父亲写给他舅舅，也就是那位校长的字条，内容是"给汤姆放个假吧"。最初，天衣无缝的伪造让他顺利度过了一天，转着铅笔，在周围的乡村做场景与细节的写生。当天晚些时候，汤姆的舅舅发现了他的诡计并第一时间通知了他父亲。晚上，约翰极度伤心，作为商人，他对作假特别恐惧，面对儿子，他感叹说，总有一天他会为此死于非命。当孩子拿出素描作为回应时，父亲怒气全消，他原

---

① turpentine oil，经松节油溶解的颜料有亚光的质感，因此作画的人常常使用。

谅了孩子的一切，带着得意的心情宣布："汤姆是个天才。"

在这一天来临之前，英国风景画家要想维持生计，主要有三种风格可以选择：画地形，意味着用肖像画家的精细程度来描绘客户的房子和土地，甚至可能要将业主本人骑在马上或者在马车里坐着的造型的微型画像也画进去；古典画法，为具有国际视野的教育旅行团成员①所青睐，画的是希腊罗马世外桃源，还有树下闪过的穿古罗马长袍的人；17世纪中期荷兰画法，画面上的景物经过剪裁与和谐化处理，没有保留危险元素，符合商人想要的井然秩序，这种画在萨福克郡的商人阶层当中特别受欢迎。

尽管庚斯博罗的早期作品几乎总是将人物置于风景之中，但在这一阶段，他对古典绘画实验不感兴趣。他也不按既有的套路作画，尽管在荷兰和欧洲大陆，其他画家有时能提供具有程式化结构的模板，他的作品给人最深的印象是自然。这个年轻人笔下的乡村——无论作为独立景观，还是肖像画背景——都清新自然到惊人的地步，充满生命力，令人精神为之一振。玉米和大麦的梗没有呆立，而是在摇曳；沙洲、岩石和布满林地的光线，展现了自然主义艺术家的眼光；云彩掠过而非游荡；大树特别能彰显生命力和表现力——每一处记录都见证了画家对自然界的深深依恋，他不喜欢做作的美。在凭直觉对萨福克郡乡下所做的记录中，年轻的庚斯博罗展示了他的技法，以及早期浪漫主义诗人般的情怀。

然而，反映村子的原貌并不足以显示这种情怀，为了展现运用得当的洞察力，庚斯博罗完善了自己的神奇技能。自17世纪凡·戴克去世之后，这种技能在英国很少有人练到如此炉火纯青的程度。上光的过程极具挑战性。画家需要判断和预测一种颜色

---

① 旧时到欧洲大陆旅行以完成学业的英国贵族子弟。

透过另一种颜色泛光的效果。艺术家在画布或画板上创作油画，需要打底作为动笔的基础。打底的作用一般就是让画笔在接触画布或画板的表面时更加流畅，尽管打底本身也会成为最终的颜料层的一部分。然而精湛的薄罩层使得打底（在庚斯博罗的作品中它可能发生从橙色向粉灰棕色的变化）透出一些来。庚斯博罗对颜料的运用登峰造极，使其趋于透明，他有时会打破常规地添加诸如毛玻璃等成分，让薄罩层在深度、氛围与精致程度等方面有更多可能。当庚斯博罗第一次摆弄这种手法的时候，他的所作所为已载入史册，他也成了精通此法的专业人士。在那时，他用最有效的方法使自己的作品独树一帜：用一种颜色填涂另一种颜色，其复杂性堪比18世纪的音乐和声。

庚斯博罗的才华是在他14岁左右的时候被人们认可的，当时，他离开萨德伯里前往伦敦，开始在那儿的漫长岁月，他先是做了欧洲装饰画家、著名设计师于贝尔·格拉沃洛（Hubert Gravelot）的学徒，后来师从顶级肖像、风俗画家弗朗西斯·海曼。庚斯博罗如饥似渴地求取国际化大都市的各种机会，艺术水准迅速精进。二十出头的时候，他回到东英吉利，在伊普斯维奇生活、工作，他前往巴斯①，那里有浴池、商店，各种文化在那里交融，提供了丰富的绘画素材。几年的工夫，他就成了英国最成功的肖像画家，和跟他几乎同时代的乔舒亚·雷诺兹爵士共享盛誉。然而，风景画仍是他的最爱，他于1748年完成的一幅作品，便是对这种倾向的永恒纪念，它的水准远在其他作品之上。画这幅画时庚斯博罗工作和生活的地点仍在伊普斯维奇，尚未定

---

① Bath，位于英格兰埃文郡东部，是英国唯一列入世界文化遗产的城市，距离伦敦约100英里。乔治亚时期的房屋建筑风格赋予它优雅的气质，绮丽的乡村风光则赋予它另一种美丽。bath在英语中有浴池的意思，巴斯也以独特的温泉浴池享誉全球。

居在巴斯。在生命的最后时光,庚斯博罗回顾了这幅画商业上的巨大成功,作品经手了二十多位经销商,有证据表明,在疯狂的交易循环里,他一度自掏腰包,花19枚金币将它买回来。这幅画现在藏于英国国家美术馆,和欧洲最伟大的大师作品一起被人们推崇备至,可谓实至名归。这个来自萨德伯里的男孩在20岁左右的年纪,技法已然炉火纯青。

这幅画是在大画布上完成的,高约120厘米,宽约150厘米,虽然庚斯博罗自嘲地表示它不是自己"比较成熟的作品","在构图上没什么想法",可那分明是一幅在细节和氛围方面都十分引人入胜的全景图。这幅画画的是一片树林、林间空地,以及散落其间小小的人和事。一位挖泥灰的乡下人和坐在一旁的情人眉来眼去,另一个人在采集木材,鸭子浮在水面上,一对驴子交换着友善的眼神。若将视线从他们身上移开,你会看见一条小路穿过树林,在路的尽头,一位游人向模糊的远方前行,身影化入远处教堂的塔尖。画布的大尺寸、画中的细节和丰富的内容,加之庚斯博罗对树木饶有兴味的记录,让这幅画成为英国国家美术馆馆藏乡村画代表作之一。它也是一幅永不过时的作品,从它二百五十年前第一次离开庚斯博罗的画室起,便常常用作插图,被人们参考、研究。它有两个名字。原来的名字是《庚斯博罗的树林》(*Gainsborough's Forest*),这个名字表明了艺术家卓越的艺术成就,后来的命名则与画中景物所在的位置有关。画中那条树木茂密的小路在距离艺术家童年家乡几英里的社区,步行穿过这条路所需时间不超过一小时,路在一个长的缓坡处结束。在庚斯博罗那个年代,画中的事物都是寻常景观,村民可以在这样的地方自由放牛,那儿既有草料,也有柴火,还能散步。树林的名字叫科拿森林。

拍卖开始前三天，我因为有关《科拿森林》的念头闪过脑海而醒来。之前那天晚上，本多尔和我在他的电脑屏幕上（大多数拍卖行把他们的画放在网上）仔细看了那幅画。尽管我不能确定它的状态，我们可以确定两件事：它是托马斯·庚斯博罗的早期作品——究竟有多早，在这个阶段很难确定——尽管这幅画的尺寸相当于英国国家美术馆馆藏《科拿森林》的一多半，画上的人物、细节和戏剧性都少一些，但画的显然还是科拿森林。尽管大小和素材受到局限，少了一些树，也没有左侧的陡坡，毫无疑问，跟英国国家美术馆里那幅画是从同一个角度画的。

值得注意的是，这幅新画的出现说明英国国家美术馆所藏英国风景画典范并不是孤立的作品，庚斯博罗在完成这幅早期代表作的前后，绘制了我们眼前这幅画。这件事本身很令人激动，它也引发了诸如庚斯博罗为什么、什么时候画了这幅画等一系列棘手问题。以往的经验告诉我，要证明一个新发现，特别是当新发现来自一位著名艺术家的时候，你还需要充足的理由。如果说这是一件新发现的庚斯博罗作品，意味着我们在对整个艺术界宣布一件事情，并将这幅画置于艺术家的发展历程当中去理解。找到这幅被遗忘的画作，我们就有可能从离画家家乡5000英里之外的洛杉矶将籍籍无名的荷兰风景画变成对英国风景画史的注脚。

于是，那天我俩的行程便已自动确定了。本多尔放下所有的事情，查阅关于那幅画已经出版的所有资料，特别是任何可能提及同一题材另一幅画的材料。由于《科拿森林》太有名，这项任务的工作量大得惊人。与此同时，我也取消所有约会，一门心思寻找庚斯博罗一本非常罕见的传记。那本书是在1789年庚斯博罗去世后匆匆写成，虽然传记作者是为个人发展考虑，通过写书提出一个难以置信的说法，即他重新发现了庚斯博罗，据说书中有些关于庚斯博罗早期作品零星的、有价值的说法。

　　传记作者菲利普·西克尼斯（Philip Thicknesse）原本是一位海军中尉的药剂师，在牙买加，他与逃跑的奴隶一道，被迫卷入战争。他为人毒舌，喜好争论，有一次甚至因诽谤陆军上校而入狱。1754年，他以买官的方式获得费利克斯托兰加德港（Landguard Fort at Felixstowe）副总督的职位，从而让自己的身份体面了一点，从他的辖区到庚斯博罗所在的伊普斯维奇走路要一天时间。拥有英国最丰富艺术类藏书的国家艺术图书馆（National Art Library）是少数能找到这种罕见图书副本的地方之一。

　　因为有专业研究人员的协助，我上次去图书馆还是十年前的事，几乎淡忘了那种嗅到猎物的气息时就连没有生命的建筑都能引起的兴奋。狩猎活动已经开始，我看见了从书籍资料中找到颠覆性答案的希望。那些重要的资料藏于南肯辛顿①的维多利亚和阿尔伯特博物馆一层，那天上午10点，我顺着雄伟的花岗岩楼梯步入其中，感觉肾上腺素在蠢蠢欲动。与此同时，我不由自主地被博物馆墙上那排艺术界前辈的浮雕鼓舞着，其中，手拿画板的便是庚斯博罗，他正冷冷地看着我前来寻访他的生活轨迹。

　　图书馆的大阅览室既宽且深，变色顶灯照亮了高墙凸出的红色部分以及红木书架。这座学术殿堂里的皮革、布料和抛光木料，只能在（那种档次较低的）古伦敦的会所里看到。墙中间有一段铁艺围栏；底下是一组青铜、陶制历史名人半身像，它们静静地按顺序放在编了号码的隔间，目光沿着一排连在一起的红木写字台望向读者。周围大多数读者看上去挺年轻，衣着休闲，有

---

① South Kensington，英国伦敦市中心偏西部肯辛顿—切尔西区中的一个地区，主要由伦敦地铁南肯辛顿站周边的商业区、博览会路周边的文化教育区域，以及周边的公园和居民区组成。该区域是伦敦著名的富人区。

些学生气，他们是学院派艺术史领域的追梦人，我自己读大学时也曾如此。这让我想起艺术史研究如今已成为何其庞大的学科，无数文章、书籍、讲座、论文和博士学位证明了这一点，每授予一个新学位，就意味着一个新发现，或已知艺术家的作品受到了重视，抑或有人对其做了更深入的分类。

当博物馆和收藏家将学术研究的本质纳入他们的思考范围之内，就能带来新的市场需求。学术研究对探查艺术作品来说也很关键。只有"值得失踪"的画作才有可能被视为丢失。发现它们的过程要依靠学术的方法：对作品而言，学术研究能确认其状态，提供证据，认定其价值。

阅览室中间的桌子背后站着一位年轻的图书管理员，他告诉我怎样填写表格，我写上需要请他查找的书名。

"这是一本罕见的书，"他说，"有趣的是，你是本周之内第二个来看这本书的人。"

我心想，这就开始了？无声地叹了口气。

通常情况下，别人也在打同一幅沉睡的大师作品的主意的唯一证据就是，你发现他们在从事与你相似的活动。我能痛苦又清晰地记起，有一次，一件据说来自英国议会大厦的罕见雕塑在一个乡村拍卖会现身，从订货到交货仅用了一天时间。我让研究员去伦敦图书馆查找所有关于那件雕塑的书。半小时后，他从图书馆沮丧地打电话给我：书架已被一扫而空——全部相关书籍均已在前一天被另一位读者借出。这让我们犹如在黑暗中摸索，第二天早上作品发售时无法投标。对交易既恐惧又期待的心理现在回来了，我问自己，这是为什么呢？就因为几天前，有其他人借这么一本不起眼的有关庚斯博罗的书？告诉我这件事的图书管理员不能，或者说也不愿再向我透露更多信息了。

我被引向图书馆的监视区，那是图书馆的馆藏珍品隔离阅读区，有人监视读者——这边的工作人员是个中年女性图书管理员，眼镜戴得很低。她的任务是监视正在阅读更有价值的书的读者。书放在图书馆外的地方，我意识到我有45分钟的时间在管理员那猫头鹰般的目光下等待，同时用我的黑莓手机回复邮件。

第一封邮件来自本多尔。他去了伦敦图书馆和维特图书馆①做进一步的研究，但他说他已经在我的办公桌上放了几本书。"看看庚斯博罗写的信。"他补了这么一句意味深长的结束语。另一封邮件是拍卖行在前一天晚上发过来的，他们按我们的要求及时发来那幅画的高清数码照片，这是大部分拍卖行为潜在投标者提供的例行服务。然而，他们提供图片给我的速度说明，我们不是第一个问他们要图的潜在买家，这加剧了我的不安。下载到手机屏幕的照片实在太小，只有等回到画廊的屏幕上才能看清。

管理员将书交给我已经是将近一小时以后的事情。这本书用图书馆常规的红布缠着，比我想象的开本小，页数少，我当即想到，设计如此精巧的出版物，竟如此精准地投放至目标受众——它是18世纪晚期西克尼斯为跻身文化界精英阶层一时权宜的社会通行证。我小心翼翼翻开发脆的压纹纸扉页，想知道是谁最近也来这里看过这本书。书的风格旧式而大胆，S都写成了F，得花几分钟来了解其标点和行文。我决定把开篇留到最后再看，试图先快速阅读其余五分之四的内容，但10分钟后我发现自己陷入了乔治王时代②措辞的困境，其中很多内容都是关于庚斯博罗不愿

---

① 位于萨默塞特宫（Somerset House）的考陶尔德学院内的维特图书馆（Witt Library）是国际失踪艺术品记录组织最为有效的防伪数据库。
② 乔治王时代（Georgian era），指英国18世纪至19世纪早期，特别是乔治一世至乔治四世在位的时间（1714—1830）。

意抽时间画肖像画,其余便是重复的自我吹嘘,作者赤裸裸地企图让自己成为庚斯博罗尊贵的赞助者和恩人。

我又重新翻回开头,快速看了几页,找到一句话。我曾见这句话被后出的一本传记部分引用,提到庚斯博罗明确了自己对家乡环境的热爱。但是现在,当看见完整的句子载入西克尼斯的这本回忆录,我意识到这句话是在描述一件更重要的事——可以称之为庚斯博罗的自然影像记忆:

尽管在那时候,他还没有想过要当个画家,家乡方圆几英里范围内,没有风景如画的树丛,在小巷的角落,也没有漂亮的树、树篱、石头或桩子,他知道,用一支铅笔,可以将脑海中并不完美的风景完美地描绘出来。

不必多说,这几行字从一个很好的角度展示了西克尼斯的某种特质——他用隐性判断和好品位从庚斯博罗那里买来一组画作,它们是青少年时期的习作,其中很多幅画的都是树。西克尼斯形容它们是在"纸条"和"又脏又旧的信纸"上完成、取材于自然的随笔,这些描述立刻让我想起庚斯博罗逃学时画过素描。这当中有一幅画被西克尼斯称为庚斯博罗的"处女作",他将它看得比其他画都重要:"那幅处女作……现在已成为我的私藏,画的是一组树,即便今天,在任何场合,这样的作品都算得上是最好的风景画之一……庚斯博罗许多其他树木素描也是如此。"

我将这些引语草草抄誊下来,继续寻找更多引文,但几乎再也没能从作者这儿获得其他对特别早期的庚斯博罗是怎样在"很小的时候"就去了伦敦的记载。尽管没有戏剧性的爆料,这些内容让我陷入沉思,在我走出博物馆,前往大门方向时——途中经过的欧洲五百年来最优秀的雕塑几乎没引起我的注意——我继续思考着庚斯博罗在孩童时代出色的工作效率。有一件事是肯定的。根据西克尼斯的说法，显然，在创作《科拿森林》之前十年左右，庚斯博罗在萨德伯里遇到不少"单个""成片"，或者"一丛丛"的树，对尝试生动描绘这些树有着强烈的兴趣。从另一个角度看，在庚斯博罗20岁左右完成的伟大风景画当中，他的艺术思考能力已经几乎要达到巅峰，而那时他还只是个少年。

三十年前，当我离开学校前不久，在利物浦和切斯特之间做交易时，买下了自己的第一册艺术名人辞典，那是艺术品经销商的必备工具。从那一刻起，我们开始有自己的藏书，藏书规模逐步扩张，从传记、年度创作作品图录到展品图录，共同构成与我们的目标相适应、对生意来说至关重要的组成部分。大部分涉及有关我们画廊经营主题而非特殊个案的简单问题，通过快速翻阅我收藏的这些有关英国肖像画和风景画的书籍（其中有些书由于使用过度，已经又脏又破），就可以获得解答。在办公室，我跟本多尔的藏书都放在一起。一年前，当我们刚搬进来的时候，他负责管理这些书，为了配合他自己的工作方式，以及他的身材——他身高1.93米，我很快接受了自己够不到自己某些藏书的事实。

这就是得知本多尔将我接下来要看的书放在桌上时，我感到欣慰的原因。那本名为《托马斯·庚斯博罗书信》(*The Letters of Thomas Gainsborough*)的书，是有关庚斯博罗的最新学术著作，作者约翰·海斯（John Hayes）博士是我的朋友，一年前刚刚去世，享年73岁。我们曾在伦敦艺术俱乐部①一起吃过很多次午饭，庚斯博罗总能成为餐桌上的议题。约翰在他的著作中对这位心爱

---

① The Arts Club，位于丹佛街（Dover Street）。这个俱乐部是由狄更斯（Charles Dickens）等人在1863年共同创立的，起先是给艺术家和作家举办派对和聚会的场所，后来对外开放。经常有明星会把各种记者招待会选在这里举行。

的艺术家做了详尽的描述，书中包括极难写的两卷涉及庚斯博罗全部风景画的内容，约翰完成了传记作者所能做到的最好的历史人物传记写作。约翰做过伦敦博物馆和英国国家肖像画廊的负责人，退休后仍以学者的严谨作风担任庚斯博罗国际画展策展人。

这本书是庚斯博罗从二十几岁起写的147封书信、文件手稿的汇编，作为编者，约翰为全书文本增补了人物传记、自己的洞见，以及庚斯博罗为其中一些信件的收信人绘制的肖像画。坐在桌前阅读本多尔用黄色便笺标注的信件时，我在片刻之间感到一丝悲伤，因为约翰无法跟我一起见证这个激动人心的瞬间。与约翰的交情对我来说非常珍贵，一年前，当我在纽约一场拍卖会上发现庚斯博罗《村舍小屋》（The Cottage Door）一个失踪的版本时，他巴不得认定新出的画是原作，尽管这意味着他需要修改之前已经写好的书稿——不是所有艺术史专家都有如此开放的心态。这幅潜在的新作一定能让约翰着迷。

本多尔在便笺上画了个醒目的蓝色箭头指向写于1788年3月11日的104号信件。这是庚斯博罗在他去世那年写的，收件人为《先驱晨报》（Morning Herald）①的老板兼主编亨利·贝特·达德利牧师（Reverend Henry Bate Dudley）。庚斯博罗在信中回应了亨利提出的有关《科拿森林》创作情况（尽管这封信写于作品创作四十年以后）的问题。其中最惊人的，也是本多尔箭头所指的地方，是如下的这句话："这幅画（《科拿森林》）是1748年在萨德伯里创作的：创作的起始时间是在我离开学校之前——我父亲凭借这幅画把我送去伦敦。"

我知道对于《科拿森林》的确切创作日期，学界已有推测，

---

① 英国保守派日报，1780年至1869年在伦敦出版。

推测的部分证据（全部理由我已经忘了）是一句很特别的话——就是我刚刚读到的那句——也即庚斯博罗在60岁时对年少往事的回忆。尽管庚斯博罗清晰地回忆，《科拿森林》是在1748年画的，这里却有一个问题：在同一句话里，他说那是"在我离开学校之前"和"我父亲凭借这幅画把我送去伦敦"，这两个说法自相矛盾。一般认为，他离开学校前往伦敦，是14岁左右的事，也就是说，这幅画不可思议地画了五年之久。此外，《科拿森林》的风格接近一组他作于18世纪40年代晚期的作品——飘逸、泛着银光，略带法式情调。

那天晚上，本多尔和我守着高清显示器，他让鼠标指针在图片的每厘米处停留一次，将细节的尺寸放大。他花在庚斯博罗风景画上的打印机墨量，说明他已经做了很长时间的功课，直到现在，他才能将自己的发现呈现给我。当我们沉浸在这幅画的数字文件里时，面对这样的情景，我开始考虑如何做选择，怎样完成这件事。

当然，有可能是庚斯博罗的记忆跟我们开了个玩笑，他混淆了日期，整幅画完成于1748年——毕竟他是在回忆至少四十年前的事情，可能已经记不清楚了。但是这封信对此事的记载似乎又太过精确，也没有证据表明庚斯博罗的思维在这一时期出了问题。于是此后，我试图从字面上，而非用任何阐释的方式理解这番话：如果这幅画的确画了五年会怎样——或许他还在学校读书时拿到一块画布，详细安排构图，然后在接下来的五年时间逐步绘制完成？但我还是不喜欢这种解释，部分原因是一个学生在一张150厘米宽的画布上作画，这很不寻常，更何况，英国国家美术馆做了有说服力的分析，没有迹象表明《科拿森林》是逐步画成的（用分析和测试确定一幅画是否经历过旷日持久的创作不是太复杂）。要用五年的时间绘制这么大幅的作品，总要在旧的基础上填涂新的色彩，增加或者去掉补色，抑或至少叠加一小部分颜料，如果不是间歇性地作画，很难完成。英国国家美术馆不断为负责藏品保护的部门增加配备，如果这幅画曾经做过迭代修补，工作人员很快就能发现。我想，如果正如庚斯博罗所言，"父亲凭借这幅画把我送去伦敦"，这一用意对画作不无影响，为此，在他14岁左右离开学校之前，至少要画完作品的绝大部分。

之后我回到最有说服力的假设，英国国家美术馆的馆长们自己出于各种原因也用某种方法提出过这种假设。本多尔将他们在画底下的标注抄录下来，他们认为——毫无疑问，他们记得庚斯博罗那封信的内容——《科拿森林》可能是在早年的素描基础上创作的。我让这种观点在我脑海中酝酿了几分钟，使可能的结果自由生长。英国国家美术馆似乎提出观点，庚斯博罗说的"起始"，不是指他开始在那张大画布上作画的时间，而是他开始设置并实现目标的时间。根据我所读到的内容，这似乎完全有可能。西克尼斯收藏了很多庚斯博罗小时候的素描作品，在某种程度上，或许《科拿森林》恰好是从思考如何绘制这些素描的过程中生长出来的吧？但如果是这样，我会考虑，为什么不由此深入一步？既然这幅作品已经足够令人印象深刻，以至于凭借它——这幅画能起到经济上或其他意义上的作用——庚斯博罗能从萨德伯里出发，进入伦敦艺术圈，这幅画当时很可能不再只是素描的状态。当然，更有可能发生的情况是，庚斯博罗年轻时的惊人之作彰显了他的天赋，使他的财富状况发生巨大变化，如果是这样，他为什么不用那些我们认为他妈妈在他小时候已经传授给他的技巧？为什么不画一幅油画，一幅早熟得惊人的作品，它不仅会成为他到伦敦去的通行证，也将奠定他乡村画代表人物的第一个创作阶段？

当你身在异国他乡，花四个星期或者更长的时间，在拍卖会上买一幅画时，你只是为了等待真相大白的那一刻，当工作人员将画从木箱中取出，或者从泡沫塑料上取下来，画廊无情的灯光照亮一切，真相暴露在光天化日之下。

决定为一幅尚未见到实物的画付出多少代价，是一种风险极大的买卖，但人们对此越来越习以为常，感情上也可以接受。过去三年，我在电脑显示器上看画买画，命中率估计高达十之七八。命中，意味着一幅画在市场上有转售的可能，命中的情况多种多样，从以数倍的升值为回报的主流大师沉睡作品到勉强平本，后者基本是令人失望的，到手之后谨慎地拿去另外一场拍卖会，卖掉才能回本。没命中意味着血本无归。这种情况通常是，买画之前，看显示器上的数码照片，评估一下觉得是原作，看到实物却发现，要么作品已处于灾难性的状态，要么是逼真的复制品。这种情况发生过很多次（有一次甚至是美化过的彩色照片在那里充数）。倒霉经历的可怕阴影挥之不去，使人自然而然地产生控制对艺术品的过度消费的倾向。

我还有24小时的时间看这幅画的数码照片，现在不得不开始思考。不论我还是本多尔，短时间内都不可能到洛杉矶去，所以这笔买卖又得采取常规的高风险交易方式。如果这幅画是原作而且状态不错，按我们现在的了解，合适的估价大约是40万英镑。如果是个后出的复制品，那么就只值1000英镑。看屏幕的问题在于无从得知画作的物理属性。用电脑远程购买艺术品就好比感冒的时候尝东西。油画实际上是三维物体，表面质地在很大程度上昭示了它的创作时间、真实度和魅力指数，即便再好的、细节清晰度再高的数码图像,也不可能让人产生身临其境感,对作品有真实的感觉和体验。我们也不知道这幅画的任何过往,它是怎么到的美国之类,这些事实都有助于我们判断它是否是近人伪作。拍卖行故意用"追随者"这样一个模棱两可的词:这样一来,如果这幅画真是三周前草草完成,拍卖行也不会被迫退钱给买主,买主的投入将有去无回。约翰·海斯在撰写书中有关风景画的章节时也提到一处记载,说美国犹他州一处收藏里有一幅"变异版本"的《科拿森林》。我问自己,这就是那幅画吗?如果是,估计海斯没亲自见过这个版本,他写书的时候看的是这幅画的黑白照片。他做出这样的判断也在情理之中,且当时并未考虑我有可能买这幅画。如果海斯亲眼见过这幅画,认为它是伪造的,那会怎样?

我还有一个目的地需要拜访,第二天,也就是拍卖会当天上午,我去了那个地方。如果要买这幅画,有个明显的问题就是,14岁的孩子是如何取得比其他成年艺术家终其职业生涯还大的成就的。或者,换句话说,除去传说,还有什么能证明庚斯博罗小小年纪就画了这样一幅画。尽管这不是我本人关心的问题——回顾其他画家的成长史,不难发现,年少成才本来不足为奇——但当有人提出怀疑的时候,这可能就是个问题。然而有一位女性曾多次致力于处理此类麻烦,我那天上午便与她通了电话。

艺术界对阿德里安娜·科里(Adrienne Corri)的评价可谓褒贬不一。我最初注意到她,是因为她做出的一次惊人的发现,她发现一幅庚斯博罗十二三岁时的自画像。之后,我成功将那幅画买下来并带回家。两年后,恰巧在需要资金回流的时候于伦敦西区的一场拍卖会上将其转售。紧接着这幅画在泰特美术馆一个大型的庚斯博罗回顾展中展出,看到庚斯博罗小小年纪便在人物刻画方面如此自信,并娴熟运用上光技术,人们不禁惊叹钦佩。看到这幅风景画的第一时间，那张迷人肖像画上的小脸便出现在我的脑海，它在过去的48小时里一直不断地提醒着我。

说到阿德里安娜，约翰·海斯坦承，他有点害怕这位演员出身的业余艺术史专家，她用不懈的探索和咄咄逼人的力量撼动了20世纪80年代初建立的庚斯博罗研究的基础。他不是一个人在惶恐。约翰补充说，她找到的作品不容忽视，他认可那幅自画像，认为那是个让人大开眼界的发现。她是一个那样娇小而充满活力的苏格兰女人，她让肖恩·康纳利（Sean Connery）玩起了高尔夫，她的丈夫是演员丹尼尔·梅西（Daniel Massey），我在她家见到她时，她已是77岁高龄，比以往更加宽容。

阿德里安娜·科里从20世纪70年代开始研究庚斯博罗，尝试证实伯明翰的亚历山大剧院陈列的一幅演员大卫·加里克（David Garrick）肖像画是庚斯博罗年轻时的作品。她之所以这样做，是因为演员严谨职业精神的驱动，这项事业始于她14岁的时候，从那时起，她接连在无数舞台剧、电视剧和电影中扮演角色，从《老维克》（*The Old Vic*）里的苔丝狄蒙娜（Desdemona），到《神秘博士》（*Doctor Who*）中的梅娜（Mena）。

她赋予自己一个新角色，不再是女主角，而是艺术侦探。这源于她证明庚斯博罗可能在16岁时画过加里克的强烈愿望，为了知道肖像画完成的可能日期，她无意中追查到一位18世纪的政客留下的线索，在伊普斯维奇，有一位克洛德·丰内里欧（Claude Fonnereau）先生借给年轻的庚斯博罗300英镑，给他"第一次机会"。这让她陷入成为艺术侦探的长途跋涉中最艰苦的阶段，那就是尝试找到银行记录来证明这一事实。她花了一年时间独自查阅英格兰银行的档案，现在回想起来，这还是比较容易的部分。紧接着，她发现18世纪的银行系统实在令人费解，账户所有者不能直接支付账单，而是要通过更小的商业银行充当交易中间人。在英格兰银行，十个记录了这些内容的分类账簿随时都有人在取用，这让实现对相关付款方和收款方的连接几乎成了无法完成的任务。

项目进行了六年之久，涉及包括霍尔银行（Hoare's Bank）、德拉蒙兹银行（Drummonds Bank）、巴克莱银行（Barclays Bank）、国民威斯敏斯特银行（National Westminster Bank）等在内的银行的分类账簿。当时没有复印机，她记了整整36本笔记。她的发现发表在艺术界的著名期刊《伯灵顿杂志》（*Burlington Magazine*），她坚定不移的信念使这些发现极富影响力，也充满争议，引起艺术史学家的深入争论：她断言庚斯博罗从十岁起便拥有可观的收入。到目前为止，除那幅自画像，我还没有足够的理由确证这一观点。这幅小风景画改变了这一切。

"我发表的文章便是发现的直接结果。"电话另一端，阿德里安娜以演员特有的铿锵发音解释道，"你可以自己去档案馆看。英格兰银行的汉德利账户（Handley account）说明丰内里欧在1736年给了庚斯博罗第一笔钱——后者当时只有十岁。"

"多少钱？"我问。

"300英镑，很可观，"她很快回答说，"那个政客记下的也是这个数字。之后的二十年，庚斯博罗持续收到钱，但从1739年起似乎是投资性质的收入。"

"为什么？"

"我不确定，"她继续道，"1739年，克洛德·丰内里欧去世，庚斯博罗去了伦敦。这或许意味深长。1750年，庚斯博罗取出一大笔资金。这很可能与那段时间他父亲去世，他搬迁至伊普斯维奇有关。"

我们在电话里聊了半小时。阿德里安娜·科里语速很快，我感到难以招架，可以想象艺术史学家是如何在这个绝不妥协的女人的威慑下落荒而逃。她的立场和观点一度没有说服力，因为她做的工作实在令人难以理解，也不大容易被替代；除非其他人也做同样的事才能明了，但她确定了谁都没确定的重要时间点，这意味着她的推论在表面上被接受了——更多时候是被否定的。别人对她结论的另一个争议点在于，如果庚斯博罗每年能得到300英镑，与其到伦敦低三下四地当学徒，不如做个小王子（尽管阿德里安娜会辩解说钱可能由家长代为保管）。

我只是含糊其词地提到，我希望尽快把某件东西拿给她看，放下听筒，我了解约翰是怎么想的了。阿德里安娜的发现是绕不过去的：还有更多关于庚斯博罗年轻时候的事情是所有人都不知道的。

"你有什么专长？"左手边的美女问我。

对初次见面的人来说，这是个寒暄的常用问题，此时就可以介绍说我是个艺术品经销商，我有个熟练的、不断升级的答案。开头与面部绘画——我当年凭这个本领起家——有关，然后延伸至我最近的兴趣，或者我觉得提问的人可能感兴趣的方面。可今晚我太紧张，无法轻松应对这样的谈话。

"嗯，"我说，"接下来半小时，在加州，我希望买到被证实是天才的庚斯博罗小时候画作的作品。"我想，就这样放手一搏吧，以后见分晓。

伦敦晚宴开始了，消化完热烈的掌声，在刹那的沉默之后，她带着怀疑给我一个出乎意料的回应。

"拿出证据来。"她刻薄地说。

于是我从头开始向她讲述整个故事，几乎毫无保留。我（和其他经销商）有时候会津津有味地给陌生人讲述即将竞买的作品的详细信息，原因之一是想让听者检测一下购买理由的充分性。我有一种习惯，当我遇到一件让自己痴迷的作品时，就不再从商业的角度看它，有时甚至会忘记自己需要以卖画为生。我以为，在这种场合，如果我不能通过构建想象将一幅画卖给一个人，那么当它挂在我自己画廊的墙上时，也很难将它卖掉。

尽管晚宴是由艺术界的女主持人塔拉·威廉斯（Tara Williams）发起，我却未见其他熟悉的经销商的身影。在任何场合，我通常都很谨慎，不向人透露有关拍卖行名称或年度作品图录细节的关键事实——那些关键词可以搜索出来并链接到相关图片。此刻我感到欣慰，因为一切已经准备就绪：箭在弦上，弦已拉紧，我有十足把握让这支箭穿过大西洋射向标的。我通过电话向拍卖行预订作品，对方发传真确认了交易意向。埃玛·亨德森（Emma Henderson）跟我核实了公司的银行账户和美元储蓄金额；当总价格和交易时间有变化时，这些变量也需要做相应变化。拍卖商嘱咐本多尔打电话给他们，他已经搬进画廊准备熬夜远程投标。我把手机放在两腿之间，轻轻调至振动状态，如果拍卖商联系不上本多尔，它将作为备用的联络工具。即便以上准备全部落空，我还有第三个方案，长期为我服务的画廊经理洛蒂·泰特（Lottie Tate）此刻也守在林肯郡一个农场的电话机旁。

然而，尽管做了这一切准备，由于晚宴期间用十分钟时间跟身旁的美女分享了庚斯博罗年轻时候的故事，我开始焦虑起来。有的小拍卖行并不像他们希望的那样高效运作，灾难性事件有可能发生，特别是在销售活动当天。这些机构的投标服务人员的工作是帮电话投标客户和拍卖商建立联系，有时他们联系不到你，或者在你只能无奈旁观时，不断疯狂尝试用自动传真线和你取得联系。拍卖会期间，当拍卖师打开麦克风，开始让买家出价，估价阶段过多的信号需求会导致拍卖行内电话系统负荷过大，甚至崩溃，无法正常工作。国际长途能打通，数据却可能被误读，指令有可能丢失，所有这些不幸的情况，都曾在某些时候降临到我们身上。有一次，一家位于波士顿的拍卖行同时打电话给本多尔（当时的备用投标人）和我，当时我们分别在伦敦的不同地方，最终我们发现彼此无意中成了跟对方竞标的家伙。拍卖商很高兴：简·斯图亚特①的乔治·华盛顿画像，估价在2000—3000美元，结果以破纪录的总价25000美元成交——本多尔和我是仅有的两个投标人。值得庆幸的是，我们后来让拍卖商取消了交易，重新拍卖，最终以4000美元的价格将其收入囊中。

但是失去重要的机会真会造成很大的伤害，尤其是如果拍卖行忘了联系你，或者联系不上你，他们在法律上对你的损失无须承担责任。有一次我同加州一个拍卖行协商在（英国时间的）午夜竞拍被错编到其他画家名下的一幅漂亮的儿童肖像画，作者是亨利·雷本②。第二天早上起床时，我沮丧地意识到拍卖行没给我打电话。随着时间的推移，我们将没接到电话的原因渐渐还原完整。原来，拍卖行有个实习生接管了打电话的任务，尽管我们在传真里清晰地要求用（加粗显示的）家庭电话和我们取得联系，他却拨打了印在我们公司名字下面的画廊电话；那天上午，他给画廊打了五次电话，通过办公室电话的录音回放，能听出他的声音越来越绝望，痴痴地念叨着有谁能赶紧把听筒拿起来。大约每

---

① Jane Stuart（1812—1888），美国画家，她的父亲是著名画家吉尔伯特·斯图尔特（Gilbert Stuart）。
② Henry Raeburn（1756—1823），苏格兰肖像画家，其作品以大胆的色彩而令人瞩目。

十五次电话投标里，就有一次会有这种灾难性的结果。

我也会担心出价。特别是当我刚刚在纽约的一场拍卖会上遭受了重大损失之后，考虑到竞价太狠的弊端，我告诉本多尔，算上佣金，投标价格不要超过11万美元。我可以指望和我们有一致信念的经销商，能给这幅画到底是谁的这个问题以答案，这样投标就没有什么风险。我开始责怪自己。我常常倾向于出个低价，给那些根据我的行动投标的人看，这个价位往往比我自己能出的价格低一些。大家都知道，我如果出原计划两倍多的价格，在乌烟瘴气的商业冲突里，能占据一点优势。当一幅画以这种方式受人瞩目，倒让人有理由投标把它拿下，然而，我很少后悔这样做。

见鬼，既然这幅画有潜在的重要价值，为什么我没有自己去投标呢？

引起我的疑虑的还有一个事实，那就是当我用话题将同桌那位美女带回21世纪时，她那闪亮的眼睛。

"现在我坐在这里等着画廊的同事给我消息，"我用这句话结束整个故事，"边等边跟你聊天。"

"真是惊人的发现！"她用几乎有些沙哑的声音说，从她眼中完全看不到之前那种怀疑，"我真心希望你能买到那幅画。"

"很抱歉插一句，我无意中听到了最后一次出价。价格似乎很惊人。你们第一次看见这幅画是什么时候？"一位珠光宝气的明艳金发女郎就坐在对面，她已经跟伙伴聊完了，正加入拍卖当中来。

现在风景画的魅力蔓延到餐桌上的每一个角落，这只会给我更多焦虑。任何类型的艺术发现，似乎都能引起人们的兴趣，但这幅作品让我第一次意识到它与众不同的感染力：如果我的推测是正确的，在职业生涯的其他时刻，我还有机会找到一位伟大艺术家如此关键的、艺术生涯起步阶段的作品吗？我决定尽快联系本多尔，大幅提升竞拍价格，当谈话转入艺术品交易的伦理道德问题时，从餐桌上全身而退似乎很难，我发现自己站到了被告席上。现在，那位忽闪着眼睛的美女颇有来头的丈夫终于行动起来了。

"让我们谈谈这幅画，你和我一样在外面工作，为了一个重要的目的：赚钱。"我注意到，他向夫人笑了一下，带着一丝轻蔑，"艺术品是可以交易的，但艺术品经销商不过只是善于把它们的好处捧上天。"说到这儿，为寻求认可，他朝餐桌方向看了一眼。

我已经不是初次面临这样的攻击，尽管很疲惫，但我欣然还以颜色。

"这样讲或许也没错，但当一件艺术品让你在早上无法贪睡的时候，钱可能只是副产品。对我来说，钱是一种证明，证明我做了正确的决定：当你找到一幅丢失的大师作品，意味着你钩沉出了重要的东西。"

我想，唉，这样的回击简直有些抬举他了。就算那样说确实不妙，对急着从宴会上脱身出来的我而言，也只好如此，因为这个人在给我添麻烦。

就在那一刻，我感觉座位在振动。我连忙抓起手机贴在耳边，用略带歉意的目光看了看宴会女主人，紧张且笨拙地朝厨房移动，那里是我的庇护所。

"如果有必要，你可以开除我。"本多尔极其坚定的声音传了过来。

我心说，上帝啊，投标失败了。这是电话投标容易出问题的又一个因素：人会失误。比如负责打电话投标的人中途上厕所、分心，或是单纯忘了接拍卖行的电话。

"你什么意思？"我怕被宴会上的人听到，只能小声地急切问道。

"为了那幅画，我把大约12万全都投进去了——比预计的最高值还多1万美元。"他仍旧平静地回答说。

我最怕的事情现在终于要发生了。我没给本多尔足够的钱。简直愚不可及！

"现在，拿今天的汇率来算，"他补充道，声音高了八度，"其实总价不像看上去那样糟糕。"

"对谁来说糟糕呢？"我自言自语道。无论如何，为什么告诉我这些？

"谁把它买下来了？"我忧心忡忡，低头看着厨房地砖。

"我就说嘛，"本多尔道，"炒了我吧。我接受了价格。我们把它买下来了。"

想了一会儿之后，我意识到本多尔原本也没打算坚持按我约定的限额报价。

当门铃响起时，我们正在开每周例会，是送画的人来了。尽管两周前已经付了钱也买到了画，这幅画从装箱到离开纽约飞越大西洋、通关，再到从机场运抵位于多佛街的画廊，还是足足花了两个星期的时间。每周一上午11点我们会开会商议本周计划，并回顾上一周的工作，巧的是作品送达的几分钟前我们刚讨论了庚斯博罗。当时我们在谈论一则消息，就是邦德街专营英国早期绘画的出色经销商安德鲁·怀尔德（Andrew Wyld）低估了这幅作品的价格，与会人员的看法是，如果你最后给出最低估价五十倍的价格，没有几个更牛的经销商能逼你出更高的价。这幅画裹着纸和泡沫塑料，还没拆封，本多尔和我一起冲进来完成这一工作。当我们用剪刀和手指头连剪带撕地拆封时，我第一次瞥见画框一角带有时代气息的雕刻和镀金。这是个好的开始,我想——恰是我期待看到的那种中间和四周用雕刻和镀金的18世纪中期风格。接着,当我们剥离掉更多的包裹物,在撕破的牛皮纸底下,我看到画中的一片绿叶。更妙的是,现在我觉得,叶子边缘处的薄罩层泄露了这幅画的秘密。本多尔奋力扯断胶带,然后,为去掉最后一层包装,他将画翻了个个儿,在层层包装之下,在潦草的粉笔字和裱糊纸之间,画作尘封的表面现在露了出来,我们看见一张残破的印刷商标。俯下身一看,那是创立于1817年的伦敦阿格纽画廊的商标,商标下面有褪色的墨迹,写着"科拿森林"字样。

画的背面往往能提供比正面更多的信息。经销商、收藏家和库存商,经常在画的背面用简要的描述对细节作出说明。多数情况下这些内容都能保留下来。几年前我在维也纳的一场拍卖会上买了一幅画在石膏上的肖像画,人们认为画的是欧洲大陆一位国王或者皇帝。在我当时的研究员的帮助下,我们得出结论,那幅作品是来英国访问的意大利画家安东尼奥·韦里奥(Antonio Verrio)画的查理二世[①]画像,原本是温莎古堡圣乔治大厅[②]的天花板装饰,人们认为温莎古堡在乔治四世时期遭到毁坏。研究员和我对这幅从天花板上取下来的水彩画进行了大量研究,然后作出一个假设,即在温莎古堡被毁之前,这个部分是怎样保存

---

① Charles Ⅱ(1630—1685),苏格兰及英格兰、爱尔兰国王,生前获得多数英国人的喜爱,以"欢乐王""快活王"闻名。 早年父亲查理一世被克伦威尔处死,查理二世被迫流亡国外。1658年克伦威尔去世,由其子理查·克伦威尔继称护国公。理查无力镇压反叛的贵族与军官,英国政坛混乱,国会遂声明由君主制复辟,查理二世因此得以返回英国。
② St. George's Hall是英国城市利物浦市中心石灰街的一座新古典主义建筑,与石灰街火车站相对。包括音乐厅和法院,是一座一级登录建筑。圣乔治大厅东侧与火车站之间是圣乔治高地,西侧是圣约翰花园。圣乔治大厅包括在威廉布朗街保护区。1969年,佩夫斯纳认为这是世界最好的希腊复兴建筑之一。

下来的，我们觉得温莎古堡的建筑师杰弗里·亚特维尔（Jeffry Wyatville）可能把它偷偷藏了起来。当这幅画——不久后我们高调地将它卖给了英国女王——运抵画廊时，我们发现它的背面有一枚商标（石膏太重了，找到它相当不容易）。此时我们已经完成了独立侦查此事的壮举，读了用旧式的手写体撰写的轻描淡写的说明，知道这是韦里奥给查理二世画的一幅肖像，被带出旧的圣乔治大厅才幸免于难。现在，似乎情况属实，那就是拍卖行没有留心这幅刚刚送达的庚斯博罗作品现成的最明显的线索。从这幅画背后的商标来看，根据阿格纽画廊的记载，我们随后证实他们是在1946年从一个英国卖家G. W. 格雷（G. W. Grey）——关于这位先生，直到现在，我们也毫不知情——那儿买到这幅画的。然而至少，它说明这幅画很有可能在那之前都没到过美国。

在描述画作作者归属、判断作品的艺术水准方面，被滥用得最厉害的词之一便是"直觉"。它当然有可用的地方，直觉经常只发生在普通的观察过程里，在这一过程中，你得从对自己的视觉反应的意识中分离出来，在像我这种艺术品经销商的实践中，这样的过程会持续不断地为我的事业服务。在给作品（不是数字化或者摄影作品）进行"体检"的时候，我会将自己的直觉写在纸上，试图分析自己的观察和思考过程。抛开一切不谈，本书的目的是尝试向读者分享，为什么我，还有其他人，会为了艺术品冒那么大的风险。很多经销商（我未必会说他们是"艺术侦探"）不去冒极端的风险，在拍卖会上只买那些归属明确的、有保障的作品。这样风险会小一些，然而如果风险小了，赚大钱的可能性也会相应地变小。当然，如果最终投标时的价格恰到好处，这样的交易能让他们踏踏实实地获利。作为经销商，我们靠自己能比普通人做得更好的信念吃饭；但说到底，就像那些纯粹的学者一样，我们也是脆弱的人。然而，我真的相信，冒险行为有一个能鼓舞专业买家的好处：很少有什么能像金融风险那样给大脑带来氧气。诚然，在你做记录之前，直觉通常管用。针对庚斯博罗这幅画，直觉的作用发生在做记录之后，但看画的原则不变，就是诚实地集中作出反应。对我来说，运用直觉，分为四个不同的阶段。

本多尔将画正面朝下从桌上拿到画架上。第一印象经常最有说服力。画给人的第一印象，就像一本杂志的封面一样。如果作品是风景画，判断第一印象的原则略低调：它吸引你的目光了吗？在这幅画里，答案是肯定的：当本多尔和我站在《科拿森林》面前，尽管它不像某些伟大的名画那样勾人心魄，微妙的构图和技法却也充满迷人的魅力。第二眼看画的内容，以及画家传达主题的艺术手法。只有品质足够好的作品，才能通过这样的"巧妙度"测试：尽管有形的图案是艺术家以厚重的笔墨画上去的，他作画时的想法却是那么地笃定、清晰；那一抹光，微妙观察到的树干，斑驳的枝叶，都证明了这位技艺高超的艺术巨匠不同常人的独创性。下一步则是质疑证据：我看到的是补过颜色的原作，有没有之前没注意过的损伤？除了给画换衬底画布的时候略微压扁了一点，以及高处树枝的叶片上薄罩层原本较厚的地方有些正常范围内的变薄，没什么可让我担心的——不出所料。最后是"站远一点"评估，这一步对弄清楚一幅画的价值，并让后续的一切行动恰到好处来说，极其重要。这通常需要往后退几步。在这个时候，我通常全神贯注，有时看作品看得眼睛都直了，以至于退后几步撞到别的人或者家具，还有一次，在修复师的工作室撞上一张17世纪的画布，因而造成了相当大的损失。

《科拿森林》满足了我所有的想象。发黄的光油从画的表面上被清洁掉之后，我推测，一旦几处局部的薄罩层也得以修复，它将重新成为极富魅力的作品。本多尔和我一样感到欣慰而释然，分享着如同钓到大鱼般的喜悦，那幅画太闪亮了，特别是被画廊的卤素灯照着的时候。

清洁、重衬和修复工作持续了三个月，此后，它呈现出的自信、沉稳和精妙无不令人欣慰。

"你来得太晚了，"庚斯博罗故居的前台小姐说，"推土机已经进驻，建筑工程已经启动。这儿也不再叫'科拿森林'，而是改名齐尔顿公寓——实际上大约有170户居民。"

我不敢相信自己听到了这样的话。

"我们都试过阻止这件事。很多人为之付出努力，包括著名的艾登堡先生①。遗憾的是你去年没来。为此他们已尽力。"

尽管我知道围绕科拿森林，有人洽谈过开发事宜，我以为那只是新闻媒体为了博人眼球，轻率地散布毫无根据、危言耸听的谣言。细想起来，那也是由于我没想到国宝真会遭到如此野蛮的亵渎——相当于将加油站置于康斯太布尔《干草车》②的旧址，或者将风电场设在巨石阵。③

我转过身来对着11岁的儿子奥利弗，他也显得一脸茫然。

"无论如何，咱们先去看看呗。至少看看它到底在哪儿。"他认真地说。

我们从伦敦出发到目的地，开车需要三个小时，我决定在离

---

① David Frederick Attenborough（1926— ），英国生物学家，英国BBC最著名的自然生态节目主持人和制作人。
② 《干草车》（*The Hay Wain*）是英国著名画家约翰·康斯太布尔的田园风景画代表作。该油画描绘了英国萨福克郡阿尔河畔一个小村庄的优美风景。
③ Stonehenge，位于英格兰威尔特郡埃姆斯伯里，是英国最著名的史前建筑遗迹。

开之前将大部分时间花在萨德伯里，带着沮丧的心情到故居附近走马观花地转一转。我上次离开这儿是十年前的事了，这座房子比较旧的部分近期修缮过，变得更有历史感，不再设置展示台，也远离了来往车辆的噪声。我在过去二十年为了收藏而卖掉或买到的多幅肖像画，如今也以更好的面貌展示在公众面前，仿佛因屋主那令人崇敬的名字而微笑，骄傲得恰到好处。但这无法让人忘记古树已被砍伐的事实。

  我们开车出发前往位于萨德伯里西南角的大科拿村（Great Cornard）。途中经过商店和车库，在环岛处右转，然后向东驶上一条小路，在路的尽头我清楚地看见成片的森林。白色路标明确示意小路到此结束，我们下车走完最后的几百米，或许此刻，我们已成不速之客，为此我感到些许不安。

  要走到树林，得先穿过稍远处的两座农场。沿着树篱向前走，我不禁想到，对一个小伙子来说，从萨德伯里市中心到树林，要走相当长的时间——我们开车走这段路差不多要用15分钟。除了从稍远的地方能看到阿巴斯庄园（Abbas Hall），也就是树林后那座古老的房子，这里的一切无不显得遥远而孤独。在体会庚斯博罗的颠沛流离期间，我自己也在准备面对建筑工程的残酷景象，动不动就想到破土动工造成创伤，还有奇形怪状、颜色各异的机械，以及活动房屋和各种公司的标识。让我更为惊奇的是，我们什么也没看见；在炎热的6月，那里保留着萨福克郡古老的风貌——普鲁士蓝①的天空，碧绿的叶子，散落在高草上如繁星般的红石竹和峨参。

  当我们穿过科拿森林的最后一片树篱，森林尽头的山坡上，

---

① Prussian-blue，一种深蓝色颜料。

一片树木组成的方形大本营夸张地出现在我们眼前。树林比我想象的要宽,我不确定入口在什么地方,便回过头去寻找自己的方位——就凭那幅整个大科拿的展开图。这是一种令人眼花缭乱的壮观,立刻让我了解为什么庚斯博罗逃学的时候喜欢栖息在这里的树屋。我低头看奥利弗拿着的我那幅画的照片。我以为只要自己能认出大亨利教堂(Great Henny Church),或许就能将自己定位在庚斯博罗停留过的地方,但这一过程比我的预期更有挑战性。我们花了半分钟时间眯起眼睛看着地平线,当我思索我们是否在画中的教区,更何况是否在对的位置上的时候,发现孤零零的教堂尖塔在中间略远的距离处变成了焦点。

"你往左,我往右,"在爬过树篱准备进入树林的时候,我吩咐奥利弗说,站在那个位置,我大致判断出可以看见尖塔的角度,"如果你发现水池,请告诉我。"

"可是爸爸,推土机在哪里?"奥利弗问,我竟然不禁感到失望,因为错过了一个戏剧性事件。

"看起来他们还没到。"我回答说,愈发觉得自己有福气,我们来得正是时候。事后证实,住宅区计划并不是设在树林,而是在山坡往大科拿方向的更远处。但我当时不知道这些,当我拨开外层的枝叶前行时,有种我们终将奇迹般地在现实世界获得一种可能之感,当我们进入静悄悄的树林时,那种感觉急剧增加。周遭永远生机勃勃的树木让我为自己的想象而震惊,仿佛眼前的一切都是庚斯博罗见过或感受过的:同样与外界的炎热相隔绝的凉爽,一丛丛的杉叶藻,脚边的水珠草,阳光穿过厚厚的叶片犹如彩色玻璃的折射。我在树干之间漫无目的地前行,徘徊了几分钟,寻找着远处被庚斯博罗画成水池的东西,直到听见奥利弗的声音。

"我看见了!"他在不远处叫道,"快,快过来!"

只见他跑了几百米，停在高高的河岸，得意扬扬地比画着，指向他在雉鸡栖息地旁边的发现。

它比我想象的宽多了，看着特别像方形鲤鱼池的遗迹。池子的另一边挨着一座山坡，上面密密麻麻地布满了树和荨麻，以至于其坡度或轮廓均不得而知。透过右侧的植被，能远远看到之前查证过的大亨利教堂，但我们绕着池塘走了足足15分钟，才成功穿过底层极其茂密的灌木丛。奥利弗小心翼翼地跟在后面，到了水边的一个地方，我觉得那几乎便是庚斯博罗坐过的位置。奥利弗处理着身上的扎伤，我则在潮湿不平的地面清洁出一片可以坐的地方，请他将夹在手上的照片递给我。我抬起头，透过树冠看着天空。从我们进入树林开始，太阳已经向西移动了一些角度，温度和能见度均有所降低。我开始意识到，尽管透过枝杈很难看清地平线上的建筑和物体，但在距离适中的地方，仿佛阳光也在与它们共谋，使其更好地展现自己的轮廓。拨开眼前的那些叶片，我忽然吃惊地发现，大亨利教堂的尖顶成了艺术指挥棒，现在看来，它的表现功能，也成就了这部作品。

从尖顶的顶端往外，向"前景"位置移动，我现在能清楚地猜出，哪儿是挖泥工人工作过的地方，哪儿曾是橙棕色堤岸，哪儿过去是路的所在，哪儿曾经长着巨大的老橡树——如今早已荡然无存，被小树丛取代。在作品完成后的几个世纪里，它们都经历了沧海桑田。水池似乎比画上的要大，这是不是因为后来扩建了，抑或庚斯博罗采取了艺术上的自由发挥，这些都不重要：这片水域将大地、树木和天空构成的抒情模式推向了极致。

我转过来面对奥利弗，把那张照片还给他。

"看，我觉得我们成功了！"我叫道，"你能想象这些东西——水、树、远处的景观——在庚斯博罗的脑海里是什么样吗？"他看着照片，发现我们四周是一丛花茎。"这是一个藏身的好地方。"他边回答，边用酸模叶继续揉他的脚踝。

我完全能理解庚斯博罗为什么藏在这里画画，特别是在18世纪，那儿还是一片公共用地的时候。如果我是他，也想寻求一处这样的世外桃源，一个遥远的避难所。它太遥远，以至于像一场冒险，但在家门口咫尺之遥的地方，古老生物和乡村生活，使他沉浸在持续的、陶醉的艺术创作里，用自己与生俱来的技艺慢慢积累艺术经验。在他之后的几代画家则去寻找灵感，冒着生命危险到遥远的地方，比如瑞士的阿尔卑斯山和中东地区去旅行，或者登上英国境内的远山。对庚斯博罗来说，没必要跑那么老远。他可以惬意地藏身树林之中，朝故乡萨德伯里的方向回望远处的景致，并发现自己想描绘的壮丽景象，值得注意的是，锁定目标时，他还是个孩子。

我们在英国国家美术馆工作人员通道门口碰上林赛·斯坦顿（Lindsay Stainton）。当时她刚刚按响门铃，和那天专程从萨德伯里赶到城里的庚斯博罗故居新馆长黛安娜·珀金斯（Diane Perkins）一起等人开门，黛安娜到任后的两年内，故居面貌有了明显的好转。本多尔将包在牛皮纸里的画夹在胳膊底下站在我旁边。林赛是艺术界享有盛誉的鉴赏家，她曾协助约翰·海斯策划图书，所以几个月前当我邀请她看那幅画时，她宣称那是无可争辩的庚斯博罗早期作品，在她的提议下，我们获得将它摆在英国国家美术馆馆藏《科拿森林》旁边的许可。另一位庚斯博罗著名专家、来自伦敦保罗·梅隆中心（Paul Mellon Centre）的布赖恩·艾伦博士，他在当月早些时候给我们的画廊打来电话，那天上午他没能亲临现场，但我们请到了一位声名显赫的主持人、英国国家美术馆英国艺术馆的馆长苏珊·福耶斯特（Susan Foister），她曾任一场著名的庚斯博罗早期作品展览的策展人。

苏珊热情地让我们在美术馆修复室参观两幅画，这意味着我们能在最好的条件下近距离仔细查看它们。我们在保安处签到时受到苏珊的迎接，沿着后面房顶很高的走廊前行，之后乘电梯到楼上的修复室，英国国家美术馆代理馆长、令人敬仰的修复室负责人马丁·怀尔德（Martin Wyld）为我们开门。有点讽刺的是，要不是我告诉马丁，他都不知道竞拍这幅画时，他的兄弟安德鲁（Andrew）就是我的竞标对手。

我已经不记得自己在英国国家美术馆的画架上邂逅《科拿森林》时，它是何其宏伟，当清晨的阳光透过天窗洒向画的表面，仿佛画中的景色在黎明浮现。它没有画框，看上去和挂在美术馆热闹的墙面离地半米高处那幅孤傲的画作迥然不同。我能体会到它的微妙之处，还知道它那位新发现的亲戚的逸事。尽管存在褪色和磨损，这幅画当然是名副其实的大师之作，全景式的魅力和质朴的风光让看画的人感受到某种魔法，这种魔法在过去二百五十年来始终有效。当马丁去给我们准备高品质的咖啡时，本多尔小心地拆开了画的包装，快步向前，将它放在《科拿森林》右边的画架上，小心地将其固定好，然后退回去。

对我自己和当天在场的其他人来说，那天就是为了纪念此前付出的各种辛酸。左边是歌剧般的神作，也是那个时代最广受赞誉的作品之一，复杂、蜿蜒的构图，成就了史诗般的杰作。右边则完全是某种平和、不刻意的创作，却又同左图有着千丝万缕的联系，那是未来大师之作的雏形。

有生之年，我能做的最让自己满意的事，便是唤醒一位这样的睡美人。

第三章
洞察和欺骗

等你下次去美术馆参观展览,不妨花点时间观察观察看艺术品的人。有个常见的现象是,参观者会在看画之前,先研究标签,换句话说,在开始视觉享受之前,人们需要了解事实。然而,更重要的是,标签上的信息经常强行规定了艺术作品应当怎样被理解、欣赏和推崇。很多发现和骗局的本质便在于此。

2006年夏天,马萨诸塞州斯托克布里奇市(Stockbridge)的诺曼·洛克威尔博物馆(Norman Rockwell Museum)发生了一件不寻常的事,在美国艺术史上,这起事件将永载史册。最适合讲述这起事件的人或许非朱莉·布朗(Julie Brown)莫属,在灾难降临的那天早上,这位拥有十八年从业经验的博物馆导览员,发现小镇郊外那个平日里安宁地藏身树林中的平静的博物馆,忽然挤满了纸媒和电视台的记者。起初,她想知道是不是博物馆的管理层在组织什么活动,但她很快通过不速之客的肢体语言了解到这不是什么学术座谈会。作为阿加莎·克里斯蒂的忠实读者,朱莉没有被出乎意料的大戏吓倒。然而,那天早上,对于在自己供职的博物馆里突然发生国际新闻头版事件的事实,她还没有足够的心理准备,这件事已和犯罪小说作家最引人入胜的作品一样耸人听闻。但这不是小说,而且她和她的同事并不知道,自己还要扮演其中的角色。这是一起重罪案件,也是最令人震惊的造假案。受害方是艺术机构,头号嫌疑人已经死亡。

这里需要交代一点背景。四年前,朱莉和她的导览员同事高兴地收到借来展出的诺曼·洛克威尔(Norman Rockwell)的杰作《离家》(*Breaking Home Ties*),这幅画的复制版曾刊登在1954年9月《星期六晚邮报》(*Saturday Evening Post*)的封面上,深受读者喜爱。经读者票选,它成了该刊史上第二受欢迎的封面,迄今为止,这幅画作为洛克威尔标志性的作品之一,已为其人气的日益增长起到重要作用。它使洛克威尔跻身美国最受欢迎的画家之列,他也成了美国最伟大的流行插画作家。这幅作品受到读者乃至导览员喜爱的原因,其实是显而易见的:它不仅构思绘制巧妙,而且满怀悲怆。一位饱经风霜、叼着烟头的农民,和他那有着明亮眼睛的儿子一起等火车,他要送孩子上大学。在这个意义上,上了火车,意味着年轻人将永远告别农民之根,告别童年。这个家庭场景的意味深长因画面上的牧羊犬而得以彰显,它依依不舍地将头靠在男孩的腿上,构成对第二次世界大战后美国社会发展的完美隐喻。

作为艺术品经销商,我非常清楚这样一件事,有时候,某些绘画拥有可以粗略概括为"X音素"①的东西——也就是说,这幅作品的感染力强到即便是粗鄙的路人也会多看一眼的程度。具备"X音素"的作品可以是任何主题,比如,无论《无辜者的屠

---

① 《X音素》(*The X Factor*)是一个在英国开始举办的歌唱类真人秀节目,将参赛选手分组,各组互相对抗,决出最后的冠军,参赛者大多是抱着成为流行歌手的目的参与节目的选拔。"X音素"的引申含义是某种明星具备的气质。

杀》(*Massacre of the Innocents*)①,还是一束鸢尾花,也可以是任何风格,无论极重细节,还是笼统抽象;当这些触动灵魂的画作成了市面上的稀缺品,又出自一位伟大艺术家之手时,即便是冷漠的、白手起家的、从不在没看到数据的电子表格时做决定的亿万富翁,也会任由情感支配自己。那是艺术版记者最喜欢、艺术品经销商在翘首期盼的时刻,神出鬼没的金融巨头现身拍卖会,一决高下,他们投标的方式五花八门,或通过代理,或通过电话,为的是在第二天破纪录的轰动性头条新闻中看见自己的名字。《离家》就是这样一幅值得期待的作品。

然而,导致媒体在当天闯进博物馆的,不是拍卖会,而是从新闻角度来说更惊人的事。这幅为专家所认证,为大众所敬仰,以其历史闻名于世的20世纪美国艺术代表作,和洛克威尔的其他伟大作品一道,陈列在博物馆的墙上,却在一次展览中被证实是伪作。更有甚者,人们并不是通过仔细考虑、分析,抑或学界、科学专家的论文集获得明确证据证明这一点,而是通过一些简单到有点可笑的东西发现的。伪作是根据原作秘密临摹而成,而原作随后重出江湖。

我的朋友蕾切尔·卡明斯基——我在第一次去纽约的途中遇到她,当时她是佳士得的主管,现在则成了独立经销商和代理人——是在看完《纽约时报》网络版的报道之后打电话告诉我这个故事的第一人。那是如此有名的一幅画,有着这么尽人皆知的过往,收藏在为艺术家而建的主题博物馆里,最终却被证实不过是劣质的伪作,这让我感到不可思议。这听起来就像被告知《蒙

---

① 这幅画的作者是老勃鲁盖尔(Pieter Bruegel the Elder)。这幅画讲述了一个圣经故事,说的是希律王听说犹太之王诞生,下令将两岁以下的小孩都杀掉。

娜丽莎》是蒙马特街头艺人草草画成的一样荒谬。蕾切尔在电脑前将这则报道给我重读一遍时都被自己逗乐了，她建议我再好好看一遍。我同意她的看法。她读给我的内容，听上去像是关于艺术世界之盲目的、最发人深省的案例，直指很多伟大发现故事的本质。

每年1月，伦敦和欧洲大陆的古画经销商会经历大迁徙，他们会前往纽约参加至少一场重要的古画拍卖会。我也是其中一员。我安排好2008年的参会日程，确保自己有一两天的时间探访洛克威尔的作品。有关洛克威尔画作的爆料发生前的几年，我接到部分电子邮件和电话，说明人们有意讨论跟这幅画有关的话题，所以我决定用不到一天的时间亲自看看这幅我们已经在网上研究过的画，然后乘一早的航班横跨美国到伯灵顿，也就是飞到十七年前我遇到已故肖像画收藏家厄尔·牛顿的机场。我到那儿只是为了看一场规模很大的拍卖会，有三百多件拍卖品，我花了三个小时在卖场，带着卤素灯，仔细研究转天将要卖出的作品，以便找到状态和感觉，我把本多尔叫来讨论并安排投标，然后结束了一天的正式工作。

纽约的很多经销商会在展览和派对的最末安排拍卖，之后那天晚上我发现自己置身于上麦德逊（Upper Madison）大街的拉里·斯泰格拉德和他妻子佩吉·斯通开办的画廊，在那家摆满作品的百货商店里，挤满了艺术领域的各路豪杰。在室外温度已经降至零下的时候，这里也是一处不错的避风港，在这样温暖的地方能有一家生意兴隆的画廊，也是让人喜悦的事。我是在第一次来纽约时认识这对夫妇的。从那时起，他们就要从很远的地方赶来，参加一年一度的展会，现在已经发展成每年1月定期在马斯特里赫特（Maastricht）和棕榈滩（Palm Beach）①做展览，每次展出，都是一场艺术界的豪华盛宴。在这儿一整晚，我能和不少同行交流想法——比如同精力旺盛的早期大师之作收藏家约翰尼·范·海夫顿（Johnny van Haeften）共事的戴夫·达拉斯（Dave Dallas），来自拉斐尔·瓦尔斯（Rafael Valls）机敏的多面手托比·坎贝尔（Toby Campbell），他们都是伦敦人，我还见到不少纽约本地的独立经销商，比如彼得·施韦勒（Peter Schweller）和罗伯特·西蒙（Robert Simon），他们都是寻找失踪画作的行家。那天晚上，在人群中来回穿梭的还有不少修复师，他们打算在这儿向成功的买家兜售自己的生意，艺术史学家将他们的专长介绍给图录的编纂者、艺术作家和艺术类记者，甚至还有第二天即将举办拍卖会的拍卖商乔治·戈登（George Gordon），他向我讲述了对即将落槌的作品的一些真实想法，包括对我已经决定投标的一幅弗兰斯·哈尔斯作品（这幅画我在本书序言中提到过）好奇的推测。

当我准备离开的时候，忽然注意到墙上的洛克威尔作品。这一发现让我吃惊，因为拉里和佩吉是以他们收藏的早期作品而为众人所熟知。那是一幅有关军旅生涯的插画，有一位我不知道名字的年轻艺术类记者，正在热心地向一位顺从的女听众解释这幅画的看点。他用严肃的曼哈顿口音，一板一眼地朝那幅画比画着，这真是个千载难逢的机会，于是我发表了自己的意见。

"你对洛克威尔作了清晰的评估。"我插嘴道。现在回想起来

---

① 一年一度的美国棕榈滩艺术博览会（Art Palm Beach）因在美国佛罗里达州棕榈滩县会议中心（Palm Beach County Convention Center）举行而得名，是全球最负盛名的当代艺术盛会之一。每年，国际著名画廊将携新兴艺术家作品出席这场盛宴，全世界的艺术家及艺术发烧友都可在此欣赏最新最前沿的艺术成就。

当时出手有点重了。

"我只是情不自禁地表露了想法。"他说,向我轻轻投来愤怒的眼神。"正如我刚才解释的那样,没有哪位艺术家像洛克威尔这样会讲故事。"他补充道,为了加强语气,他转向自己的同伴,"无论如何,他是美国艺术史上最伟大的插画家。我说了不止一次。"

我察觉到在他对充满思想性的熟练讲话进行收尾的同时,也认为我是个需要被教训的英国佬。

"但也容易伪造?"我挑衅道。

"并不是这样,"他简短地答道,"他太出色,所有的作品都被著录并复制过。关于他的书籍和图录数不胜数。"

"就连《离家》也被著录并复制过吗?"我反诘道。这次他似乎立场没那么坚定了,我能看出他在琢磨自己是不是碰上了洛克威尔专家(尽管他用不着担心这一点)。

"好吧,那幅画是个例外。但让我告诉你一件事。有的东西不值一提。我的意思是,坦率地讲,你怎么能总拿专家开玩笑?然后专家就发现了这样一幅画——你真的相信他们就是以过去发掘作品的方式发现它的吗?那也太离奇①了吧。从我这儿拿去,到外面做更有意思的事情去吧。"

"更有意思的事情?"我又故作天真地说,"好像蛮吸引人的样子。看来有必要问问这幅画以前的收藏者,周五我就能见到他们了。"

在他琢磨自己是不是更丢面子了的时候,片刻的不安重现在

---

① 原文用的是"Scooby-Doo",即知名美国卡通《史酷比》。该片以神秘事件公司的狗为主人公,以公司成员驾车旅行,遇到并解开神秘事件为情节主线。

他脸上。当他得知我只是打算写本书，没有与这幅画相关的既得利益，更没有学术上的优势时，他重返自己的讲坛。

"管好你自己的事吧——这儿又不是伦敦。美国是个什么都有可能发生的国家！"他望着同伴，朝她眨了眨眼睛，她随和地笑了。观察到这样的小事表明，破除迷思的挑战比我的预期艰巨得多。

当我离开画廊往华尔道夫酒店（Waldorf Astoria，公园大道上的装饰艺术酒店，我现在去纽约的时候经常住）时，我发现自己在思考接下来两天的会面中可能的结果。也许某种意义上会有围绕这幅画的有意思的事情，如果是这样，我这个只有两天时间造访美国，单纯、乏味的英国艺术品经销商，恰好就是尝试搞清楚这件事的最佳人选？我也注意到，那件事发生两年后，我正在经历同样的情境，这能证明它有好的一面也有不好的一面：事件主角的记忆可能已经消失，但我安慰自己道，同样地，时间的镇静作用会使这些记忆浮出水面。然而，任何更进一步调研之类的想法都戛然而止了，因为麦迪逊大道实在太冷，这让我重回现实：我的大衣和钱包还在酒店，还有四十个街区的路要走，而且开始下雪了。

我全副武装来到伯灵顿。包里除了卤素灯，还有两本关于洛克威尔及其作品的厚书。不过为了欣赏洛克威尔，你不用去读艺术史，也能知道他为什么是叙事艺术或插画艺术领域的高大巨人。《离家》是个好例子，说明一幅画怎样让打零工的插画师摇身一变，成了天才。洛克威尔在艺术娱乐领域展现奇迹的能力并没有什么奇怪。他做好布景，塑造角色，安排人物，选择道具，永远保持艺术独创性和能让自己赚到钱的灵活性之间的平衡。电影导演斯蒂芬·斯皮尔伯格（Stephen Spielberg）恰好喜欢收藏洛克威尔的作品，两位都是用美国式的叙事手法俘获广大观众的高手，集深刻、幽默和想象力于一身。

洛克威尔为《离家》这幅画呕心沥血。在职业生涯的这一时期，他不仅展现了艺术创作的巅峰状态，而且完成了另外两幅伟大作品：《沙弗莱顿的理发店》（Shuffleton's Barber Shop）和《结婚证书》（Marriage License）。《离家》的主题特别接近他的内心，因为他的三个儿子全都在那段时间离开家乡——长子参加了空军，另外两个儿子都上大学去了。他采取和过去素描、绘画类大师相同的方法，尝试用照相机带来新的思路，在确定要用插画这种体裁之前，他实验了一系列概念、背景和模特，其间的某个阶段，他几乎失去希望。

他首先尝试画自己的儿子汤姆作为男孩的代表，但很快就觉得那样不能准确表达他正在寻找的特殊味道。后来在1953年，因为一次偶然的机会，在前往新墨西哥州菲尔蒙特童子军牧场（Philmont Scout Ranch）的路上，他注意到罗伯特·沃尔德罗普（Robert Waldrop）完美的身形和面容。他像一位电影导演那样，仔细研究这位新模特，捕捉适合表现期待和惊喜的面部表情。沃尔德罗普是他理想中独特的年轻、结实的结合体；特别值得注意的是，他那双大脚和又粗又笨的手，洛克威尔巧妙地用它来强调人物的乡下出身。父亲的模特则是和洛克威尔关系较近的人，这人是他名义上的表弟，也是洛克威尔家族的厨师。他是饱经风霜的佛蒙特州农民，名叫弗洛伊德·宾利（Floyd Bentley）。为了画出背景，他参考了新墨西哥州索罗市（Thoreau）破旧火车站的照片，在绘制炭笔画的预备阶段巧妙地加强了细节。一丝不苟的影像大师绝不留下任何漏洞。

我沿着人烟稀少的高速公路开了几个小时的车，前往佛蒙特州的阿灵顿，当我摇下车窗问一个当地人，小镇的中心在哪里时，又开始下雪。那人说，我已经在镇中心了。这地方如此人迹罕至，以至于我完全没注意到这里就是小镇的中心；这里没有几家商铺，至多也就比一般小镇多几个教堂，建筑之间离得老远，那种古早的情调更像未开化的村庄，而不是小镇的中心。1939年，当洛克威尔先于其他准备赶来的艺术家抵达这里时，他可能不仅已陶醉于质朴的老式护墙板和小镇风光，更被那梦幻般的诱惑力所吸引——明信片般白色的冬天、世外桃源般碧绿的鳟鱼河、（不用水泥的）干砌石墙、草原、高山，还有春夏季的树林，以及佛蒙特之秋那令人欣喜的橙色。阿灵顿当地艺术社团的核心成员聚集起来，为他们的无冕之王贡献了两方面的资源：他们住在宽敞的农舍，有的是土地（那边地皮很便宜），他们还向《星期六晚邮报》提供艺术作品。在纸媒的对手，特别是电视夺走受众之前，《邮报》都是全国最有影响力的刊物，是视觉艺术家争相发布作品的最佳载体，《邮报》有以百万计的发行量，也有足够高的品位让艺术家创作高质量的作品。洛克威尔是艺术社团凝聚力之所在，为社团定下了基调，有人说，他凭借的不是巨大的艺术声望，而是谦逊、诚实的好本性，以及对社团成员的尊重。洛克威尔很依赖当地居民，在职业生涯早期，他就倾向于使用现实中的人而不是专业模特。他总有办法发现这些人身上的闪光点，这也增加了创作过程的乐趣，他的创作经常以这些人出现在《邮报》和其他出版物上的脸孔得到全国人民的认可而告终。随着曝光率的增加，这些"阿灵顿好人"几乎成为名人，也成了传达现代美国情绪的标志性角色，作品的创作者也因此获得了人们的尊敬。

这幅画的第一位收藏者唐纳德·特拉赫特（Donald Trachte）

也在《邮报》工作，他不是严肃艺术家，而是漫画家，1949年，他和妻子、女儿还有长子小唐纳德定居在阿灵顿。特拉赫特刊登在多家媒体的卡通连环画《亨利》(Henry)在美国可谓家喻户晓，故事围绕一个说不出话来的小孩的逸事展开，他能凭借运气和狡诈在每次的冒险行动中涉险过关。尽管不是像邻居兼同事米德·谢弗（Mead Schaeffer，特拉赫特是从他那儿买到房子的）、杰克·阿瑟顿（Jack Atherton）和基因·佩勒姆（Gene Pelham）那样的封面艺术大师，特拉赫特以他的身高、富有魅力的外表，以及清晰明显的、有点像罗纳德·里根的日耳曼特征，令人印象深刻，迅速成为当地社交场合中的重要人物，和洛克威尔结下深厚的友谊，他也成了这位画家的模特之一。就像大多数艺术家那样，特别是那些住得很近的人，他们会互相购买作品，1960年，当南佛蒙特艺术中心举办洛克威尔回顾展，特拉赫特和他的妻子伊丽莎白（Elizabeth）做出了以900美元从洛克威尔处购买《离家》的重大财务决定。从此，除了展会期间，它几乎伴随了特拉赫特一生的时间，这件神圣的家庭古董因为他朋友不断上升的艺术声望而逐年升值。

特拉赫特夫妇在阿灵顿定居时，长子小唐纳德只有三岁。特拉赫特一直住在那里，直到2005年去世。小唐纳德和我相约在阿灵顿酒店见面，那是一座离公路有一段距离的、舒适的滑雪小旅馆。这是他强烈推荐的镇上居所，而在开车穿过小镇的路上，我觉得也只有这个地方能住了。约见小唐纳德有一定难度，我只能通过洛克威尔博物馆转发申请，后来他给我回应，告诉我他想跟我聊聊。原来，当初是他出面商谈博物馆借展父亲藏画事宜的。因为对自己父亲情况的了解，小唐纳德和他的兄弟姐妹成了案件的主要嫌疑人。他们真的无知到迫不及待要用伪作欺骗整个艺术界的程度吗？做这种事的是什么样的人？是不明真相的群众、投机者，还是肩负使命、暗中搞破坏、有意颠覆权威的人（有一种造伪者是这样的）？在得知我此行的目的之后，小唐纳德显然格外希望见到我，他用精准的描述告诉我，在什么地方能找到他；在旅馆前台，我发现他早已准备就绪，站在壁炉前，毫无戒备地与我热情握手。办理好入住手续以后，他建议我搭他的车沿着主路往前开一点，去一家餐厅，这儿恰好离已停业的青山餐厅很近，阿灵顿的艺术家在这个小镇创造力最卓越的时期就经常在青山餐厅碰面。

我们走进餐厅，两位饱经风霜、满脸皱纹的当地老人带着充满好奇心的表情抬起头，只要加个标题，他们就能化入一幅可以出售的洛克威尔作品。环顾其他顾客，我感到大多数人已被锁定在这个镇子里，尽管艺术家可能已经向前一步，被气候束缚在这里的小镇居民依然故我。小唐纳德带我们走到靠窗的地方就座，他则坐到我的对面，在这个过程里，我试图通过对他的观察，想象他父亲的样子。他深色的眼睛和淡淡的日耳曼特征使我想起自己见过的他父亲的一张照片，但仅此而已。他显然比父亲矮好几英寸，穿着灯芯绒裤子、格恩西衫①和休闲鞋，看起来更像下班后的纽约客，而不是另类的佛蒙特人。小唐纳德如今住在距伯灵顿一小时车程的位置，靠近他以前从事军事工程事业的地方，不过，从餐馆老板愉快的问候来看，阿灵顿老乡没有忘记他。作为本地人，他建议我就着小包饼干尝尝这儿的特色鸡汤。

"我自己就给洛克威尔当过模特，"看着从厨房端拿来的盛着鸡汤、形状怪异的碗，小唐纳德回忆道，"我那年四岁，洛克威

---

① Guernsey jersey，一种蓝色针织紧身羊毛衫，常为水手所穿。

尔让我和一个同龄的女孩一起坐在圣诞老人的腿上。我表现得如此糟糕，以至于洛克威尔别无选择，只能画我们的背影。我父亲大怒，从那以后，我就再没有受邀去做模特了。"

我开始注意到小唐纳德举止中的不安。他想告诉我事情的来龙去脉，但也坚持认为这需要时间。记者和摄制组成员来来往往，在无情的人潮中，他感到自己对这件事的看法和他们是一样的。"在某种程度上，我认为在这起事件中，我被看作一个罪人"，见面的前一天，当我打电话确认我的到达时间时，他就跟我说了这样的话，我猜他现在这样做是为了抢先一步阻止我得出他预想中的结论。午饭后，他提议我们直接去他父亲的画室，他安排自己的弟弟和我在那里会面。

我们驱车15分钟，沿途经过冰雪覆盖的沟壑，小马奔腾的田野亦穿上冬衣，一路上他始终都在缅怀20世纪四五十年代他在阿灵顿度过的快乐童年，他可爱的邻居，还有他最常去玩耍的地方、最喜欢嬉戏的河流。他的回忆偶尔有暗影掠过，那些跟近年来的疏忽有关。当车子经过洛克威尔带有平淡旧式护墙板的农舍和附属建筑时，他痛斥周围环境没被保护好，特别是一所旧式学校现在已经破败不堪。

我坐在他身边便开始思考，接下来几个小时该如何更好地与他相处。我确定自己只能像个拙劣的警方检查员，原因很简单，我太同情这位嫌疑人了。我发现自己喜欢上了小唐纳德，他是个敏感、传统、安静的美国人，热切地渴望富有的生活，尽可能做正确的事。或许他恰好在无意中发现，自己处在美国艺术领域十年间最奇怪事件的中心，他和家人毫无疑问都被卷入其中；还是说，此刻的我是否像艺术领域的其他人一样，完全被骗了？

在我看来，对经销商而言，最重要的是凭直觉找到别人做事的动机。对我来说,这个问题的终极寓言是这样的:有一次,我跟妻子和七岁的儿子前往马拉喀什①市集,给伦敦的住所选购一条旧地毯。当时,有人要购买重要物品的流言,以心灵感应般的速度,传遍整个集市,至少六个互相竞争的地毯商人扑了过来,像一群鬣狗一样,往不同的方向拉扯着我们,迫使我们沿着一条小胡同往前走。那是个令人难受的危险时刻,正在此时,一个身材修长、贵族模样的柏柏尔人拯救了我们,他身着传统阿拉伯长袍,头戴毡帽,用犀利的言辞,挥舞着木头手杖,驱散围攻我们的商人。他能说一口流利的英语,带我们去他家避难,请我们喝茶,为同胞应受谴责的行为一再向我们道歉。我们开始考虑回酒店,正当我对人性恢复乐观的时候,他说有些东西想让我们看。只见他从房间一角的窗帘后面拿出五十条地毯,向我们表示,如果不从其中选购一条,他就不放我们走。

解读身体语言、发现动机,特别是卖家的身体语言和动机,对我的生意来说当然是必不可少的技能。需要抓取的内容,是包括礼貌的鼓励在内,全部可能的证据和信号。除在马拉喀什那次之外,这方面我还是做得不错的。当我深入偏远地区,我越来越确信自己的想法,那就是,我可以和小唐纳德一样诉诸生存战略:在我看来,购买一段故事,与购买一幅作品之间几乎没什么差别。如果没发生什么特殊事件的话,这种想法会给我一种幻觉,仿佛我能应对眼前的一切。

"那就是发生全部事情的地方了",五分钟后,小唐纳德一边这样说着,一边把车开到主路上。我们爬上布满松树的陡峭山

---

① Marrakesh,位于摩洛哥西南部,坐落在贯穿摩洛哥的阿特拉斯山脚下,有"南方的珍珠"之称。马拉喀什是柏柏尔语,意思是"上帝的故乡"。马拉喀什有摩洛哥最大的柏柏尔人市场,也有整个非洲最繁忙的广场。

坡，显然，上去之后我们能站上去往谷口的更有利地形。那里似乎很遥远，仿佛需要我们从现代文明的盆地挣脱，才能靠近一点。

"那就是我爸爸的画室——一切都发生在里面。"他一脸严肃地说。

我们在一座佛蒙特农舍前停下脚步，它过去可能像个简朴的立方体，后来经过多次扩建，演变成一个自制的20世纪70年代风格的艺术品。一个很大的、被水道隔开的混凝土平台，从一侧突兀探出，其他地方都是木制和玻璃结构。屋檐和窗户底下的颜料已经因佛蒙特冬季的严寒而剥落污损。轻微的破败感也弥漫在周围的花园。布满山坡、摇摇欲坠的石墙、桥梁和假山，挨过寒冬，仿佛一个古代定居点的考古遗迹。小唐纳德带我穿行到农舍的后门。

"父亲几年前去世之后，我们想保留这儿的原状，就没有采取什么修补措施。"他边说边打开门，带我进入走廊，声音充满感情。"我越了解父亲，就越为他感到惊讶。他亲自倒水泥，基本上是用自己的双手建成了我们周围的一切。"

房子里有股潮湿的气味，只能增强这座"父亲神社"的灵异感。墙上的东西永远在向我们讲述有关他父亲的生活和熟人的往事——那里有艺术家同行的照片，加了框的美国总统来信，数不清的油画和素描，这些作品出自不同人的手笔，这些人多数都是他的邻居，还有同时代的艺术家。

"我真为他的所作所为感到惊讶。"看起来，小唐纳德想带我在这个房子里来回走走。"他跨越了如此多的创作领域，看看这些画……"小唐纳德领着我来到房间的一侧，那里堆满一箱箱描绘西部荒原的场景画、肖像画和风景画，那种轻柔的、带有笔刷痕迹的色彩，证明他父亲狂热地渴望找到一种着色语言，当小唐纳德——将它们展示在我面前，虽然我已尽了最大努力，但还是不能想象这样的作品会在纽约的艺术展会上引起轰动的情景。特拉赫特最擅长的显然是铅笔画而非油画。

之后我们走进一间宽敞的画室，小唐纳德坐在一个破旧的皮沙发上，对面的扶手椅则是为我准备的，他为这里的家具状况表示了歉意。从我坐的位置朝他的头顶上方望去，透过巨大的画室窗户，我能看见迎风摇曳的树林，以及山谷和山谷的尽头，仿佛是风景画的焦点；窗外的风景便是诺曼·洛克威尔农场的坡田。画室很大，自然光透过大窗充斥在整个房间，让人感觉仿佛坐在养牛场的草地上。弯曲的桦树枝装饰过的异域风情的阳台贯穿着墙的上半部分，绘画作品和私人纪念品布满室内其他可用的墙面。

这时我们听到停车的声音，小唐纳德高兴地说："是戴夫（Dave）来了。"

过了一会儿，只见一个头戴棒球帽，穿着皮革装饰衬衫和添柏岚靴子的人走了进来，戴夫比哥哥高一些，看脸就知道他从事的是户外工作。他稳重有力的乡村式握手和他哥哥形成了鲜明对比。小唐纳德之前向我解释说，戴夫没有像姐姐和两个哥哥那样背井离乡，他没有受过正规教育，娶了当地女孩，在这条路稍远一些的地方开了一家修车铺。

戴夫在挨着哥哥的地方坐下，当他们都在看着我的时候，我感到兄弟二人的默契，仿佛有一种协同作战的力量。而后我发现，和哥哥相比，这个乡下人才是决定家族命运的人。"一切是怎样开始的呢？"我问道。当我拿出记事本和笔袋时，兄弟俩互相看了一眼，确认谁先开始说，我觉得自己更像准备开始第一次调查的新手研究员。我的脑海中浮现出兄弟俩刚刚用垃圾袋裹着凡·戴克的作品在美术馆现身，说自己是从一位贵族祖先那儿继承了这幅画。

"我还记得，父亲第一次将那幅画带回家，是在1960年。"小唐纳德开了个头。在这样的情形下，哥哥要做出表率。"父亲将那幅画从他的大众车上拿出来，挂在起居室钢琴上方最显眼的位置。我感觉那是件大事，那幅画当时成了家中的珍贵财产。"他想了一会儿又补充道，"那是一幅很棒的作品，即便是个孩子看了也会有所触动——你的目光会直奔画中的农民，然后折回那个男孩身上。我们本该记住这一切。"

他看了看戴夫，戴夫默契地笑了。

"这幅画挂在房子里让我们都有些震撼，"小唐纳德继续说着，"那时候家里常办派对，大家在房间里抽烟喝酒，坦率地讲，我也不知道为什么，即便我们偷着在室内玩棒球，这幅画也没有被弄坏。20世纪60年代早期，洛克威尔作品的价格不断攀升，令人惊讶的是，六年之内，父亲已经能拒绝3.5万美元的报价——对一笔900美元的投资来说，这个价格不算太坏。洛克威尔给父亲写信说，拒绝这么好的报价，他一定是疯了，但因为这件事，他很喜欢父亲的忠诚。"

小唐纳德继续解释他们的父母之间如何开始出现裂痕，我发现自己正被引向这个家庭的门背后，如果不是因为这幅画，他们永远无须透露如此多的信息给一个陌生人。我开始介入他父母和他们兄弟姐妹的生活。他说父母感情的破裂以他们决定离婚而告终。谈判漫长而艰难，他们讨论了洛克威尔作品，以及其他七幅画，还有主要财产的归属，这些问题花了整整三年时间才得以解决。婚姻走向终点，对特拉赫特来说是一种解脱——分割离婚财产期间，他一直一个人住——对孩子而言也是如此，他们同样一直在承受父母感情破裂带来的压力。财物分割的结果似乎也比较公平：画作正式移交给子女，特拉赫特生前和子女一起住，可以分享洛克威尔和另外两幅其他人的画：一幅乔治·休斯（George Hughes）的作品和一幅克莱尔·万斯（Claire Weinz）的花卉图。特拉赫特的妻子同样被迫放弃了对剩下五幅画的所有权。

到目前为止，小唐纳德的谈话让我觉得他像是一个愿意透露而不是隐瞒信息的人，我的警戒指数因此降低。他描述了父亲是怎样买东西然后搬进我们现在所在的这所房子里，那时候这里还只是一座相当小的佛蒙特居所，随着时间的流逝，特拉赫特对这里进行了扩建。那时候他们的母亲则住在沿树木茂密的坡地向外有一小段距离的老家。这让当时已经成年的几位子女可以定期探望父母。

"我想起有一次探望父亲的时候，忽然发现他在画室的一面墙上装了批量生产的木镶板，显得和整个房间不太协调。"小唐纳德补充道，当他忆起这些琐事，我觉得他马上要宣布什么。"木镶板跟一个带架子的、很深的书柜组装在一起，里面塞满装饰物。他总在家中囤积这类东西，它们的品质却没能带给我同数量相匹配的震撼。"

然后他又开始按年份讲述他家的情景：他决定，在我抵达据称是犯罪现场的地方之前，先把这个故事讲完。

他解释说，在20世纪80年代以前，阿灵顿艺术公社的心脏已经完全停止了跳动——《星期六晚邮报》原来的读者多数已经退休、去世或者搬家，可特拉赫特的创作热情显然丝毫未减，他为扩建房子和艺术事业连续工作，白天干活儿，晚上画画。尽管越来越深居简出，他还是爱上了一个名叫利兹·艾尔斯（Liz Ayres）

的当地女孩并且娶了她，事实证明这场婚姻既让他的生活有了保障，也能让他开心，直到利兹在20世纪90年代生了病。小唐纳德告诉我，为了照顾她，特拉赫特用尽了力气，他太虚弱以至于无法继续住在自己家，只好进了养老院，我们现在所在的这栋房子，还有家具、花园、家产和画作从此失去了守护者。

对特拉赫特的子女来说，这明显引发了一个现实问题，那就是，如何处理洛克威尔的作品。他们意识到，有一幅国宝级的杰作正挂在屋内的墙上——这幅画毕竟属于四个人——在开过家庭会议之后，遵照父亲的遗志，小唐纳德联系了附近的洛克威尔博物馆。这样做似乎既符合逻辑，又有可操作性：以借展的方式将如此贵重的艺术品存放在博物馆，那儿对这幅画来说是个极好的临时归宿，起码能让大众一饱眼福，同时，他们也能在家乡看到这位伟大画家的其他作品。

我知道需要从两个方向切入这个故事，来找小唐纳德的前一天，我租了一辆车，从机场出发，沿着结冰的路面开到那个遥远的博物馆，它位于马萨诸塞州斯托克布里奇市郊区的伯克希尔山。馆长告诉我来之前要先吃午饭，因为博物馆离镇中心实在太远，如果为了出去吃顿饭忽然离开，当我回到博物馆门前，一定会迷失在人群中。可能是天气的关系，或者因为那确实是淡季，当我进入主展厅时，发现并没有其他观众，这倒是给了我一个独自进入洛克威尔世界的奢侈机会。

我站在展厅中央，依次看过了墙上的二十来幅画中每一幅的情况。现在，我知道《离家》应进入怎样的氛围来观赏。画中的人物精力充沛，在他们表面的幽默、勤奋、自省，以及行为方式背后，画家所要表现的是整个社会的变迁，和功利主义、厌恶战争的英国相比，它是如此地不同。这些20世纪的寓言绝妙地反映了年轻而充满抱负的美国，我想，也难怪收藏家容易受这些情绪的影响，这些画太有魅力，以致人们不惜通过犯罪的方式将它们据为己有。

"我很高兴你找到我们。如果你想找到安宁、平静和稳定的感觉，斯托克布里奇就是你要去的地方。"一位夫人解释道。她是琳达·塞克利·佩罗（Linda Szekely Pero），诺曼·洛克威尔藏品的负责人，她从楼下的办公室走过来的时候，我正在对着画布思考，被她吓了一跳。琳达是个出色而全面的洛克威尔作品研究者，她在纽约长大，在进这家博物馆之前，曾在佛蒙特州一所理念较新的文理学院进修过。我们在电话里聊过几次，在这个过程中我意识到，在《离家》的故事里，她是重要的剧中人物。

琳达带着我到博物馆通风较好的地下图书馆，向我介绍了馆长助理斯特凡妮·普伦基特（Stephanie Plunkett）。琳达直接参与了从特拉赫特家租借展品的过程，尽管不是从一开始就参与，自这幅画于2002年到达博物馆起，她就一直密切关注它。眼下我想问的问题是，那幅画是否给她某种奇怪或不一样的印象——这是个本身就有点挑衅的问题，因为她给的答案证明了这一点。当我们在谈话时，我发现她明显愿意回答这个问题。是的，她告诉我，自己有些顾虑，尽管如此，她还是强迫自己消除顾虑。

"第一次看见它的时候，我觉得在某种程度上，它少了点什么，"她回忆道，"我把它放在室内灯管底下，发现画框被白蚁咬得很厉害。"

至少我认同这个说法。作为艺术品经销商，我知道尽管光照对检验一幅画的状态来说至关重要，画框的用处也不容小视。很多画作，特别是早期绘画大师的作品，原来的画框丢失了，需要换上新的。画框可以委托工厂定做，从专业经销商和拍卖商处购买旧画框也是可行的，之后再切割或调整以适应相应画作的大小（我们画廊有自己的工匠，他的工作就专注在这个领域）。殊不知，给画加框是颇具难度的学问，就像人选择穿衣服一样，如果画框颜色、款式或比例不对，一幅令人向往的神作将大打折扣，像个衣着过时的女人。琳达的反应——质疑后来被视为原作的作品——是个极好的开端，现在，我知道这幅作品已经受到过挑战。

博物馆的前馆长大卫·H.伍德（David H. Wood）是第一个对这幅画的情况表示担忧的人，也是后来对其作出解释的人，他和琳达带我去图书馆的另外一侧，给我看了一盘旧录像带，里面记录了博物馆20世纪80年代以来的情况。图书馆保存了有助于全面理解洛克威尔的各种资料，包括有用的谈话和采访。于是，我们开始听伍德语调严肃的正式录音，这不禁让人联想到早期的广播节目。有个人直言不讳，他回忆起20世纪70年代在佛蒙特州本宁顿博物馆（Bennington Museum）的展览中见过这幅画。虽然他觉得它非常"糟糕"，关键是他没有公开质疑画的真实性，宁愿再琢磨琢磨它是不是一幅准作品而非定稿。他说自己只跟洛克威尔的儿子贾维斯（Jarvis）讨论过这个问题，当时，后者提出了一个观点，那些怀疑这一切的人可能会用他的说法验证自己的观点：贾维斯断定，这幅画曾被过度清洁，表面的薄罩层遭到破坏，现在可见的是原设计而不是最终完成的作品。对这个观点，博物馆有一位观众自然心领神会，他在这方面有一定的发言权，他是洛克威尔在20世纪40年代末期的一个暑期学徒，名叫唐·斯波尔丁（Don Spaulding）。2002年，在《离家》进入博物馆之后不久，当他看见它的时候，他告诉琳达，他亲眼见过洛克威尔画这幅画。"你应该看看它，它散发着光芒，"她回忆唐的描述，"可当这幅画变成那副样子之后，再看见它的时候，我的心都碎了。"

琳达决定追查另一条线索。为了对这条线索作说明，她将录像快进到大约也是同一天录制的另一段。这段录像来自路易·拉莫内（Louis Lamone），这位艺术家曾在1953年洛克威尔自阿灵顿迁至斯托克布里奇之后担任其助手，洛克威尔之所以搬迁，是为了跟妻子玛丽（Mary）住得更近，她当时正在附近的奥斯汀·里格斯医疗中心接受抑郁症治疗。拉莫内对那幅画有着令人信服的、清晰完整的记忆，他记得需要给那幅画的一侧加宽2.5厘米，因为《邮报》的印刷工人告诉他，作品尺寸不适合报纸的版式；于是他们拿掉了画框，由洛克威尔本人对作品进行了必要的扩展。当然，琳达自己也想过，如果由她检查那幅画，在没有画框的情况下，她能否以某种方式觉察出问题。她及时地做了这件事，将它挂在临时画架上，但是尽管她做了彻底的检查，还是无法找出任何异常。"我想这可能是验证其真伪的最好方式，"她告诉我，"但气人的是，我什么也没找到。"

接下来，琳达谈了她对小唐纳德的一些看法，之后他们同意将画送至马萨诸塞州的威廉斯顿艺术品修复中心，那里的专家对洛克威尔的画有二十年的修复经验。他们对作品进行了认真的分析，尽管没发现作品有任何被延展过的迹象，他们还是得出结论，作品用的完全是洛克威尔的画技。他们还对作品进行了清洁，以便更好地展示其色彩。

然而，不论对作品做了怎样的修复或分析，有一个人注定无法平静。作为艺术家，特别是肖像画家，约翰·霍华德·桑登（John Howard Sanden）对洛克威尔博物馆，乃至他参观过的所有博物馆有着信徒般的虔诚，诺曼·洛克威尔博物馆是他的最爱。他爱这里优雅的设计、藏品的专一，我怀疑这可能是因为他自己的表现对象都有讲卫生的、胡子刮得干干净净的传统外貌，技法方面有点效仿洛克威尔风格，讲的也是现代美国故事。他的模特看上去自我感觉良好，尽管还是尚待检验的当代艺术作品，这些家庭肖像画在某种程度上永远不会吓跑宠物或者儿童，可以以某种方式轻松进入中产阶级家庭。他有属于自己的、分别位于康涅狄格和纽约的两个画室，也有纯熟的专业表现技法，如果要历数美国最成功的十位肖像画家，桑登将是其中之一，也是一个绕不过去的人物。在20世纪50年代末至60年代，桑登做过一份有趣的工作，就是担任传教士葛培理（Billy Graham）[①]的艺术品经理。第一次在博物馆看见《离家》的时候，桑登的反应夹杂着艺术上的义愤和布道者的热情。

"他来了好几次，"琳达回忆道，"他吓到了工作人员，他们不得不让他从原来的位置后退几步站着，因为他激动地比画着手势。"

桑登精通在网上发表意见的方法，他在网上夸张地描述了这幅作品。"这儿发生了什么？"他通过发起话题的方式问，这些内容现在在网上还能找到。"这家世界级的博物馆展出了差劲的仿制品，它在干什么？"他不仅亲自提出抗议，还在同一篇文章中声称自己写了七封信给博物馆，说明自己提出这一判断的论据，但没有收到认真的回复。

琳达和她的同事被桑登的抗议激怒，但仍然决定接受那幅画的样子——它是唐纳德·特拉赫特从洛克威尔本人那里买来的，琳达推测，作品很有可能在某种程度上遭到了破坏。20世纪60年

[①] 葛培理（1918— ），生于美国北卡罗来纳州夏洛特，是美国当代著名的基督教福音布道家，第二次世界大战以后福音派教会的代表人物之一，经常担任美国总统顾问。

代，当它在俄罗斯和埃及展出期间，画布是卷起来的——那是一种古老的方法，为的是方便长途运输作品，这让今天的文物保护人员无所适从。琳达推测，长途旅行可能让它遭遇了不同的气候条件，不利于保持其外观，所以当它回到美国，可能需要相当程度的修复和保护。

小唐纳德听说了桑登的不满，现在经常看他的网站。在证实了自己的家庭背景之后，他现在可以解释故事里的诸多疑团。他的讲述速度有了变化，那似乎像真实世界的时间，仿佛随后发生的事仍在渐渐展开。我有个优势就是能将双方的描述进行匹配：一方是博物馆，他们很愤怒，但决定心平气和地继续确认作品的真实性；另一方则是作品的实际继承人，他们现在一脸茫然沮丧，不知道将画借给博物馆展出是不是个好主意，因为他们的私人财产如今成了艺术世界的众矢之的。

特拉赫特的子女决定找机会将画卖掉。他们为这幅画投保350万美元，但在艺术品价格不断攀升的20世纪，他们想要更多：每过几个月，主要的报纸就会报道打破20世纪纪录的名作交易价格。用这幅画大赚一笔，是他们迫切的愿望。

但是，除了桑登经常性的、充满敌意的言论，现在，其他事情也在困扰着这个家庭——接连发生的怪事开始形成合力，发展成令人不安的结果。

2004年，纽约专营插画艺术的先锋商业画廊兼拍卖行"插画屋"，想借用这家人收藏的另一幅画做展览，米德·谢弗描绘印刷间场景的作品《绑住一边》（*Head Tied*）。但在小唐纳德发去照片之后，他们委婉地表示不会借用这幅画了，因为特拉赫特家提供的画和已出版的插图看上去有些差异。"当时，这引起了我们相当程度的担忧，"小唐纳德回忆道，"但是我们太忙，以至于对这件事不是特别上心。"不安的情绪虽然暂时得以掩盖,最终仍逃不过我的视线。

2005年,唐纳德·特拉赫特在他的90岁生日前两周去世,那年7月,他的子女在当地教堂举办了一场小型的纪念活动。他们为家庭聚会修缮了父亲的房子,在此期间,他们中的一个人偶然在衣柜里找到了乔治·休斯的画作《绿鹭》(Green Herons)。这幅画对这家人来说并不太陌生,因为在壁橱附近就有一幅逼真的复制品挂在墙上。至少对子女们来说,它们太像了,几乎无法分辨。

桑登网站上的诋毁活动声势越来越大,原本藏于特拉赫特家衣柜里的谢弗和休斯作品也遭到了拒绝,这些事太明显,已经无法忽略,开始让四位子女感到不安。后来发生了一起关键事件,那就是小唐纳德那年晚些时候前往纽约的插画屋——之所以会发生这样的事,原因无外乎是要讨论对他们所藏部分卡通作品的鉴定。

"画廊的创始人沃尔特·里德(Walt Read)看上去有点紧张,心慌意乱。"小唐纳德解释道,"然后他的儿子,也是画廊的总裁罗杰(Roger),说是想和他一起跟我谈谈。他们给我的感觉是,恐怕要谈关系重大的事。因为他们似乎微言大义:'在某时某地,《离家》这幅作品发生了某些事情。'沃尔特神情凝重地告诉我。现在回想起来,我才意识到,他们是在试图让我轻松地放下这一切。"由于他们父子都是创作过美国插画的专家,这种委婉的非议,相当于致命的判决,使小唐纳德的心态陷入麻木的悲观。

"我沮丧地回到家,告诉他们,'伙计们,我想我们遇到麻烦了。'我接到苏富比拍卖行美国现代艺术部门负责人彼得·拉思伯恩（Peter Rathbone）的电话，他说现在是出售作品的好时机，他可以在春季拍卖会上为它提名，这让事情变得更糟。我发现自己被困在可怕的窘境之中，我向彼得表示或许我们应当先验证作品的真实性。'我们为什么要怀疑它——它不是一直挂在你家？'他反问道。"

小唐纳德觉得他自己无法推进这件事。如果他告诉彼得·拉思伯恩自己现在知道的所有事情，会让拍卖泡汤，但与此同时，它也有可能是价值连城的家族资产，它的出处显然是极为可靠的——最合适的收藏者下定决心完成了最终的购买。毕竟，它挂在洛克威尔博物馆的墙上：还有比这更大的褒奖吗？

戴夫现在加入了谈话，以解释他怎样采取行动做调查。这个乡下人在很多方面与他那采取迥异生活方式的哥哥不同。戴夫是个习惯处理和解决机械问题的实用主义者；他与小唐纳德一样言谈间滴水不漏，但具有讽刺意味的是，弟弟有他自己的说话之道。就我而言，我也是家中四个兄弟姐妹里的老三，他们的言行反映了一种家族现实，让我更加相信自己的结论，他们是自己父亲诡计的不幸受害者。

戴夫对这起戏剧性事件的反应让他父亲那种自己动手、丰衣足食的人生观有点具体化。这其中有些事稍微有点说不通，为了解决这个问题，他需要弄懂是哪里出了问题，然后采取相应的补救措施。在这方面他能比他哥哥做得更好。戴夫不像他哥哥那样工作地点远在伯灵顿，他就住在这条路上，可以经常造访这所落寞、无人居住的房子，仔细观察，汇集想法，尝试做出解释。他研究了那幅画，将它同报纸上的封面单页做了比较，它们之间真的有所不同，这不是幻觉。为了对此有个解释，他开始寻找新线索。现在，他觉得他知道自己该找什么了，他走进每个房间，仔细查阅父亲留下的很少被人检视的那些物品,对他找到的每一件东西都要琢磨半天。

他的辛勤劳动很快有了回报。在一大堆照片底下,他找到两张藏得很隐蔽的《离家》旧照片。最初,他以为它们一模一样,但在仔细研究之后,他发现两张照片在细微处有明显差异。经过反复比较,他意识到这种差异不是光线或对焦导致的,因为照片中的两幅画,根本就是两幅完全不同的作品:其一是他们手上这幅,而另外一张照片上的画和报纸封面单页上的那幅画略微接近一些。戴夫从座位上起身,将两张照片递给我,神情如在审判室当庭出示证据般沉着。尽管照片的表面有些发白,我也能看出两幅画中男孩的表情何其相异,但是这两张照片还没有清晰到让我有足够把握确定它们是怎么个不同法。然而,对戴夫来说,这就是他要的显著证据,现在,他对搜寻工作有了更大的热情。

进一步查考家族档案的时候,他找到了很多卷带编号的底片,它们披露的真相令人吃惊:这两张照片当中,有一张的拍摄时间早于另一张——这在某种程度上证实了,他们手上的那幅画,不是另一幅画修复、损坏或补色之后的结果。在这一进展的激励下,戴夫每天晚上都和小唐纳德通过电话讨论各种新发现的事实,以及自己的想法,同时,他继续独自到那座房子里去搜寻,他意识到,下一阶段能发现什么,完全取决于他。接下来,他在通报进展时表示,他发现了和他们手上那幅画大小相同的一卷画布的储藏位置,那儿还有一个空的、尺寸差不多大的胶合板包装盒。然而,在这对兄弟的印象里,他们的父亲从未画过这么大幅的作品。

小唐纳德和戴夫决定保守秘密,不将这些发现告诉琳达·塞克利·佩罗,试图平静地对自己的假设进行深入思考。排除了其他各种假设之后，只剩下三种可能，每天晚上，他们都在电话里对其进行反复细化：其一，两幅画没有区别，是他们的眼睛出了问题；其二，作品在俄罗斯或埃及展出期间遭到损毁，或者他们的父亲在后来的某个时刻意外弄坏了它；其三，从现在的情况来看，最后这个选项越来越合理，那就是，他们的父亲画了一幅复制品。发现带有编号的底片，似乎可以排除第二个选项，但对这家人来说，它是最有利的一种假设，直到最近，他们才进行了一次证明这一假设的徒劳尝试。当年5月，在小唐纳德的运作下，作品被运到威廉斯顿（Williamstown）的修复师那里，他希望他们仔细检查、分析画上那个小男孩的脸，辨认那儿是否有改动或修复的迹象。他得到的是令人沮丧的答案：没有。

小唐纳德在伯灵顿一直忙于供军方使用的大型雷达系统项目，他为没能亲自和戴夫一起在老房子里做法医式的调查而沮丧，但他安排好了要在3月中旬的一个周末回去看看。与此同时，戴夫则继续在镜子和家具后面，以及每个可能藏东西的角落搜寻，直到再没有可以找的地方为止。星期四那天，也就是在他们说好的见面时间之前，戴夫仍未找到任何进一步的重要证据，他决定将注意力转移到房子结构本身，尤其是墙体。坦白说，这房子已经没什么可找的地方了。他从画室开始，检查了父亲在20世纪70年代用机械方法镶嵌的隔板，他将隔板取出来，向内推按，试图找到填充物，最终，他发现了一块明显松了的木板。他小心地将这块木板撬开，让它露出一道缝，缝隙的宽度刚好能让他拿着手电筒向内窥视。灯光落在一个单独的区域，在大约25厘米深的地方，戴夫激动不已地发现，他能看出两张悬挂着的画布的边缘——那是一大一小两张画布。

他停下来，然后打电话给哥哥。

"我想我找到了点东西,"他谨慎而兴奋地说,"但在你回来之前我不会采取进一步的行动。"

戴夫回忆说,那是圣帕特里克节①之前的一个周四,尽管还有工作要处理,小唐纳德决定中午出发,提早离开。坐在我对面的兄弟俩现在说起这些都有点笑逐颜开,他们几乎异口同声地向我说起,小唐纳德是如何带着一包拆卸工具赶来,却被戴夫告知这些都没有用。他们的父亲是个极好的工匠;他们需要的全部工具就只有双手和大脑。戴夫在很大程度上搞清了那种拼图般的结构是怎样组合在一起的,去掉表层装饰和木头包装盒之后,兄弟俩将所有架子逐个拆除。最底下那个架子带有回退装置,能将周围的镶板向右延伸。移开它之后,滑槽露了出来,这个设计明显是为了拉开某个东西准备的,这个被拉开的东西只能是旁边的镶板墙。当他们毫不费力地推动了这面2.4米×1.2米的墙,几乎被吓昏过去,就像霍华德·卡特(Howard Carter)发现图坦卡蒙的墓,在这个此前黑暗孤独的地方,他们看见五幅油画——就是那些他们认为早已按照离婚协议分配给自己的画。瞬间,他们意识到发生了什么事。20世纪70年代初,在他们的母亲搬离房子、离婚谈判结束之前,他们的父亲绘制了副本,偷偷保留了原作。除了他们已经发现的休斯作品(虽然那时他们还没发现上面有签名)之外,所有的原作就是此刻映入他们眼帘的这些画了。

然而那里并没有洛克威尔作品的踪迹。他们仅仅打开了"墓

---

① Saint Patrick's Day,这是纪念爱尔兰主保、圣人圣帕特里克主教的节日。他受教皇派遣,前往爱尔兰劝说当地人改信基督教,雄辩的演说使爱尔兰人深受感动,接受了他主施的隆重洗礼。他于公元461年3月17日逝世,爱尔兰人为了纪念他,将这一天定为圣帕特里克节。作为爱尔兰人移民最多的国家之一,美国从1737年开始庆祝这一节日。这一天,人们通常举行游行、教堂礼拜和聚餐等活动。

室"的外层，需要将隔板滑回原处，才能得到最终的发现。原来，原作就在《离家》借给博物馆之前悬挂的位置。很少有实体艺术的发现能像这对兄弟瞬间看到的那样直接而令人兴奋。在我所熟悉的艺术世界，有形的揭露通常与修复相伴，是个痛苦而不确定的过程。一幅画的原貌和真实性往往是逐步被人们意识到的，但这个发现则并非如此。随着墙体的滑动，一年来的不安得以平息，每个线索都在说明，困扰着几个兄弟姐妹内心平静的幽灵般的阴影，彻底消失了。挂在他们眼前的洛克威尔原作，还有密室里的其他作品，几乎像刚刚离开艺术家的画室一样呈现出崭新的面貌，男孩脸上带着真实可信的翘首期盼的神情——小唐纳德还为这幅画加上了胜利的注脚，画布明显加上了一条边，那里曾为印刷的需要做过延长。没有比这更好的证明作品真实性的标签了。

　　享受了释怀之后的强烈喜悦，小唐纳德的注意力开始转移。他在想，怎样与其他家庭成员合作，将这一发现告知洛克威尔博物馆。这是一件需要谨慎处理的事，至少在开始阶段，这件事一定会让对方感到难以置信。如果没有掌握好分寸，站在对方的立场上，自己很有可能遭到欺骗和操控舆论的指责。尤其是在此之前，自己本来有权告诉博物馆，有可靠的间接证据，能证明那幅画可能是假的。尽管寻找原作的任务已经结束，但余波才刚刚泛起。

　　博物馆的副馆长斯特凡妮·普伦基特周一上午来上班，发现答录机上有一段留言，是小唐纳德前一天留下的。他听起来很紧张，但没有给出与其中原因有关的细节，简单地说了句"我们会来见你"这样要命的话，便挂断了电话。当天晚些时候，斯特凡妮和琳达见到了兄弟俩，领他们进了一间私人办公室，以保证谈话的私密性。"我们有些好消息，也有些坏消息。"小唐纳德说道。两位女士都还记得，在这个诱人的开场之后，小唐纳德是如何细致地描述了家中发生的各种严重程度不一、愈发令人担忧的事情。20分钟后，当她们想知道他的故事在何时何处将会终止时，他的发言进入尾声：结论是，挂在博物馆墙上那幅画，是他父亲打造的复制品。

琳达回忆说，尽管小唐纳德说出的真相令人不安，震惊之余，她却感到了由衷的释怀。至少，她那时候觉得，这能解释她之前的怀疑。斯特凡妮急忙跑去向博物馆馆长劳里·诺顿·莫法特（Laurie Norton Moffat）汇报了情况，博物馆立即执行了派一批人去特拉赫特家的房子参观的计划。馆长和斯特凡妮，博物馆管理员桑德拉·韦伯（Sandra Webber），公关总监金·罗森（Kim Rawson），以及两位布展人员周二出发，带着当时饱受质疑、挂在博物馆里的《离家》，跟特拉赫特家的藏品并排做实物比较，那一周的晚些时候才返回博物馆。结果毋庸置疑：家里那幅才是原作。

小唐纳德不记得自己曾如何为坦承这些发现而酝酿情绪，他觉得自己只是走进去告诉他们真相，但这可能也说明他当时的紧张，随着时间的流逝，过往的记忆也有些模糊不清，他需要在这之后将整个故事串起来。之后的几个星期，他和他的家人不得不反复谈起这件事，最开始是他89岁的母亲，尽管岁月如梭，她早已再婚，她也始终无法信任前夫。她坐在山谷下农舍的椅子上——在那之前她根本不知道自己周围挂着的画都是丈夫的仿作，她始终把手放在嘴上，专注而安静地听着故事。她认为这在某种程度上是可以理解的。"这并不出人意料。"她刻薄地说。

博物馆还需要协调和解释，对象包括约翰·霍华德·桑登。

此前，他标榜自己是唯一一个始终"坚持认为博物馆展出将近三年的画是一幅伪作"的人。危机公关有效而迅速：桑登和他妻子受博物馆馆长之邀共进午餐，他得到了被他称为"非常亲切诚恳的道歉"，并用"理解和同情"予以接受。博物馆工作人员仔细思索如何应对这起可能令博物馆界陷入严重尴尬局面的事件。他们的反应顺势而灵巧：他们举办了一次由斯特凡妮策划、围绕整个事件的综合性展览，将两幅画都展示出来，讲述老唐纳德·特拉赫特和阿灵顿艺术社团的故事。

小唐纳德兄弟将最新发现告知博物馆之后不到两周，博物馆就加速打造了一场展览，前来参观的人能看到并排放着的原作和伪作，关于是否会因造伪而被欺骗这个问题，参观者已经心中有数。对我来说，尽管我没有获得同时看见这两件作品的机会，在谈话的尾声，小唐纳德和戴夫还是让我仔细看了那幅被他们雪藏的伪作。虽然我买过很多份原作副本，但只有一次，我不知不觉地购买了在我看来可以以假乱真的知名艺术家作品的伪作。那是伦敦一家小型拍卖行里一幅32厘米高的自画像，作者是英国著名造伪者汤姆·基廷（Tom Keating），他以逼真伪造价值连城的19世纪水彩大师塞缪尔·帕尔默（Samuel Palmer）的作品著称。我购买这件作品，是因为我相信，对于衣食无忧、以趣味为导向的收藏家来说，它是个不错的藏品。但当我从拍卖行把它带回来之后，经过对画布背面的仔细检查，我找到了制造商的印章，才意识到，它的创作时间是在汤姆·基廷去世之后：我买的画是对造假者作品进行的造假。然而《离家》引起我好奇的原因，是作者造假的规模和冒充的野心。这幅画足有112厘米见方，对造型、渐变和色调的技术要求很高，加之洛克威尔作品在20世纪的美国可谓家喻户晓，作伪者实际上是选择了一个高难度动作。

小唐纳德和戴夫从密室里把画拖出来，在大画室里为我拆封。尽管傍晚残留的日光将影子拉得老长，却也足够将画的表面照亮。我对成为作品真伪的测验对象很感兴趣。他们将画摆在沙发上，正对大窗，我则跪在画前。

对这幅画最初的一瞥，让我感到似是而非。涂料外面上了一层有光泽的油，我记得博物馆其他作品也有这种光泽。我心中暗想，难怪它从博物馆管理员那儿拿回来之后仿佛自带健康状况良好的报告。作为亲密朋友和模特，特拉赫特一定仔细观察了大师的一举一动，包括他用什么样的颜料，如何使用画笔，这是一种向极少数作伪者开放的特权。

但是有些东西博物馆管理员或绘画修复师不一定能说清楚，我想，这就是鉴赏能力完胜科学的方面。虽然有极不公平的、事后聪明的优势，但我审视这幅画越久，越能看到它的不足之处。首先，它显得有些浅薄。尽管颜料用法正确，画中的光线、形状、渐变，看上去有着不假思索的肯定，缺乏观众所期待的那种艺术家在素描、拍照、回忆基础上进行创作时所生发出来的感觉。当我意识到这一点，整幅画的质量似乎大打折扣，仿佛刻在冰上，渐渐开始融化。我起身往回退了几步，然后注意到农民的头部实在不够饱满，嘴唇跟下巴的轮廓没能吻合。然后我注意到画中车身所在的略显松垮的地方，现在，我的目光停留在周围的建筑上。

然而整幅画最显著的位置莫过于情绪的着力点——男孩的脸。特拉赫特在那里明显地露馅了。人类有可调节性极高的面孔，它是个感受器，能流露表情的细微差别：那是一门每个人从摇篮开始就在不断完善的学问。以他人无法察觉的手段精确复制一幅画上的表情，就算画家自己复制自己的作品，这几乎都是不可能完成的任务，何况是另一个人。现在，将伪作与小唐纳德递过来的封面单页做个对比，我看到的是两张截然不同的脸。尽管特拉赫特尽了最大的努力，他自己可能很难察觉，在这个地方，他的复制已经渐渐成了拙劣的模仿。

11月29日，特拉赫特的子女及其合作方被领进坐落于约克大街（York Avenue）的拍卖行旁边、气派的苏富比纽约总部八层的一个包间。这次，拍卖行为这件了不起的猎物出售准备了最大规模的展示：一本专门用来展示这张画的拍卖品图录，内有丰富的插图、人像照片、学术观点和对历史的详细叙述，已经分发给来自世界各地的收藏家；苏富比的宣传部门用这幅画戏剧性回归的故事对媒体进行地毯式轰炸，现在则在鼓吹它可能的最高出价；优先或可能的买家有幸在展示开始之前率先一睹它的芳容。特拉赫特的家人认可了预售估价，这一价格超出他们400万至600万美元的保险估值，这甚至是在当时市场条件下对这幅画抱着绝对乐观态度（相对于之前的估价）进行的保守估计。之前洛克威尔作品的最高成交纪录是920万美元，是于当年5月在苏富比拍出的《回家的海军陆战队士兵》（*Homecoming Marine*），它也是一幅引人注目的商业作品，前来凑热闹的人们相信，这一纪录可能被打破。

特拉赫特家族的成员坐在紧邻拍卖现场那间屋子的屏幕周围，当父亲最爱的家族财产出现在拍卖台上，投标开始时，家族的经济命运就这样展现在虚拟现实的世界里。拍卖师达拉·米切尔（Dara Mitchell）的开盘报价正好比相对低的那个估价低一些，竞标价格缓缓攀升，特拉赫特家的人淡定地坐在那里。当竞价高达1000万美元时，他们意识到，价格天花板已经被掀翻，一切皆有可能，于是继续期待价位升高。他们的祈求奏效了。加上拍卖佣金，《离家》以1500万美元的价格，打破了洛克威尔所有作品的成交纪录——到我写作本书的时间为止，洛克威尔作品在这次拍卖会上的成交纪录尚未被打破。尽管当时有人猜测，斯蒂芬·斯皮尔伯格也在竞标人士之列，但这位买家至今仍是匿名的。

我们访问小唐纳德那天晚上，他建议我们到一个特别的地方用餐，那是坐落于阿灵顿高山上的一家餐厅。他说，我们能在那里和他的搭档米歇尔（Michelle）碰面，他不止一次描述米歇尔在真相披露前最后几个月对自己的提醒和陪伴。小唐纳德和我坐在吧台等她时，一支本地乐队正在我们身后排练。店主六七岁的女儿坐在地毯上数着满盆的硬币，当硬币的个数达到100时，就用明亮的声音报出账目。我没有问小唐纳德，他和他的兄弟姐妹用销售收入做了什么——感觉那有点像愚蠢的小报记者（尽管我猜测戴夫去买了一个新的挖掘机），但我真的想知道他怎么看父亲偷偷做这些事的目的，想没想过父亲为什么没有在去世前将这个秘密告诉孩子们。据我观察，很明显，特拉赫特在20世纪70年代早期，也就是和前妻讨论离婚协议期间，就开始了造伪工程。事实上，在三年谈判之后，他不能预测自己是否还能成为那幅最重要的作品的终身所有者。在我看来，一旦他决定完成造伪大计，特别是当朋友、家人和客人都熟悉了他的伪作之后，人们不太容易知道哪件作品是他仿造的，他也就不会再有风险。再者，谁知道呢，或许他私下里还挺享受这个事实——他的画技可以以假乱真，被人当成当代美国最著名的成功画家的手笔，毕竟顽皮也常常是驱使造伪者的动力之一。

"随着我们年龄渐长，"小唐纳德回忆说，"他变得越来越深居简出。对我们来说，他的工作是个禁区，随着时间的推移，父亲和我们渐行渐远。现在，每次聊起他，我们都想弄明白他要做什么。然后就找到了线索——不只是我们之前找到的那些，之后也还有。"

父亲死后，小唐纳德从密室的其他文件中发现一张折起来的黄纸。那是一张示意图，图上的七个长方形精确对应着藏在镶板后面每幅画的大小和位置。没有文字说明，只有这么一张像地图一样简单的画。小唐纳德第一次仔细检查父亲的物品时根本没看见这张纸，但自从发现它开始，回过头来看文件，它就像灯塔一样让他猛然想起它和实物之间的关联。父亲将文件用保险柜锁起来的事实在他看来也相当重要。

"如此看来，他是在试图引导我们。"小唐纳德说。"但只能是在他死后。"我回应道。

"是的，尽管我们最后才理解他的用意。"

"可是，他为什么这样做，你们思考之后的看法是？"我问道，想听特拉赫特的长子用平实的语言告诉我答案。"我有时候会想，可能他是出于安全考虑，以防名画被偷。即便有贼，也只能拿走一文不值的副本，空欢喜一场。"小唐纳德说。

"但这不足以成为他不告诉你们真相的理由。"我委婉地表示。

"是啊，但或许他只是糊涂了，穿梭进另一时空，有些事忘了告诉我们。"

米歇尔到了，我们走进餐厅里面。她是位五十来岁，成熟优雅且接受过心理学训练的女性，她熨帖地缓和了当晚的谈话氛围。她当小唐纳德的搭档已有四年之久，从他告诉我的内容，以及他向我介绍她的方式来看，她是他的生命中重要的支持之源。点餐时，在小唐纳德的建议下，我点了一瓶加州梅洛（California Merlot）。等酒来的时候，小唐纳德匆匆去了趟洗手间，其间米歇尔和我有了几分钟单独聊天的时间。这段插曲很有用：特拉赫特家两兄弟的描述，还有琳达在前一天的回忆，都萦绕在我的脑海，但我还没与主角之外的任何人谈论过，的确需要从旁观者的角度看这件事。我并非不相信主角们向我讲述的发现过程。他们的讲述有真实性，但是要知道，有时候艺术界的人更多是对记录在案的文献，而不仅仅是画布上的内容感兴趣，我深知，有些看法会让其他观点黯然失色。小唐纳德和戴夫满怀诚意、一丝不苟的描述，当然让人感到可靠。唯一的问题是，鉴于小唐纳德明显对父亲充满敬重，不愿将任何卑鄙的动机归因于特拉赫特，使得这些描述缺少客观性。小唐纳德在开车带我去餐厅的路上告诉我，他有个愿望，就是根据他们的发现故事，以及阿灵顿艺术社团的旧闻，建一座博物馆，但一切的关键就在于他家那个神龛般的密室，还有至今保留原样的外围花园。他为什么不能正视父亲就是个骗子的事实？

米歇尔的谈话从回忆同两兄弟的深夜电话开始，随着真实的证据不断验证假设，阴谋的可怕程度比预想得更加严重。

"那么，特拉赫特，"我问道，"他到底是个什么样的人？"

就如我期待的那样，她用对特拉赫特儿子的看法回答了这个问题。

"小唐纳德对他父亲的态度当中有些非常强烈的东西，"她正说着，小唐纳德回到座位上，"他暂时没办法超越这个东西。"

这正是我在寻求的认同：小唐纳德不能直接得出他父亲是个谋取私利的骗子这样的结论。他被虔诚的孝心阻断——很多人与他惊人地相似，都对假的洛克威尔作品抱有这样不容怀疑的尊敬。人的出身和画的出处有着相似的权威性。我常常观察作品的发现过程，价格的起伏，以及人们对前任收藏者的看法，这些都可以左右一幅作品的价值，拍卖商和经销商有时候也的确会参考

第三章　洞察和欺骗

这些信息。尽管一幅画的出处不过就是真相浮出水面之后，一些可以人为添加或者删减的历史事实，为了看透或者"超越"这个事实——就米歇尔对小唐纳德对其亡父看法的观察而言——有一点很清楚，即便有充分的理由看透或超越，这也是一项难以完成的任务。小唐纳德对父亲的热爱就如这幅画极为隐秘的出处一样充满制约的力量。

出处可以轻松解锁一幅画的要点，就如错误的历史记载可以歪曲它一样。这样的事已经发生上千次，对我来说，记忆最深的是几年前，我以非正式的方式与一位大人物合作的事。

有些人在商业艺术领域的影响力和资金实力都非常惊人，但因为他们没有以某种明显的形式频繁出镜，比如现身街边的画廊，参加艺术博览会或者办展览，总体上仍保持着低调。阿尔弗雷德·贝德（Alfred Bader）博士就是这样一个人。这位不寻常的人物和他的妻子赞助过我，以及其他人的一系列非常重要的艺术品购买活动。贝德的背景如此引人好奇、令人印象深刻，以至于他的故事需要借别人之口说出来，不仅要描述他从穷人变成富豪的轨迹，还要讲述他和妻子伊莎贝尔（Isabel）史诗般的爱情故事，让人们了解他如何以十足的忍耐力和驱动力，改变那些早期绘画大师作品的命运。

我第一次见到阿尔弗雷德是在2000年，当时他走进我在多佛街楼上的画廊。起初，我不知道他是谁。他看上去像是一位快80岁的老人，妻子紧跟着他爬上楼梯，她话不多，看起来礼貌而顺从，穿着整洁、紧身、实用的呢子大衣。行政经理洛蒂·泰特在门口接待了这对夫妇，然后把他们迎进我的办公室。光看他的外表我无法得出这个人是来做生意的结论。他穿一件普通的灰色雨衣，身材高大，头发花白，有点秃顶，戴着厚厚的眼镜，看上去更像退休学者而不是商业巨头。他胳膊底下还夹着一幅画。有不少碰巧来访的上了年纪的客人，会跟我们讨论关于某幅画的情况，只要没有紧急的事情要处理，我们都会尽可能帮他们答疑解惑，通常，他们的需求就是鉴定肖像画。但是，当这个人告诉我他的名字，我也听过了他的德式美国口音之后，零碎的信息渐渐在我脑中整合起来。片刻之后，当他继续说明自己既是经销商，也是收藏家，一口气列出一串与他共事的、知名度很高的同行，我完全意识到是谁走进了我的画廊，顿时震惊了。现在，回忆起自己是怎样关上办公室的门，招呼他们坐下，我还能深深地感觉到当时自己肢体语言的突兀变化，一定现出了贪婪的丑态。

这位艺术界的天使（姑且用一个夸张的词来称呼这位赞助者吧）、收藏家、经销商和著名的慈善家，1924年出生在维也纳。他母亲伊丽莎白（Elisabeth）是匈牙利的天主教贵族约翰·内波穆克·谢雷尼伯爵（Count Johann Nepomuk Serenyi）之女，他们家族的城堡之一，位于壮观的摩拉维亚（Moravian）①郊外，装饰着湿壁画和家族肖像画，如今已成为一座博物馆。阿尔弗雷德的父亲是聪明的犹太土木工程师莫里茨·里特尔·冯贝德（Moritz Ritter von Bader），他帮助德莱塞普斯（De Lesseps）修建苏伊士运河，后来获得了奥地利皇帝弗朗茨·约瑟夫一世的封爵。阿尔弗雷德出生两个星期之后，父亲就去世了，所以他从没有见过父亲，他说自己的父亲是个有魅力却很懒惰的赌徒。小时候他被告知父亲是自杀而死，但后来他发现父亲更有可能

---

① Moravian，捷克东部的一个地区，得名于发源自该地区的摩拉瓦河。

是遭到了谋杀。

莫里茨死后，留下一贫如洗的妻子儿女。此时通货膨胀在维也纳肆虐，可谓雪上加霜。伊丽莎白别无选择，只得让儿子过继到亡夫的姐姐吉塞拉（Gisela）名下，这位富裕但膝下并无子女的寡妇用犹太人的方式养育阿尔弗雷德，而他的姐姐仍和母亲一起生活，以严格的天主教徒的方式成长着。阿尔弗雷德完全接纳了新的母亲，对犹太教也越来越虔诚。每星期五，他们都会点蜡烛；他们也从不吃猪肉；每天睡觉前，他会背诵施玛篇（Shema，犹太教歌颂信仰的颂词）。当阿尔弗雷德这种教徒特征愈发明显时，偶然有机会见生母，她会在他的额头上画十字来警告他："任何本来可以成为天主教徒的人，一旦背弃应有的信仰，就会下地狱。"当伊丽莎白改嫁纳粹党人，阿尔弗雷德的问题变得更加严重，据说他的继父是个粗鲁的人，曾试图强奸他姐姐，还因此被临时监禁。

20世纪30年代，阿尔弗雷德和养母的处境变得愈发可怕。维也纳充斥着反犹主义宣传，到处张贴着丑化犹太人的图片和漫画，还有法西斯主义的集会和政治清洗，他们破坏所有能破坏的犹太人的东西，犹太教堂也遭到袭击。街上的仇恨气氛和在家得到的无条件的爱，在阿尔弗雷德心中形成强烈对比。吉塞拉获得希尔达（Hilda，一位乐观的家庭教师兼勤杂工）相当多的帮助，她身材微胖，为人乐观，她和阿尔弗雷德的养母一起给了他很多的爱、奶油和蛋糕，让他长出了大肚腩。后来，他永远地失去了这些。

新的反犹太法迫使阿尔弗雷德在14岁离开学校，那时候，他体内的艺术品经销商特质已经开始萌芽，无论何时，只要有钱，他就会去买邮票。有一次，他买到一幅早期的大师画作。

物质享受没能持续多久。在一系列灾难性的投资之后，吉塞拉濒临破产。她听别人的建议将剩下的钱为维也纳咖啡馆提供抵押贷款，大萧条期间，这次失败的投资给了她致命一击。他们被迫分割住房，睡在一个没有独立卫生间的屋子里。政治局势在1938年3月到达临界点，当希特勒进军维也纳，迎接他的是眼中噙满泪水的市民。

这时候，阿尔弗雷德逃离的机会来了，英国发起了难民儿童运动（Kindertransport），发放一万张签证，用火车帮助犹太儿童逃离欧洲大陆前往英国。14岁的阿尔弗雷德准备搭乘从维也纳出发的第一趟列车。12月10日的早晨，天气格外寒冷，吉塞拉、希尔达和阿尔弗雷德的生母，在火车站与他洒泪而别。他用自己的收藏和维也纳当地的一个经销商换了些在英国比较好卖的邮票，用以物换物的方式准备长途旅行用的盘缠，他将邮票藏在手提箱里，希望不会被德国人没收。吉塞拉也将朋友几年前给她的1美元的钞票塞进了阿尔弗雷德的口袋。

阿尔弗雷德并不知道，这三个前来和他道别的女人，他永远不会再见到了。1942年，吉塞拉在布拉格附近的特莱西恩施塔特（Theresienstadt）纳粹集中营中死去；1948年，伊丽莎白死于中风；希尔达则在战争期间罹患癌症去世。

在英国落脚之后，阿尔弗雷德努力克服在异乡生活的种种难处。他寄宿在霍夫镇（Hove）一幢房子的一个小房间，主人是他姑妈一位关系不太近的朋友。他在当地的学校就读，很快，他在化学上的优势就表现了出来，他对这个学科也有着特别的兴趣。与此同时，他在做生意方面的技能也有所提高：他开始成为邮票交易方面的行家，那时候，布赖顿（Brighton）的莱恩斯（Lanes）地区到处都是商人，他凭借自己的专业能力在那儿选购

第三章 洞察和欺骗

邮票，然后卖给学校的学生。到英国数年以来，这始终是他赚零花钱的唯一途径，直到1940年5月，他出乎意料地被传唤到一个听证会上，原因是违反签证规定去赚钱。原来，一位名叫斯波瓦特（Spowart）的布赖顿邮票商人向当地警察举报了他，说他会对国家构成威胁。

然而，就在阿尔弗雷德出庭之前，更糟糕的事情发生了。随着第五纵队入侵荷兰、比利时和法国，英国也受到威胁，丘吉尔颁布了"圈禁令"（Collar the lot）。[①]刚满16周岁，10分钟前才鼓足勇气第一次和姑娘约会的阿尔弗雷德，被两位侦探拦住，然后开车送回家，收拾了几件衣服和一把牙刷。开始他以为自己被捕是因为邮票生意，但丘吉尔的命令是要逮捕16岁至65岁之间的所有难民。两个月后，他发现自己在伦诺克斯堡（Fort Lennox）一处令人生畏的拘留营，它坐落于加拿大魁北克地区的勒奥克斯诺伊克斯（Ile aux Noix）。他还被迫提前告别了那个装着邮票的手提箱。

尽管这些拘留人员被监禁在铁栅栏内，每周从事长达六天的重体力劳动，营地生活却也让看守者认清了他们，所有这些犹太人，并不是危险的敌国特工。现在忆起在难民营的时光，阿尔弗雷德充满感激，他喜欢在那儿结识的朋友，最重要的是他在那里还接受了教育。年轻人获准在日常工作之余的休息时间到难民营学校听课，学校是一位被拘留者开办的，他是个能力很强的工程师，以前在柏林工作，上课用的教材由国际学生服务社提供。

---

① 圈禁令期间，留英的外籍人士被看成潜在间谍，英国内政部和外交部也非常希望把他们安置到海外，于是丘吉尔正式颁布了这一命令。大批外籍人士被转移。

阿尔弗雷德贪婪地吸收一切能接收到的知识和信息。1941年11月，这些被拘留者重获自由，阿尔弗雷德到安大略省的金斯顿（Kingston）皇后大学（Queen's University）继续深造。之后接受奖学金移居美国，在哈佛大学学习有机化学。他在学业方面收获了许多荣誉。毕业后，他以能力出众的优秀化学家的身份，开始在密尔沃基（Milwaukee）的PPG工业集团（Pittsburgh Plate Glass Company）从事化学研究工作。1951年，他与人合伙创办奥德里奇［Aldrich，即后来的西格玛奥德里奇（Sigma-Aldrich）］公司，它如今已成为世界最大的化学试剂供应商。四十年来，他积累了过多的财富，开始将注意力转向满足更个人化的需求。那时他觉得邮票限制了自己，取代邮票吸引他注意力的是篇幅更大、更具特色的布面和木板油画。1992年，他离开奥德里奇，雇了一位助手，在密尔沃基市中心的阿斯特酒店开了一家公寓画廊。在这里，他可以将自己不太值钱的画卖掉，也能以赞助人的身份与别人——那些经营艺术市场上最重要作品的国际经销商——合作，这才契合他高远的志向。

现在坐在我对面的人就是阿尔弗雷德。他接过一杯茶，慢慢展开裹在手中那幅画上的破旧牛皮纸。但是，有阿尔弗雷德·贝德的画面少了坐在他身旁的女士就不完整了。伊莎贝尔开始参与到这个过程中来，她小心地帮他叠起包装纸，解开系包装纸的绳子上的结，以便让它过几天还能继续使用，这种值得玩味的节俭显得很重要。这是他们强烈共同信念的一部分——这种信念天经地义，因为他们省下来的越多，就能给别人越多，我熟悉这样的信念，虽然它偶尔会惹恼我，最终，我还是接受了。这是贯穿他们一生的精神。

那是1949年7月，在"S. S. 法兰克尼亚"号邮轮（S. S.

Franconia）①从魁北克到利物浦的航行途中，25岁的阿尔弗雷德·贝德遇见了比自己小两岁的伊莎贝尔·奥弗顿（Isabel Overton）。这位极富魅力的女子拥有丈夫最爱的优雅的鼻子和一双美腿，从年轻时的照片可以看出她那天然的诱惑力，不仅表情丰富，而且一看就非常聪明［长得像梅丽尔·斯特里普（Meryl Streep）］，在那次的旅途中，他完全为她倾倒。再看阿尔弗雷德那时候的照片——年轻、英俊异常的化学家，有点像匈牙利贵族的长相——给人的印象是，这个人充满了自信，带有一种成就卓著的荣誉感。他们迅速坠入爱河，九天后，他做足了准备，向她求婚。

阿尔弗雷德对自己的信仰越来越虔诚（次年，他担任了密尔沃基犹太教主日学校的教师），在伊莎贝尔的生命中，对宗教的虔诚同样重要。然而，她是安大略省一个虔诚基督教徒家庭的次女，父亲是个业余的传道者（尽管他曾短期加入"耶和华见证人"②这一组织），由于她对基督教真诚的热爱，谁也没有想到她会和来自维也纳的忠诚犹太教徒成为一对。尽管阿尔弗雷德经历了一种奇怪的、对背离自幼开始的犹太人传统的尝试，但在恋爱的时候，他对继母信仰的热爱也愈发强烈，在找寻自己真实感受的过程中，一个声音提醒他，因为信仰的互不相容，注定了伊莎贝尔无法成为他生命中的一部分。尽管恋情仅持续了短短几个月的时间，两人却已经交换了81封情书，她在信中写道，由于信仰不同，这段感情终究无法修成正果。阿尔弗雷德寄给她的最后两封信未能收到答复，只得忍痛中断了与她的联系。后来，伊莎贝

---

① 该邮轮于1955年启用，是英国卡纳德邮轮航运公司（Cunard Line）为利物浦至加拿大航线打造的。
② Jehovah's Witness，19世纪70年代末查尔斯·泰兹·罗素（Charles Taze Russell）在美国发起，属于基督宗教非传统教派的独立宗教团体。

尔在英国定居,在萨塞克斯的滨海贝克斯希尔(Bexhill-on-Sea)担任教职。

两年后,阿尔弗雷德同来自美国南达科他州阿伯丁的丹尼(Danny)结婚,尽管她是一位新教徒药剂师的女儿,她还是为他皈依了犹太教。他们生了两个孩子,原本可以厮守三十年,但结婚二十三年后,阿尔弗雷德开始频繁做噩梦,梦中,他看见伊莎贝尔父亲瘦弱的身影,他问自己,为什么没能和他女儿在一起。他开始查访伊莎贝尔的住址,他通过皇后大学校友会联系到她哥哥,并意外地得知她还在滨海贝克斯希尔当老师,也一直没有结婚。他决定乘飞机去看她。伊莎贝尔的父亲听说阿尔弗雷德要回来,在那一周便去世了。

阿尔弗雷德找到的这个女人,的确就是当初和他分手的那个姑娘。随后的这些年,她从未爱过别人,抱着他还会回心转意的希望独自生活着。他们的团聚是那样激动人心,尽管最初是她让他离开的,她说,他已经拥有美满的婚姻,她不介意孤独终老。尽管人们都知道伊莎贝尔有强烈的道德正义感,阿尔弗雷德·贝德却以他的谈判能力著称,在经历了六年的柏拉图式情谊之后,1981年,命运终于占了上风。意识到不能让自己的丈夫放弃梦寐以求的心上人之后,丹尼提出离婚:离婚请求被法院受理之后半年,阿尔弗雷德终于和伊莎贝尔结婚。那一年,他57岁,她55岁。从那时起,他们再也无法分开。

那天,阿尔弗雷德请我卖掉他为我拆封的那幅画,那是诗人T. S. 艾略特抽烟斗造型的肖像。我能做进一步的研究和作品归属判断,这意味着我们能将其价格抬高2000—3000英镑,然后适当地分配这笔利润。但在这次交易中,最让我难忘的或许是阿尔弗雷德一丝不苟的工作方式,他对每一笔成本的计算都精确到最

第三章 洞察和欺骗

后几便士，包括画框和所有其他杂项，还有应付的利息。我那时不知道，或许他也没意识到，那次合作竟成了一次检验，关于这个问题，他事后有所提及。我通过了他对诚信和能力的"入会测验"，这让我们的商业友谊得以延续。

两年后，我从拍卖厅背后亲眼看见，此人花半小时的时间想办法节省15英镑，也目睹了他为苏富比拍卖行的鲁本斯（Rubens）作品《对无辜者的大屠杀》出价3500万英镑，紧张地捏着从口袋里掏出的一段旧绳子来回踱步。拍卖结束后，我凑到他身旁，对竞价失败表示慰问——这幅如今在多伦多的安大略美术馆展出的作品，成交价格为4500万英镑——我还利用这次机会为阿尔弗雷德更新了第一次一起购买的一幅重要作品的进展。他准备出如此高的价格，却被对手彻底打败，从自己的经历中，我能深切感受到他那种受挫、心烦意乱的拍卖会后情绪。尽管我们那幅画没有这么大的名气，买画的过程似乎也开始变得像个成功故事，我知道，它趋于利好的商业前景只能稍稍振奋他那受伤的灵魂。

阿尔弗雷德与我的合作，是从在邦德街的菲利普斯（Phillips）收藏品商店买下这幅画的那一刻开始的，这幅画在作品图录里有详细记录，它是命途多舛的白金汉公爵（Duke of Buckingham）之女玛丽·维利耶夫人（Lady Mary Villiers）的肖像画，作者是安东尼·凡·戴克爵士。1628年，在白金汉公爵被暗杀之后，查理一世迅速领养了他的子女，将他们作为自己的孩子带上法庭。这幅玛丽肖像可能作于1635年她嫁给彭布罗克伯爵（Earl of Pembroke）之前不久，或许那时候她只有十四五岁，过着相对无忧无虑的生活，可以在皇宫四处闲逛。画中的她身穿耀眼的金黄色长袍，但吸引我的是其中所展示的凡·戴克式技法，他让这幅画动了起来，极富感染力。

当我第一次见到这幅画的时候，它特别脏，还带有过度补色的痕迹，但表层之下，显然还保持着良好的状态。看了图录上的缩略图，阿尔弗雷德似乎认同它是一幅有趣的重要作品，然后，他继续一丝不苟地盘问，我想买这幅画的根本原因——或者，更准确地说，为什么让他买单。他可能会开始相信我，但他也需要确认我的观点足够有说服力。我们进行了多次有针对性的电话讨论，在亲自看了拍卖预展之后，他同意了我的观点：尽管这既不是一幅精妙绝伦的作品，创作之初也没有多大野心，不像是凡·戴克绘画中的皇皇巨作，但它一定是举足轻重、魅力十足的一幅画；用艺术品经销商直截了当的说法，这是17世纪英国大名鼎鼎的艺术家的作品，一幅能卖好价钱的原作。对我来说，它看上去还有一些潜在的、令人兴奋的东西，但在那个阶段，我无法准确地说出那些东西是什么。

这幅画的疑点在于，没有早期出处记录，说明最初赐予了谁，或者谁收藏了它。尽管人们认为，一代人以后，它已经属于莱格家族（Legge family），也就是肖像画主人公的表兄弟，没有与第一代收藏者——玛丽或是查理一世相关的信息。这可能会大大提高画作的地位，特别是当买主是博物馆的时候。弄清楚这个问题，是我所承诺的为阿尔弗雷德继续工作的一部分。这幅玛丽·维利耶夫人肖像，被贴上"作于她结婚之前"的标签，事实上说明了查理一世自己才是它的收藏者，凡·戴克最重要的赞助人、著名艺术鉴赏家，无疑是这位国王的另一种身份。在国王1649年遭到处决之前，他的藏品之中便有这幅画的相关记载，它和国王的大批艺术珍品收藏放在一起，陈列于圣詹姆斯宫（St. James Palace）的画廊，当中还包括同样出自凡·戴克之手的玛丽两个弟弟的肖像画。国王死后，他所有的藏品都被克伦威尔（Cromwell）分散出去，用于偿还债务。相当一部分好作品最终流向了欧洲大陆，在1660年恢复君主制之后，经过一番努力，许多已经丢失的画作也被尽可能地收了回来，为了弥补空白，皇室补入了其他藏品。在这个过程中，另一幅出自凡·戴克之手的玛丽·维利耶夫人肖像画——画中的她明显比在那幅存疑的肖像画里年长一些——也被纳入到收藏中来，这幅画最初的官方记载是从詹姆斯二世统治时期（1685—1688）到17世纪末。奥利弗·米勒爵士是一位凡·戴克研究专家，1972年起担任英国女王藏画鉴赏师，后来成了皇家藏品总管。1963年，他在自己编写的绘画藏品图录中暗示道，这幅画可能就是原来陈列在王宫里的那一幅，因此（他可能是无意中发现了这个事实）妨碍了凡·戴克给主人公画的另一幅肖像画被标明同样光荣的出处的权利。

这幅画估价在15万到20万英镑，在与两家来自美国的经销商进行小规模交锋之后，我们以不到40万英镑的价格将它买下。阿尔弗雷德竞价成功后，将画带回来交给我，我则将它拿给凯瑟琳·阿拉（Katherine Ara），过去，我经常将拍卖场上得来的猎物交给这位德高望重的修复师。她按照正常的修复程序，在工作室仔细检查了画的状态，做了测试，坚定地认为，在对这幅画进行修复之前，应该先去掉原有的裱衬，然后重新装裱。随着时间的推移，原来画布的张力会下降甚或消失，重裱就是用黏合剂将新的画布固定起来，重新撑起画作的一种常见的修复程序。为了让一幅绘画作品恢复原有的面貌，并防止表层剥落或褪色现象的发生，该程序往往至关重要。对一幅早期作品来说，终其"一生"，重裱可以做很多次，每次负责重裱的人在贴上一张新画布之前，会剥离掉前一次裱上的用于支撑的画布。这就使得检查原来画布的背面，从而看到这幅画离开艺术家画室时的样子成为可能。尽管经常被胶水和糨糊弄得模糊不清，这个以特别方式隐藏起来的区域，有时会有关键的作者题词，透露关于这幅画的诸如作者、特点或历史等信息。

当我在法国南部度假期间，抱着笔记本电脑在泳池边享受时，接到了凯瑟琳的电话。我原本想尝试用一周时间屏蔽工作的召唤，却没能如愿，管理方面的琐事总在心头萦绕，我却不能将它们派给别人。在这样阳光明媚的日子，却逃不出繁重的工作，感觉生活跟我开了个大大的玩笑。凯瑟琳的语气像平常一样节制且带着学者气，但在她对这幅画的反馈过程中，抑制不住的兴奋仿佛忽然让她回归了真我，当她告诉我有关那幅作品的最新进展时，她的声音发生了一次明亮的转换。她说自己刚刚结束同蒂姆·沃森（Tim Watson）的通话，后者是英国首屈一指的绘画重裱专家，那幅凡·戴克作品便是委托给他来处理的。

因为有了惊喜的发现，沃森也处在兴奋的状态中。他在这幅画原来画布的背面发现了皇室的花押字，那是皇室档案管理员在查理一世统治时期盖在画上的墨印。更让他兴奋的是，这位管理员是"封结会"（Sealed Knot）成员，那是热衷于在周末穿上英国内战军礼服，带上武器，重温17世纪内战的人构成的组织，这一点触动了沃森。

我也为这一发现兴奋不已，虽然与沃森出于不同的原因。我走向游泳池，召集全体同事，宣布我们刚刚发现了最令人兴奋，也是最确凿的证据，证明那幅作品出自英国最显赫的所在。这些前来晒太阳的同事始终书不离手，但这个新发现的真相让我忘掉了办公室里的一切，放空自己，开始了真正意义上的假期。那天晚上，我打电话给还在密尔沃基的阿尔弗雷德，他的回应带着

第三章　洞察和欺骗

一种别样的喜悦。讨论进入下一个阶段，修复、加框，以及美元汇率对投资的影响。他说："那意味着我们能够更迅速地将它卖掉。"

在我精力充沛地从法国休假回来几个月之后，"玛丽夫人"也回到了我的办公室，仿佛和我一样恢复了精神：她焕发了青春，看上去比之前更仪态万方，也更有贵族气质。重裱和修复对作品大有裨益，它的表面得到了轻柔的清洁，轻微的破损也得以修复，现在容光焕发。这幅画回来的当天，我把请专业摄影师给它拍摄的照片，以及一张单独拍摄的皇室花押字照片都发给了奥利弗·米勒爵士。米勒是照片当之无愧的展示对象，因为他不仅是研究凡·戴克在英国期间绘画首屈一指的专家（这一角色现在由马尔科姆·罗杰斯博士担任），还是皇家藏品的前总管。一周后，米勒爵士打电话给我，说他期待见到这幅画，会在下周的周五中午之前来拜访我。这也是我翘首企盼的情景：我也有了可以增添到皇室收藏史中的、新发现的艺术品，这幅画的作者就在米勒爵士最喜爱的艺术家的名单上，我盼望它能获得他的首肯。

那幅画静静地待在我办公室的画架上。当米勒爵士和他的妻子迪莉娅（Delia，当他为艺术史事业做短途旅行时，她经常陪在他身旁）一同走进来，在正式接见这位特别的参观者的当天，"玛丽夫人"看上去比以往任何时候都更加耀眼。尽管已经快80岁了，米勒爵士还自觉保持着旧时代朝臣那种朴素的外表和严谨得体的言行。他身材修长，相貌英俊，接受过极好的艺术和历史教育，是个虔诚的基督教徒。跟其他所有经销商和拍卖商相比，米勒爵士的特别之处在于，他深受女王的喜爱。在他为皇室服务四十年后，女王授予他英国皇家维多利亚勋章的大十字勋章，这是骑士中最受人尊敬的荣誉，只授予那些用杰出才能为国王服务的人。

我尽了最大的努力临时准备好这幅画和看画用的房间。"玛丽夫人"也换上黑色木质画框,这和我们买下它时镶着的那个过于俗气的19世纪镀金画框形成了鲜明对比;窗帘拉了下来,画廊的灯光也已调暗,如点燃的蜡烛般照着她橘黄色的裙子——对这一时期的作品来说,这是最能制造氛围的照明方式。在柔和的灯光下,"玛丽夫人"的表情更富于变化;修复师对肉色进行了精妙清洁,对磨损薄罩层略微加固,在头部则恢复了她的头发数量和发型特点。无论用艺术术语,还是艺术史术语,现在的"玛丽夫人"都可以用"功能完善"来形容。

在我看来,某种程度上,这绝不仅仅是一次庄严的会晤:一幅主人公是"玛丽夫人"且曾被纳入皇室收藏中的画,背面关键性的印章证明它真的曾经就在皇室收藏当中,只是没有被收录在其他图录当中。米勒爵士在发现这幅画之前出版了一本图录——那时还没有人发现这幅背面带花押字的作品,人们也无从知道像这幅画描绘的任何有关这位女主人公"结婚之前"的样子。米勒爵士需要做的就是不要先入为主,而是放下一切,重新认识这个最新的证据。

"很有魅力的一幅画,"他用低沉儒雅的声音说,"明显不是正式的作品。"在回应他的话之前,我犹豫了一下,恢复了不动声色的表情,但这也让我紧张不安。

"那个印章看起来当然没有什么问题。"他在检查过我放在肖像画旁边的照片之后补充道。

"所以现在看来,至少我们有一幅可以同图录的描述相匹配的作品了?"我试探着问。

他继续思考,没怎么说话,过了一分钟左右,他转过头来看着妻子，说："但是它不像那种能在画廊里挂很久的画。它不够大，或者说不够显眼。"

我几乎无法忍受他的这种言论。我只需要他说自己可能会重新考虑，这是否就是皇家藏品清单上提到的那幅画，但是他思考得越久，这一情形出现的可能性就越小。

"那么，您是不是想说，这幅画并不属于皇室收藏？"我问道，我的怒色一定昭然若揭。

"不，它有可能是放在衣柜或者卧室里，不知何故无缘进入清单。"

"但正如图录中的描述所言，它看上去更像女主人公结婚前的模样，而不是像皇室收藏中那幅创作于晚些时候的作品。"我尝试反驳他，但我的口气听起来更像是在抱怨。

他没有对此给出多少回应，而是回过头去检查那幅画的外观。

和米勒爵士的会面时间从来没有像这次这样长，而且在这次之后，我不想在他自己的研究领域对他进行进一步的质询：大量事例和参考文献的诘难会让我应接不暇，只有遁入自己的书房才能理清思绪。

这位贵客离开以后，我直接到书房，从书架上将查理一世统治期间圣詹姆斯宫皇家画廊陈列绘画的全部的转录清单取下来。我不能忽略米勒爵士刚刚提出的说法，但他令我震惊的地方在于他对自己结论的深信不疑，绝对排除其他任何可能。

尽管没有一一列出尺寸，这座画廊里收藏的画有着迥异的规格和档次：这里确实有大量伟大的早期绘画大师作品，但也有少部分私人化的收藏，比如一本书的静物图，或者一幅描绘教堂内部的作品。"玛丽夫人"或许还没有完美到能和同一等级的许多显贵的肖像相提并论的程度，但这幅画的艺术水准确实站得住脚。当时，她可能高高地挂在能看见凡·戴克给她的两个弟弟画的肖像的地方。

我只能得出一个结论，那就是，对米勒爵士来说，修改已经公开发表的观点对他而言简直是对自己的莫大背叛。在此后不久的2004年，他在与人合编出版的《凡·戴克年度创作作品图录》（*Van Dyck Catalogue Raisonné*）中再次表明了立场。他没有将我们的这幅肖像编入图录，尽管有皇室印章这样的确凿证据，也有文献提到，在查理一世统治时期，有一幅以"玛丽夫人"为主题的画藏于圣詹姆斯宫画廊。相反，他将另一个选项，一幅或许曾陈列于皇室收藏之中（却没有类似印章）的作品编入了图录，那是他一开始便看好的候选作品。这不是我第一次发现这位研究17世纪英国艺术的泰斗级人物不能跨越心理障碍，去更正自己早年的说法，我也遇到过其他类似这样的专家。他最初（暗示）的这幅画的出处依然没有变——对我而言，这件事让我想到有关"洛克威尔作品"的特拉赫特家族故事——它让另一种尴尬而无效的情况变成可能。这不是说已于2007年去世的米勒爵士不是一位出色的学者，他当然出色；这个例子说明，即便是最杰出的学界专家，在感情上容易被自己的看法左右——在我看来这是错误的——他这样做是为巩固自己的学术声誉，毕竟自己已经公开发表过某种观点。这件事也可以让我们了解，在学术的重要性日渐凸显的艺术界和不断变化的艺术品市场，只有质疑那些圈内的权威，才会有平反昭雪式的发现，这一点在本书序言部分也有所涉及。

在我看来，阿尔弗雷德和其他许多人，包括皇室收藏的高层工作人员，仍然坚信这幅"玛丽夫人"肖像就是图录上提到的那一幅，尽管米勒爵士的讳莫如深让它在艺术史方面受挫，但在商业领域，他的不作为并没有改变杰作的命运。皇室花押字轻而易举地验明了肖像画的正身。一年半之后，我们通过一家拍卖行用私下交易的方式以将近100万英镑的价格将它卖给圣地亚哥的亨肯美术馆（Timken Museum of Art）。此后，阿尔弗雷德和我比过往任何时候都更像一个团队，从那以后，我一直幻想着有朝一日某个潜在的猎物背后也藏有皇室花押字。

出处也可以引领猎人走向猎物。很多时候，当人们知道一件艺术作品仍未丢失，可以通过家谱的主干或枝节查出家族存世的后人。当我们必须找到一幅画，且已查遍商用或展览记录，却一无所获的时候，才会被迫采取这种最后的手段——但它有点令人尴尬，仿佛给"陌生人"拨打无准备的电话，问他们运气是不是好到继承了传家宝的程度。然而有一个人，在这种风格的家谱研究方面非常出色，他曾凭借顽强的精神和独特的技巧，专程追查一位艺术家失踪的肖像画。

克里斯托弗·温特沃斯—斯坦利（Christopher Wentworth-Stanley）看上去应该有四十来岁，有着会被格雷厄姆·格林（Graham Greene）写成小说人物的那种性格。如果来到战后的外交部，他能成为最有说服力的人物：聪慧、谦虚，带有鲜明的英格兰人特征，他不能容忍在文化方面毫无建树的家乡，以至于选择自己最爱的维也纳作为定居地。16岁那年，他通过学校的一次交流活动来奥地利旅行，从此便再也没有回到英国长居。随后，他定居在维也纳，成为一名肖像画家，这座城市仍然受到那种庄重风格的影响，他可以在这儿为奥匈帝国的后人提供漂亮的作品。在他从事的艺术史活动当中，人们发现这位精致的、曾经的爱国者现在通常游走在两个气氛截然不同的地点中的一个：奥地利赛马俱乐部（Austrian Jockey Club），它是旧政权的堡垒，位于维也纳市中心的环城宫（Ringstrassenpalais）；另一个去处则是哈维卡咖啡馆（Café Hawelka），它是迄今为止维也纳最正宗的波希米亚风格避风港，店主利奥波德·哈维卡（Leopold Hawelka）和他已故的妻子约瑟芬·哈维卡（Josefine Hawelka）能始终确保这家店里的东西不仅味道独特，而且品质稳定。他们从"二战"后不久便开始运营这家店，那时候，丈夫不得不推着婴儿车，到被炸毁的城市之外的森林里捡拾柴火。

与妻子在奥地利参加婚礼期间，我安排了与克里斯托弗的会面，就在那家咖啡馆，当时正值夏季，天气炎热，但阳光很难照到那个烟渍浸透的隐蔽之处，我看见他就在他常坐的座位，头顶上方有一幅他自己描绘哈维卡咖啡馆室内风貌的作品，正是这幅画，巧妙地为他预订了这个座位。尽管很久没回家乡，一眼望去，你便知道他是英国人：过人的身高，后退的发际线，穿着贴身裁剪的斜纹软呢外套（他成功找到并拜托一位维也纳裁缝给他做衣服），还有擦得锃亮的伦敦制造的皮鞋，当他迎接我们的时候，他身上的这些特征，加上爽朗的笑声，还有伊顿公学毕业生洪亮的拖腔拖调，如此传神，足以让他显得与众不同。

当我再次见到克里斯托弗时，立刻忆起第一次遇到他的场景，那是在伦敦的一场酒会上，当时我们都只有二十多岁。刚从别人婚礼现场赶来的他穿着晚礼服出现在那样一个场合，充满了令人费解的激情，不停地向我讲述他有多么热爱20世纪早期在维也纳声名鹊起的肖像画家菲利普·德·拉斯洛（Philip de László）。那天上午，当我们阔别多年后再次相聚，克里斯托弗依旧难掩他对这位画家的崇敬之情，而且因为一件事情，这种感情得以升华。四年前，他开始同画家的孙媳妇桑德拉·德·拉斯洛（Sandra de László）以及一个助理团队合作，为德·拉斯洛的作品创建了一个很棒的在线年度创作作品图录，在创建图录的过程中，他和他的团队打磨出一种寻找失踪作品的技术，使得他们的工作效率不亚于最精明的私人侦探。

在1899年至1914年，当德·拉斯洛主要在维也纳工作的时候，数百位男女老少坐在他面前请他画像，他那流动、活泼的风格——乍看之下，让人想起伟大的社会型画家约翰·辛格·萨金特（John Singer Sargent）——让模特们仿佛置身于美丽新世界。他后来迁往伦敦，给人们提供同样的服务，很多英国人的收藏，甚至是皇室的收藏（他甚至给年轻的伊丽莎白二世画过一张像，被皇室收藏陈列在克拉伦斯府，也就是伊丽莎白二世母后伊丽莎白王后的家里）中，都有他的作品。我自己接触过一些德·拉斯洛的作品，还曾在美国的《巡回鉴宝》（*Antiques Roadshow*）节目里展示过一幅画，证实它是伪作，因为画上的签名单词拼错了，这让那幅画的收藏者非常失望。

当在线图录进入筹备阶段时，编辑人员很快意识到维也纳和欧洲其他地方的许多肖像画，现在已从人们的视野中消失，它们或被纳入私人收藏，或进入鲜为人知的博物馆，艺术史的雷达尚未覆盖到这些与世隔绝之处。再加上与英国人不同，许多奥匈帝国的后人不习惯将肖像画作为艺术品来观赏，而是将它们当成家庭私藏文档；艺术史学家要是想一睹这些收藏者祖父母那辈人的肖像画，会被视为好事之徒，写信也好，试图接近也罢，都得不到回应。克里斯托弗无可挑剔的举止、社交场合的自信、流利的德语和艺术家的身份——加上他后来发展出来的针对神秘家谱和记载的研究技巧——很大程度上让他避开了当地文化特色带来的麻烦。他会追查到这些后人，义正词严地说服他们，到家里拜访他们，然后将作品详细地编入图录，有时候，长期以来被遗忘的事实会因此得以重见天日，这对收藏者自己来说，也是个惊喜。令人吃惊的是，在过去的几年中，他成功让将近一百幅失踪的画作起死回生。

然而，德·拉斯洛并不是我当天上午前去拜访他的由头。我听说了一个迷人的故事，讲的是他怎样用自己的方法通过一位在维也纳隐居的俄罗斯贵族追踪到一幅重要作品。

"哦，是那件东西啊！"当我告诉克里斯托弗，我想把这个故事写进书里的时候，他说，"你想让我从哪里说起？"他叫来服务生点了杯咖啡，然后，故事以他那独特的、强有力的方式展开。

引发这次追踪行动的是艺术赞助人和银行家雅各布·罗斯柴尔德（Jacob Rothschild）。克里斯托弗在德国南部的一个家庭派对上遇到第四代罗斯柴尔德男爵，他们的谈话围绕罗斯柴尔德想要在他位于希腊科孚岛（Corfu）的别墅建造带游泳池的房子而展开，他问克里斯托弗是否对古典建筑有所了解。克里斯托弗对这个人是如此敬畏，以至于不敢说出"有"这个字——尽管他关于建筑的知识储备还是不错的——这次错失良机让他一直耿耿于怀。我自己也见过雅各布·罗斯柴尔德，有一次尝试与他谈判有关一幅画的事情，后来失败了，我完全能理解他给克里斯托弗带来的那种紧张感。罗斯柴尔德浑身都散发着贵族气息，部分是因为若隐若现、令人生畏的贵族仪态[卢西安·弗洛伊德（Lucien Freud）用油画捕捉到了他的那种仪态，这些画现在藏于国家肖像馆]，但也有一部分是来自他的姓氏，让人不无感慨地想起它所代表的在经济和艺术领域都表现出精英主义倾向的两个世纪。滑铁卢战役后，家族王朝的英国分支变得愈发显赫，他们可能在以比其他任何欧洲家族更可持续的方式在金融、政治和艺术领域保持着强大的影响力。雅各布·罗斯柴尔德自己也安排了一系列高规格的、艺术界的约见活动，约见对象包括英国国家美术馆的主席。他是这样的一个人，但凡你能走进他的世界，他就不会让你失望。

一年后，机缘巧合又一次降临，罗斯柴尔德致电克里斯托弗，问他能否帮忙追查基里尔·拉兹莫夫斯基伯爵（Count Kirill Razumovsky）一幅全身肖像画的下落，拉兹莫夫斯基是18世纪俄国的一位杰出人物，在政治舞台上，他出色地行使自己的权力，而在艺术界，他也是欧洲一位身份显赫的收藏家和赞助人。拉兹莫夫斯基是如此英俊、机智、迷人，以至于女皇叶卡捷琳娜二世发现，因为他，宫廷中最漂亮的女人之间发生了争吵。罗斯柴尔德想将这位18世纪花花公子的肖像画同他当时刚买到的宫廷专用塞夫尔（Sèvres）甜点餐具一起展出，展览举办的地点在沃兹登（Waddesdon），那是罗斯柴尔德家族在白金汉郡的根据地，现在归英国国家名胜古迹信托（the National Trust）管理。他知道这幅肖像画的作者是笔触细腻圆润的罗马新古典主义肖像画家庞培奥·巴托尼（Pompeo Batoni），这幅作品最初在罗马展出了将近半个世纪——但要进一步研究它的下落，就没有什么直接线索了。拉兹莫夫斯基的儿子安德烈公爵（Prince Andrey）曾任俄国驻维也纳大使，他们的家庭成员有一部分在奥地利定居，所以罗斯柴尔德想知道那幅画是否也留在了奥地利。这次，克里斯托弗再也不想重蹈覆辙，冲动地回答道："当然可以，雅各布。"

放下电话的时候,他意识到自己并不知道该去哪儿。他要找的并不是社会型肖像画家笔下的20世纪早期维也纳贵族,而完全是更早、更值钱,也更奇特的作品。巴托尼的肖像画备受追捧,在拍卖会上频繁卖出10万英镑以上的高价;他最好的作品如果能进入市场,价格将以百万计。尽管被这一情况吓得不轻,这位肖像画猎人还是决定迎难而上,于是转而借助可靠的技术,先考虑还原情境。从头开始侦查一件丢失的肖像画,过程中会遇到令人沮丧的困境。我所经营的事业,有时候看上去像经营不善的失踪人员搜寻机构,在少数情况下,确实有些人求助于我,想让我帮他们找到那些失踪了的、他们祖先的肖像。在查尽所有常规的艺术史文献、照片资料室和档案馆,以及各种拍卖会和公开展览资料之后,除了递给他们一杯茶,告诉他们我已经倾尽所能之外,几乎什么都做不了。除了像发布寻猫启事一样,把那幅画的照片(假设有的话)通过你能接触到的所有媒介展示出来,你几乎只能靠运气了。

然而,克里斯托弗想起自己曾在维也纳遇到过一个人,他正好也姓肖像画的主人公的那个姓,他是德国《法兰克福汇报》(*Frankfurter Allgemeine Zeitung*)的记者。他是曾任(没有合法后代的)大使的公爵的远亲的可能性之渺茫,给克里斯托弗以沉重打击,不只是因为他明显与公爵不同的外貌。克里斯托弗回忆道,在一座以优雅庄重闻名的城市,安德列亚斯·拉兹莫夫斯基(Andreas Razumovsky)看上去显然很邋遢,有着不谙世事的知识分子那样卷曲的胡子、乱蓬蓬的头发,和玻璃瓶底一样厚的眼镜片。但是,他需要从某个地方切入,所以他进了自己的藏书室，这次不是去查《哥达年鉴》(Almanach de Gotha)[①]或什么高大上的谱系图，而是要查阅另一种读物，一种曾被证明是有效的资源：当地电话簿。浏览罢R开头的几个姓，他真的找到一个姓拉兹莫夫斯基的人，住在第三区一个破败区域的单元住宅楼，克里斯托弗的描述非常准确，说这里"太像一条腰带"，它是维也纳的外环路。这里靠近贝尔维第宫（the Belvedere Palace）和兰科龙斯基宫（Palais Lanckoroński）两座藏有精妙艺术品的美术馆，附近的火车站在"二战"期间被空袭击中，致使两座宫殿和周围的建筑成了废墟，六十年来，周围的一切还百废待兴。对克里斯托弗来说，他感觉这像是那位记者住的地方，于是拨通了他的电话号码。至此，他对这通套近乎的陌生电话很有把握，因为他对德·拉斯洛遗失的肖像画进行过艺术史研究。在起初欢快的闲聊过后，他巧妙地将谈话内容绕回拉兹莫夫斯基的家族谱系这一主题。出乎克里斯托弗意料的是，拉兹莫夫斯基透露，基里尔伯爵不但是他的亲戚，还是直系祖先。这原本是他不敢奢望的事，他急切地继续描述自己正在寻找的那幅肖像画，以期拉兹莫夫斯基可能听说过它的存在，甚或曾经见到过它。

"你知道它可能藏在什么地方吗？"他问道。

"当然知道，"拉兹莫夫斯基回答的时候，尚未意识到他接下来要说出的实情的影响力，"问题是它太大了，我的公寓里塞不下。如果你想看，就跟我来吧，它就挂在楼梯上。"

既然对方已经答应，克里斯托弗赶紧前去拜见藏在昏暗建筑楼梯间里的"基里尔伯爵"。这件在德·拉斯洛全身肖像画当中

[①] 被誉为欧洲贵族"圣经"，于1763年第一次在德国的哥达（Gotha）印刷，上面详细记载着欧洲和南美洲贵族，皇室及王室的相关谱系及其他内容。网址：http://www.almanachdegotha.com

非常重要的作品，可以说是他最华丽的贵族画了，画中人也是最令人向往的俄国贵族。如今，它却以并不体面的方式陈列在一幢单元住宅楼的公共区域，随时有被盗的风险——尽管其规模能吓到最坚决的小偷之外所有不怀好意的人，也会受到所有可能的损坏方式的威胁。拉兹莫夫斯基不大关注这幅画的重要性或价值，将它看成一件略显累赘的祖传家具。

克里斯托弗致电罗斯柴尔德，办好借用手续以后，这幅画也起程前往英格兰，在沃兹登展出了两年。

1999年，这幅画停止展出。在之后的八年当中，它已成为一幅能加深人们对艺术史的理解的一幅作品，随之而来的是，一群俄罗斯人的财产在令人目眩地增加，这些我都是听克里斯托弗的描述才知道的。拉兹莫夫斯基去世后不久，他的家人决定将这幅画卖掉。在写完这本书之前两个月，在苏富比拍卖行一场俄罗斯专题拍卖会上，我目睹了拍卖槌落下的时候，它以将近130万英镑的价格成交。这是个奇特而有趣的例子，你可以看见一个人何其幸运，却又如何大胆地摸索出一种寻访作品出处的逻辑严密的方法，他既发掘出一件价值连城的宝物，也为自己赢得了一位艺术界巨头的敬重。

第四章

对真相的追求

在阿姆斯特丹的一幢老房子里，住着一位教授，他能爆发出来自艺术界顶级的、令人生畏的力量。他的名字叫恩斯特·范·德·韦特林，被奉为辨别伦勃朗作品真伪的审判官。鉴于伦勃朗可谓有史以来最著名的艺术家，这位教授的评议往往带来无法想象的后果。如果他给一幅17世纪板面油画比画拇指朝上的手势，那它的估值可能会在1500万英镑上下。但如果他换成拇指向下的手势，这幅画或许只能值几英镑。考虑到99.9%的情况是两幅画看起来差不多，你大概就知道了，很多时候，这位教授跟中世纪的炼金术士有点像——拥有超能力，能将廉价金属变成黄金，或者更通俗地说，把一件古董店里的摆设变成引人注目的文化遗产。

2003年，有一件事大大增加了我对恩斯特·范·德·韦特林的好奇。当时，一幅之前无人问津，被认为是伪托伦勃朗的、不值钱的作品，后来被证明是原作，继而在拍卖会上高价售出，于是他忽然频繁出现在媒体的强光之下。我到处打听，开始将他那些历尽千辛万苦对名画进行侦查的、引人入胜的传说拼凑完整，这些传说经常使得艺术界的发现让哪怕是最成熟的小说都黯然失色，因为这些事，教授和他的团队开始拥有喜人的业绩。我不得不承认他的个人魅力。他所展示的技能已经接近了我以及很多人向往去做的谋生之事的本质；区别在于，他是一位智力过人的权威人物，甘愿冒极大的风险，但不是为了商业利益，而仅仅是为了对真相的追求。

当我知道那幅画的收藏者是谁的时候，心中一阵欣慰。我在和一位来自法国的早期绘画杰作小规模经销商的一次约见当中有幸听到了这个名字，那是在邦德街上的当代艺术品展览开幕仪式的当晚。这是一场典型的当代艺术展，由早期大师杰作经销商托马斯·威廉姆斯（Thomas Williams）举办。托马斯本人也是一位艺术家，以善于提携新人著称，这种做法可以平衡专注于跟死去多年的人打交道的工作性质。过去二十年来，我总在拍卖会和其他场合注意到这个法国人，并将他视作一个善于运用法国艺术氛围的行家，据传闻，当时刚刚找到的那幅画就藏于法国。他的标志性装束是一身图案丰富的苏格兰花呢套装，剪裁比萨维尔街① 上卖的那种样式要紧身，我在室内找了一圈便立刻认出了他。或许他错将皮姆酒（Pimms）当成了柠檬汽水，那天晚上，当我穿过身着华丽晚礼服的人群，特意朝他走过去的时候，他已经喝多了。一片柠檬从他的杯子上滑落，掉到他的两颗衬衫扣子之间，他就我对这一情况的发现表示了感谢。之后，当我们谈起之前那一周占据各种艺术类媒体的有关伦勃朗的话题，他因为情绪化而变得说话大声起来。他那天有着强烈的倾诉欲。他告诉我，那幅

---

① Savile Row，位于伦敦中央梅费尔的购物街区，因为传统的客制男士服装行业（bespoke tailoring）而闻名。

画的收藏者曾是一名旧货经销商，名叫保罗·佩奇（Paul Page）。他在20世纪60年代就认识佩奇，甚至从他那儿买过一些东西：他也清楚地记得那幅画就挂在店铺的墙上。他郁闷地叹息道，假如当时抓住机会买下了那幅画，他的人生也许会因此而不同。由于所有关于收藏者的细节都被媒体隐藏了，获知这个有用的事实对我而言便也算是一点进展，但我对于扮演容器并不感兴趣，无论是容纳他杯子里摇摇欲坠的东西，还是他不断加剧的忧郁，于是，我选择让那晚的一切到此为止。

保罗·佩奇20世纪60年代在巴黎的一次拍卖会上买到了这幅画，购买来源的这一部分是已知的。我后来从其他人那里收集到的资料却说他是从一个普通经销商那儿买的，希望那是一幅原作，在似乎是后来画上去的珠宝和首饰的底下，藏着一个真正的、奋力想从颜料里面把自己释放出来的伦勃朗。获得了这件作品之后，佩奇决定也来充当真伦勃朗的解救者之一。对市场上的低端经销商来说，自己想办法避免修复绘画的成本，至今仍是一件稀松平常的事，只不过发生在脆弱的早期大师杰作案例中，这可能造成灾难性的后果。正如我在序言中承认的那样，有一次，我明智而谨慎地做过一次类似的尝试，我当然知道，一个拿着溶液和刀片的、热心的业余修复爱好者，可能就像一个拿着喷灯的业余美容师一样可怕。然而，对佩奇公平一点说，一位之前的收藏者已经开始了类似的修复过程，从这幅画留存下来的一张20世纪30年代的照片上，可以看出画上的人原本隐约戴着一顶滑稽的红色无边帽。佩奇冒险继续着这个修复过程，用一把解剖刀除去更多细节——一对花哨的耳环，还有后加的头发和胡子。

尽管脸上有一些奇怪的细节，还有看起来有点呆滞的鱼眼，以及一身不太对劲的古装，佩奇的进一步修复某种程度上是在改善这幅画的外观——以至于他觉得这样的做法有资格获得学术权威的支持。在当时的巴黎，有个名人，尽管他不是伦勃朗作品专家，却以精准的鉴赏力著称，他就是弗雷德里克·卢格特（Frederik Lugt）。在我的画廊里，有一系列收藏史书籍，其中有好几章都是关于他的，这些都是极其珍贵的研究资源。佩奇在20世纪60年代找到他的原因并不难猜，他知道卢格特不只是一位谨小慎微的珍贵信息收集者，因为在20世纪50年代末，他协助创办了荷兰学院（Institut Néerlandais），这是一座位于法国的荷兰文化堡垒，致力于促进荷兰文学艺术向法国大众的推广。那里也是保护基金会（Foundation Custodia）的所在地，卢格特夫妇精心挑出的绘画、版画和书籍收藏作品选集就在这里。

卢格特在什么情况下看到这幅画，我当然不得而知，但我发现，他的反应是谨慎乐观的。他不排除这幅画是大师原作的可能性。但无论持什么样的个人观点，他都无权抬升它的地位，特别是考虑到它被修复者损坏的状态。

在20世纪80年代，佩奇和卢格特都已去世，佩奇的女儿（她的名字我没考证出来，如果我继续同那位喝醉的法国同伴聊天，或许就知道了）一直记得那幅画还没有修复完，决定亲自尝试改变这幅画的命运，她征求了一个名叫玛丽亚·范·伯格（Maria van Berghe）的人的意见，她是当时荷兰学院的院长。不出意料，范·伯格将画寄给了正在阿姆斯特丹的约祖亚·布勒因（Josua Bruyn），他是20世纪80年代最出色的伦勃朗研究者之一。这位被选中的专家并没有给出激动人心的回应。他说这幅画是一幅"迷人的伪作"。

佩奇的女儿没有气馁，十五年后，在她的安排下，这幅画到了伦勃朗作品新一代掌门人恩斯特·范·德·韦特林的手里。随后，在这位教授的支持下，进一步弄清事实的欲望，催生了经过杰出学者许可的、最大胆而迷人的绘画检测和修复壮举，教授和他最信任的修复师马丁·比吉尔在他们的故乡阿姆斯特丹继续做这件神奇的事。虽然写了几封邮件没有收到回复，但当这位学术巨人最终同意与我见面的时候，我简直兴奋至极。他还说，转天我能见到比吉尔。巧的是，他们最近"升级"过的作品之一——尽管在物理变化方面，这种"升级"相对温和——将在马斯特里赫特举办的TEFAF①上展出，我决定去看这个展，然后乘两个小时的火车前往阿姆斯特丹。

对新近被清洁、研究或认可的早期绘画大师杰作来说，马斯特里赫特就像戛纳之于新电影，在3月的九天展览期间，这座古罗马城市成了艺术品和古董交易领域的麦加，与会者会拿出他们去年一年收入囊中的佳作；最近，博览会的展品范围已扩大至近代，甚至是当代的作品。博览会并没有开在风景如画的中世纪小镇中心，而是在一个宽敞的会展中心，位于一堆已经失去功能特色的现代派建筑的中间。与其他艺术和古董展示场合——比如伦敦的格罗夫纳酒店（Grosvenor House），或者纽约的"军械库展览会"（Armory Show）不同，这个专为博览会建造的场地能让参展者充分享有自由，在艺术的舞台上尽情用最契合其展品的概念或幻想进行表达。有的人选择费力地重做自己伦敦、纽约或巴黎画廊展厅的内部装潢；另外的人则重塑自我，走向少有人走的现代派之路，或者通过给展台铺上法国酒庄的原装镶板释放梦想。

---

① TEFAF是欧洲艺术和古董博览会（The European Fine Art and Antiques Fair，又译作"欧洲艺术博览会"）的缩写，它是世界顶级的艺术品和古董博览会之一。

每个角落都有分门别类、精心展示，等待检阅的杰作，前来检阅这些作品的学者、经销商和修复师组成了一支精锐部队，他们的高标准能维持博览会的声誉，确保最优秀的展品以绝佳面貌出现在前来参观博览会的游客面前。

他们或许能得偿所愿。远道而来参加这场年度辉煌盛宴的人们，有的是世界上来头最大的艺术品买家，有的则是最杰出、最显赫的博物馆馆长及其首选赞助人，各年龄段的大收藏家，或知名、或初出茅庐的艺术史学家，记者和作家，以及擅长某一艺术领域的经销商。这是艺术界的蜉蝣集中地带，当鲑鱼一起冲破他们组成的屏障，那里发生的事将决定很多经销商的年度收入能有多少。由于组织者的盈利会被回馈到展会的运营当中，每年的博览会都会比前一届更加耗资巨大，也更市场化。为了表彰博览会成立之初的20世纪70年代中期至今络绎不绝前来参展的前辈同行，在2008年3月的前半个月，展会内部用17.5万朵银莲花作为装饰，象征他们所贡献的占艺术领域70%的作品。本·詹森（Ben Janssens）本人就是一位东方艺术品经销商，作为博览会的新主席，他对这场盛会的影响也很明显，他非常有远见地安排工作人员在主题餐厅旁边放置了一排迷你展台，表达了他的观点：那些尚未成熟的、有品位的交易商，终有一天也会带着自己的想法走进艺术神殿。整座城市也为适应一年一度的博览会需求倾尽全力。我到达这里的那天早上，也就是博览会开幕的第三天，组织者自豪地报道称，有1万人参加了预展，所有酒店和餐厅都已预订或爆满，136架私人飞机（含私人的波音707飞机）已经驶入机场。

我慢慢地从参加盛会的人群中一路走来，经过了227位参展商的柜台，其中有相当一部分是我的朋友和同行，我最终找到了

第四章 对真相的追求

那幅传说中的伦勃朗作品。这幅画所在展台的主人是威尔·诺特曼（Will Noortman），他只有26岁，是艺术界的一位新秀，他是荷兰籍的伊顿毕业生，长着一张稚气未脱的脸，黑发梳成大背头样式，在他接待人群的第四天，已现出轻微的疲态。他父亲罗伯特（Robert Noortman）是艺术界一位精力过人的人物，内心笃定、自我驱动力强，也极为成功，他对早期荷兰艺术有一种特殊的识别能力，不过，他已在一年前去世了，当时距离他将经营得风生水起的画廊和股票卖给苏富比还没过几个月，那是一笔总共价值超过8000万美元的股份和资本。我看见威尔的时候，他正坐在宽阔的展台中间一个大桌子跟前，身后是一幅用警戒线围起来的、18厘米高的伦勃朗自画像，作品四周围满了络绎不绝的参观者。

那天上午我和他在一块儿坐了一会儿，那种身处博览会之中的感受让我至今记忆犹新。尽管有在伦敦和棕榈滩参与展会的经验，这些场合对耐力的考验也是相似的，坦率地说，我并不擅长应对这样的情景；它要求你始终保持对能改变作品命运的大买家的警觉（特别是那些在展会头一天就出现，似乎准备出价但又没再露面的人）；已然疲惫不堪，但又要强打精神吸引更多的人；要倾听，要接受别人的意见，也要发出自己的声音；当你站在那里（我现在更多时候是坐着的），会越来越强烈地意识到自己身体的重量，得为连续三天在展会值班做好准备，上帝知道还要再待多久，新鲜空气和阳光退化成了遥远的回忆。有时候这种囚禁带来的压力大到无法承受的地步，我听说有时候在展会结束之前，连那些经验丰富的经销商也会发疯。有一年在棕榈滩，为了应对压力，我和同行们发展出一种不健康的、对整容术的迷恋。当时我们发现，似乎每个上了年纪的有钱女顾客都让给迈克尔·杰克逊（Michael Jackson）或维尔登施泰因新娘（The Bride of Wildenstein）①设计手术的外科医生当中的一位动过刀子：识别给她们做手术的整容大师变成了我们之间的鉴赏力比赛内容。

当我问及威尔的明星产品，他的耐心轻而易举地恢复了。

"自从重新修复之后，这幅画还是第一次来马斯特里赫特参展。"他回过头去看着画解释说，"我们把它卖给了一位收藏者，近期做过一次重大的修复之后，正打算将它重新让下一位收藏者买下。"

在公学范儿的发音背后，我无法分辨出他哪怕是最微弱的荷兰口音，他与人沟通的方式直接而开放，很吸引人。我不由得感到威尔将来会在某种程度上继承父亲的遗志，或者至少塑造出一个出色的自我。

伦勃朗有记载的那八十来幅自画像，一直被收藏家格外珍视。不仅因为他喜欢重复这样的题材，作为一位看起来富于浪漫气息的年轻人，他也会利用自己的面容和身体表达他持续探索出的技艺和绘画特色。就如范·德·韦特林教授所验证过的那样，天才的伦勃朗为想要这种作品——一位著名艺术家的自画像——的买家准备了一系列自我剖析式的作品。三百五十年后，这样的市场需求依然不减当年。

威尔所指的重大修复是对画中人物帽子和手的修复。这幅小小的肖像画近年来的新际遇要追溯到1997年，当时它在一位巴黎经销商手上，在人们看来，它要么是复制品，要么是伦勃朗追随者的作品。那一年，范·德·韦特林和他的团队公开宣称，这是

---

① Jocelyn Wildenstein，被称作"狮子女王"或"猫女"，是一位富有的社交名流，因多次整形手术而一直被无聊小报报道。她因整容失败后的外貌，被一些媒体昵称为"维尔登施泰因新娘"，意指"科学怪人的新娘"。

第四章 对真相的追求

一幅真正的伦勃朗作品。这就在艺术家的全部作品中增加了一个引人注目的新发现，它也是伦勃朗篇幅最小的一幅自画像。然而，接下来的几个月，当教授在进行有关伦勃朗自画像的一项重要研究时，经过反复思考，他发现这幅画可能有些不对劲，即外观有异常的地方，最终，他将这种异常锁定在人物的帽子和手的位置。教授按照自己的工作方式推动研究继续进行，（通过当时负责这幅画的罗伯特·诺特曼）请求收藏者允许科研人员对作品做进一步的检测，经过仔细的科学与艺术史分析，他建议将后来添加的补色清除掉。很明显，适合做这件事的人，就是来自伦勃朗研究项目的修复专家马丁·比吉尔了。这幅画的收藏者答应了教授的请求。比吉尔拿起溶剂和解剖刀开始工作，拨开原先覆盖在画上的"假肢"，让伦勃朗自己的手若隐若现的痕迹重见天日。比吉尔对帽子做了同样的处理，帽子和手一样，也是以时髦的方式"更新"过的，可能是在同一时期，出自同一位艺术家的手笔。如今，作品以恰到好处的方式恢复了不那么时髦的原貌。因此，马斯特里赫特公众受邀来向两位令人兴奋的客人的到来致敬：新发现的伦勃朗的手和他原来的帽子——或者，引用画廊文献记载里的原文："这幅画……变回了伦勃朗完成之初的模样。"在我离开威尔的展台时，对这样一幅太过值钱的作品，他的描述精准地概括了它的魅力所在，"这件伦勃朗自画像原作"，他笑着评论说，"拥有极致的性感。"

尽管美国博物馆有时候出售绘画作品，新发现也时不时地会发生，2003年苏富比拍卖行的统计结果显示，只有三幅伦勃朗自画像留在私人藏家手中。上文提到的这幅自画像最终以1800万欧元的价格售出。对伦勃朗作品来说，21世纪的艺术品市场也是一个相当商品化的市场，部分原因是诸如阿尔弗雷德·贝德和奥托·瑙曼这类经销商的支撑。此外，这种艺术家的作品需要一个能提振市场的大人物，这一点已被45岁的华尔街金融家汤姆·卡普兰证明了。在此前的数年，他以惊人的毅力成功买下至少八幅伦勃朗原作——以传世作品的稀缺性而言，这是一项几乎不可能获得的成就。伦勃朗原作在此时的艺术品市场比过往任何时候都要抢手，这届马斯特里赫特的博览会上还能多一幅新发现的伦勃朗自画像，范·德·韦特林教授及其专家团队功不可没。

我在伦勃朗故居安排了一次同这位伟大的学者的会面。那是一处极其珍贵的旧阿姆斯特丹式建筑遗迹，它的伟大之处不仅在于这是伦勃朗生活和工作了十九年的宅邸，还在于它历经多起重大事件，侥幸得以保全。伦勃朗在职业生涯中期（资金紧缩期间）遭遇了一次不可避免的破产，所以，关于这里所有家具和动产的细枝末节的记录，原原本本保留了下来。荷兰人以物品清单为指引，忠实地再现了故居室内17世纪时的家具、物品和绘画作品（其中有一些原本就挂在墙上），还原的方式与这里相隔几条街的安妮·弗兰克（Anne Frank）秘密旧址[①]有着同样的历史关怀和尊重。为了赴约，我很早就赶到了，花了一个小时的时间，从厨房走到楼上，仔细观看了这里收集的绘画、石膏像、雕塑和古董，它们当中有很多还放在原来伦勃朗住在这里时的地方，因为那份清单是按照位置来记录物品的。伦勃朗既是艺术品经销商，也是画家，这座高大的建筑不仅是他居住和创作的地方，也是娱

---

① 安妮·弗兰克故居是犹太姑娘安妮·弗兰克当年躲藏的密室旧址，也是20世纪畅销书《安妮日记》的故事发生地。安妮的日记中详细记录了她两年的避难生活，后来，除父亲外，她本人及其全家都在第二次世界大战中被纳粹杀害。如今，这个位于阿姆斯特丹市中心的避难所成了著名的反法西斯博物馆。《安妮日记》出版后引起了轰动，故居的布置保持了书中原样。

乐和交易的场所。在这里，他不仅卖掉了自己的油画和版画，也售出了他的学生、助手，以及他喜欢的其他艺术家的作品。他的生意一度很繁荣，雇用一群人帮忙复制、模仿和改变画作以适应市场需求，为荷兰的鉴赏家供应和生产艺术品；尽管时间和历史发生了错位，如今，这里也在执行所有现代博物馆必须遵守的健康和安全法规，17世纪嘈杂的工业之声却依然不绝于耳。

我花了一点时间逛了逛一层的书店，那些有关阿姆斯特丹艺术传奇的出版物真令人心潮起伏。恩斯特·范·德·韦特林的名字几乎像伦勃朗的名字一样无处不在。我在伦敦所从事的业务范围和研究思路，让我有点不安。我开始怀疑，他是一位那么出色的学者，他研究的艺术家离我的专业领域如此遥远，我该如何与他对话？这位艺术史界的领军人物可能会受不了我的无知，特别是当他知道我没有读过他们自己出版的书的时候。我清楚地记得，上大学期间，有一次，我向一个专家展示了一幅画，对方让我到一边去，读完他的书的第二章，再回来找他。二十五年前被人鄙视的这次经历依然让我心有余悸。令人敬畏的学者、已故的奥利弗·米勒爵士，我们已经在前面的章节提到过，有着温文尔雅的风度，也同样亲切而咄咄逼人，作为一个年轻的经销商，我有时候会借助于他有关英国房屋、收藏和世系的广博知识，绕开对作品归属问题的探讨。特别是当作品状态不好的时候，在这种情况下，他倾向于认为那是艺术上的缺陷。他善于让我们的讨论陷入一连串可以类比的事例，然后回答说："对此你当然十分清楚，莫尔德先生。"

我知道，自从荷兰政府在1968年决定资助以伦勃朗研究项目的名义成立的艺术史专家委员会，恩斯特·范·德·韦特林致力于伦勃朗研究已有四十年。这个想法是两位艺术史学家提出的，他们分别是约祖亚·布勒因教授（佩奇的女儿向他寻求过建议）和阿姆斯特丹历史博物馆馆长鲍勃·哈克（Bob Haak）。这是惊人的创新之举，是第一个专门为一位已故画家的作品成立的认证委员会。事实上，伦勃朗研究项目的设立之所以至关重要，是因为太多画作被粗暴地视作伟大的荷兰文化灵魂人物的作品，这在很大程度上是由于（至今仍然）有一种倾向，有才华的助手和追随者刻意模仿大师的技巧和风格创作出来的作品会被误认为是真正的原作。继伦勃朗研究项目之后，梵高博物馆（Van Gogh Museum）对梵高作品也采取了类似的做法，即采用综合的艺术史分析方式，这种做法对其他一些同样容易被以假乱真的国际知名画家作品同样大有助益：我个人希望看到更多英国最杰出的画家，尤其是像庚斯博罗和康斯太布尔这样的人物，也能建立起自己的互助型论坛，但是这种做法也不是没有问题，就像伦勃朗研究项目成立之初发生的事情那样。

1905年，当学者们尝试编写出第一本正式的伦勃朗作品图录时，他们认为伦勃朗本人存世的原作有将近600幅（如今已经减少到330幅），尽管那时候专家委员会已经开始削减这个数字，"鸭子"和"天鹅"之间的差别仍旧含混不清。恩斯特·范·德·韦特林从一开始就参与了图录的编写过程，尽管他最初能得到这份工作在很大程度上是侥幸的。就凭他的简历，伦勃朗研究项目的创始人很难把他视为传统意义上的艺术史专家并考虑将他招收进来。他父亲是位荷兰技术设计员，母亲是德国人，他在位于海牙的荷兰皇家美术学院（Hague Royal Academy）接受艺术训练，毕业后到一所中学做美术老师，但在23岁那年，他决定辞职，开始穿越意大利、埃及和希腊的旅程。在希腊，他买了一头驴，骑着驴走完在这个国家的行程，他认为那才是对本地生活的地道体验。在探索性的波希米亚式旅途中,他遇到了两位德国知识分子,他们点燃了他的学术热情,当他继续做了一段时间的老师之后,他决定去阿姆斯特丹大学学习哲学,却发现自己缺少必要的古典学素养,这让他懊恼无比,不得不改修艺术史课程取而代之。作为有显著成就的艺术家,在拿到学士学位前,他穿上僧侣的服饰,专门隐居起来,花了六个月时间在纽约的布鲁克林区给自己的作品造了木制的支撑——有点强迫症的感觉,他后来将这种精神用在了伦勃朗研究上。

29岁那年,范·德·韦特林受当时的项目主席约祖亚·布勒因之邀,临时到刚刚成立的伦勃朗研究项目帮忙。作为一名学生助理,他的工作相当卑微,最初的任务包括安排委员会的研究行程,协助收集必要的资料;这个职位薪水不高,他不得不用自己其他方面的才能,比如晚上在专业乐团演奏长笛、单簧管和短笛之类的乐器来补贴家用。然而,这样的生活并没有持续很长时间,很快,他极高的天赋被研究项目中的教授们注意到了。之所以有这样的机遇,在一定程度上是因为项目中的一位委员病倒了,需要有人补他的缺;于是委员会临时征用了这位年轻的行政人员。现在,他能为项目做更突出的贡献,委员会中的长辈们意识到,他有着天生的慧眼,拥有一种实用的、对艺术家作品的敏锐感受力。他们希望他留在阿姆斯特丹,于是提供了一个为他量身打造的正式职位,工作地点位于这座城市艺术与科学中央研究实验室(Central Research Laboratory for Objects of Art and Science),他可以在那儿工作二十年。对相关领域的普通从业者来说,这只是个偶然的机会。但对范·德·韦特林而言,他可以跟最聪明的艺术品修复师和科学家一起工作,这不仅让当时的伦勃朗研究项目在调查方面有了完善的技术基础,这位嬉皮士也摇身一变,成了艺术史学家，可以开始发展自己兼容并包的超强鉴赏力。

这项任命带来了另一个好处，那就是不断增加的阅历让范·德·韦特林有了更多的道德感和勇气，使他敢于采取会让之前很多艺术史学家觉得不合适的行动，来进一步寻找问题的答案。在这一岗位工作期间，由于他花了六年时间为国际博物馆理事会（International Council of Museums）协调一个伦勃朗研究相关的工作小组，他的身份逐渐升级为艺术理论及绘画保护修复准则方面的国际知名专家、演讲者和顾问。他在这个新的学术研究位置上成了一位领导者，他的一部分注意力放在作品的修复原则上，即人为还原作品面貌的行为能在多大程度上为人们所接受。在探索原则的过程中，范·德·韦特林成了公认的权威，以至于后来他敢于担任伦勃朗研究项目的主席。

委员会成员用如西班牙宗教裁判（Spanish Inquisition）[①]般的热情着手他们的工作，他们结伴踏遍全世界，反复提问每个自称藏有伦勃朗作品的人，他们发展出一种工作模式，即通过用旧式的主观鉴定技术达成集体共识来得出结论。换句话说，他们建立了一个概念，即伦勃朗作品应该是什么样，每件绘画作品都会被贴上"是"或"不是"，或者偶尔也有"不知道"的标签。当曾经神圣的伦勃朗作品遭遇大拇指朝下的手势时，消息传来，在某些最讲究的豪宅和博物馆，悲痛、震惊的咆哮声不绝于耳。这样的事甚至发生在了白金汉宫，连女王都被告知，她所看重的伦勃朗半身肖像画作品《戴头巾的年轻人》（*Bust of a Young Man in a Turban*）真正的作者是伦勃朗的徒弟伊萨克·德·茹德勒维尔

---

① 又称异端裁判所，是公元1231年天主教会教宗格里高利九世决意，由道明会设立的宗教法庭。此法庭是负责侦查、审判和裁决天主教会认为是异端的人的法庭，曾监禁和处死异见分子。

(Isaac de Joudreville)。这样的过程很无情，在某些情况下限制得太严格，但这还是让委员会建立了铁面无私的权威性。1989年以前，按照作品的创作时间，研究项目出版了三卷图录，后续部分也在出版的路上，但是，尽管从成立之初起，这样的工作对项目来说似乎不可或缺，范·德·韦特林却开始感到不满。他花了十八年时间在实验室里分析绘画技巧，思索素描的用途，让自己沉浸在伦勃朗时代的艺术理论、画室工作方式和艺术潮流当中，他意识到，需要另一种更具有包容性的审议作品的方式。在他看来，绘画是一个"过程"，要将作品归入某位艺术家名下，关键在于一组来自不同学科的支持性论据。

和身边的年轻人一道（保守派们此时已经上了年纪），成立了一个独特的、学科多样化的、阵容强大的合作小组，其中包括时尚史学家玛瑞克·德·温克尔（Marieke de Winkel）、修复师马丁·比吉尔、科学家卡琳·格罗恩（Karin Groen）和树木年代学家彼得·克莱因，还有档案研究、笔触研究、蚀刻[①]与绘画研究方面的专家，1993年，范·德·韦特林和他身边的冷门学科专家团队，让他成了实至名归的伦勃朗研究项目的新主席。"艺术鉴赏力，"他对致力于艺术领域的领先学术刊物《伯灵顿杂志》(*Burlington Magazine*) 说，"只有最大程度地储备起来，才能有效利用，只有当所有其他论点都已用尽的时候，才要用鉴赏力做判断。"整个艺术界都对他的说法洗耳恭听。也不是没有人批评他，包括德高望重的艺术史学家，也对他的方法提出了质疑，不过，随着2007年伦勃朗研究项目第四卷图录的出版，越来越多的

[①] 伦勃朗有一些蚀刻版画作品。蚀刻版画是一种版画的作画方法，先在金属板上雕刻，然后用强酸腐蚀，制成凹版，再用油墨印刷成版画。

人相信范·德·韦特林的委员会及其惊人的学科突破——不仅敢于修正前任委员的说法——他们采取艺术与科学相结合的方法,划定艺术品作者的归属,在合理化和规范化方面,比任何人都走得更远。在佩奇所藏的自画像的案例中,伦勃朗研究项目联合各个学科和知识领域,将畸形的"鸭子"升级为艺术世界里一只轻盈的"天鹅"。

那天下午,当我走进伦勃朗故居博物馆,接待人员告诉我,教授将在三层与我会面。当我走出电梯,一个看上去很希望自己收藏的作品是伦勃朗原作的中东人正在往外走。我想自己此刻正身处一个决定艺术品命运的核心地带,一个经常提及、评判和探讨伦勃朗遗产的地方。刚刚带领中东人参观的那个荷兰人转向了我。这位胖胖的先生有着福斯塔夫式[①]的外表,卷曲的银发,戴着圆框眼镜,身穿防尘外衣,但他面部最显著的特征是他那古典形状的嘴,看到这样的嘴,我立刻认出了他。范·德·韦特林教授匆忙笑着迎接了我,并和我握手,然后轻快地带着我走进一间大办公厅,那里到处都是桌子、屏幕和书籍,与整个博物馆的内部风格形成了鲜明对比——有一个明显例外之处:两幅伦勃朗风格的画作有点不协调地放在支在地板上的矮画架上。教授解释说,其中一幅属于刚刚离开的特拉维夫收藏家,另一幅则来自一位迈阿密收藏家,接着,他直奔主题。

"我想我可能会给你展示一下我经常需要考虑的东西。同一主题的两幅画,都是伦勃朗助手的作品——我们称这种作品为

---

① 在《亨利四世》(*Henry IV*)中,莎士比亚成功塑造了文学史上的经典喜剧人物——福斯塔夫(Falstaff),他是一个肥胖、机智、乐观且爱吹牛的没落骑士,是亨利王子的忠实伴侣。后来"Falstaffian"一词就用来专指"具有福斯塔夫式的乐观和爱吹牛特征的"。

第四章　对真相的追求

'卫星油画'，即对大师原作的演绎，这是伦勃朗鼓励的做法。"英语并非他的母语，但他用外语清晰表达复杂事物的能力让人印象深刻。他朝博物馆控制中心的四周看了一眼，显然有些担心我们的谈话会打扰到其他的工作人员，于是在讨论继续深入下去之前，他建议我们到隔壁去，在那里，我们可以更自由地交谈。

原来，他说的"到隔壁去"是指到隔壁那幢楼上去，"伦勃朗角落"（Rembrandt Corner）是伦勃朗刚来阿姆斯特丹时住的第一所房子。这里现在成了酒吧，范·德·韦特林坦承，他想在放松的情况下边喝酒边接受我们的访问。我们在角落里找了个可以俯瞰运河的座位，在我们的上方，一尊伦勃朗蜡像怯生生地斜睨着我们，活像露天马戏场的道具一样。恩斯特，如他现在让我们称呼他的那样，迅速下单，点了啤酒和一盘裹了面包屑的肉丸，服务生直接将酒和菜放在了他从博物馆带出来的厚重的图录旁边。这样一来，他显然放松了许多，一切已经安排停当，可以开始聊天了。几分钟后，除了艺术家、学者的身份之外，我后来才发现他还是个诗人，这位复杂的多面手所展现出的人性的、浪漫的一面，让我迅速缴械投降。我不是在那里给他看一幅需要他来验证的画，我来访问这样一位教授的正当理由，在某种程度上与常规情况几乎完全相反——请他向我解释，他是怎样看待和理解艺术的，又是怎样产生了过人的洞见，让他和他的委员会拥有如今的非凡地位。一种前所未有的动力正促使我在这场对话中扮演一个天真的、不明真相的听众，他则在扮演内容供应商。

除了那些公认的、内向的人，艺术史学家一般都会学习在大众面前公开表达观点，因为他们至少需要将自己的成果展示给出版商、学界同仁和学生。很快，我就弄清了一件事情，那就是范·德·韦特林这方面的沟通能力已经达到一个全新的、非同寻常的高水准。他边喝酒边吃菜，与此同时，他的人格魅力与坚定信念，已经让我为他讲述的内容所着迷，这种吸引力完全超乎正常范围。他的谈话内容以伦勃朗的奇才为开端，伦勃朗是荷兰最聪明、最富冒险精神的艺术家，也是一位艺术巨人，从不被传统束缚，在他的故乡莱顿（Leiden），在艺术方面十分渊博的青年知识分子们兴奋地发现，这个人有希望超越前人成就。这些内容犹如历史小说的序言，构成了谈话的背景，而且此时教授所做的事，是以高度概括的形式，将16世纪至17世纪的艺术传记作家如卡雷尔·范·曼德（Karel van Mander）和塞缪尔·范·霍赫斯特拉滕（Samuel van Hoogstraten）的作品内容介绍给我，说明他已将这些作品融会贯通。他解释说，当你了解了伦勃朗的时代，他进行创作时的社会状况，以及赞助他的是什么样的人，他的艺术就变得更容易理解，每一部作品的归属就变得更清楚。

"他重新发明了绘画。"当恩斯特继续说到这些的时候，用的已经是传道者的口吻，"伦勃朗会考虑、审视绘画的方方面面：空间、光线、织物的褶皱、人体比例、姿态、构图、反光。他对颜料的运用本身就是一个伟大的奇迹，他拿着颜料，带着自己的生活经历来浸染作品；他抓住每次机会来做尝试，这让他变得越来越厉害；在这样的过程中，他的作品愈发接近自然，某种程度上可以说，是作品本身在进行自我创作！"他将酒杯移到一旁，摊开面前的那本图录，指着伦勃朗后期创作中那种厚重的、复杂、抽象而又近乎疯狂的颜料涂层说。我喜欢他现在的这种讲述方式，此刻，在阿姆斯特丹一间酒吧的桌前，他发表了内涵丰富的艺术观点，引爆了我的激情，或许这些内容，你只能在20世纪早期潜入巴黎或柏林的艺术家那儿听到。我很少听谁以这种惊世骇俗的口气谈论17世纪的绘画，当他将话题转移到伦勃朗让现实照进创作时，他的言谈中既有现代术语，也有对相关问题在艺术上的自信见解。

他将图录翻到一幅早期自画像所在的位置，我一眼就认出，它就是修复过的那幅佩奇所藏的肖像画。他的眼光现在变得更加诡秘，就像某个秘密社团里的资深人物要吸纳我成为其中一员。

"注意看人物鼻子和颧骨的光线是怎样反射到眼窝的，"他说，"这个可以称为伦勃朗完全成熟的艺术阶段'走私'光线的一个例子。一般的观众不会追问错觉是怎样制造出来的。如果制造错觉的阴谋得逞，你不会注意到它是怎样制造出来的——但就是这种手段造就了幻觉般的效果。用这样的方式考察他的艺术，会给我们更大的想象空间——随之而来的是，更多样的表述和更有力的论证。"

这是极精辟的见解，源自他天生对观察和思考不知疲倦的热爱，那种敏锐的眼光和解构正是他那令人震惊的鉴赏力的关键所在。他也掌握用激动人心的方式讲述伦勃朗之天才的方法，这种方法我曾在最伟大的老师那里看到过，他们成功激起了学生的兴趣，让他们受益终身。

最终，在我的坚持下，我们将话题从伦勃朗转向他自己，他谈到了自己艺术式的童年生活，早年对成为哲学家的渴望，他对歌德和德国浪漫主义的热爱。我们还聊起了他的生活，他是怎样离婚而后再婚，再婚的时候还是娶了自己的前妻，并决定与她共度余生。这对夫妇现在住在他们高大的阿姆斯特丹式建筑里，分别待在不同的楼层。恩斯特是如此坦白，以至于我感到有足够的信心提出一个特别让自己着迷的话题：他怎样平衡自己毕生的事业和他的决定所造成的重大财务影响。这样我接下来才能转向佩奇那幅肖像画的相关主题。我的这个问题触到了要害，他的神情凝重起来。

"钱会阻碍你对艺术的洞察。如果你想买一首舒伯特的奏鸣曲给自己听，你可以花10欧元，也可以用同样的方法收集他所有的奏鸣曲。你无须花一分钱，就可以读莎士比亚的十四行诗。伟大的艺术应该让所有人共享，但问题是像'珍品''原作'这样的概念，会阻碍人们对艺术的洞察。当人们看到原作的时候，目光会被它的光环干扰。这就是为什么我会支持批量制造复制品的想法，因为它们可以移除这种障碍。"

"但是该怎么做，"我担心地问，"你会用自己的职权改变现状吗？你是否喜欢像现在这样，只要你一句话，水就可能变成酒——或者反过来。这难道不会让你感到害怕或委屈？"

"我尝试循着浪漫主义运动的线索，"他回答说，"诚实地生活，相信我自己的感受，尝试靠近真相。这就是支撑我的信念，我从不让自己被钱的问题绊住。算计让我觉得恶心。我讨厌TEFAF和艺术品市场——事实上我寻找的是纯真。"

我无法回忆起自己向他讲述了多少有关我的艺术品经销事业的事，慎重起见，还是不要在我们的谈话中继续讨论这个主题了。他谈论钱的方式让我甚至有点怀疑自己的人生。

"我们都有权保持天真，"他继续说道，"它让我们自由地回归艺术和艺术的本真。""有一次，我因为沿着通向高速公路出口的路肩开车而遭到罚款。我不经常开车，无恶意地做出了这样的举动，因为我之前遇到了交通堵塞，认为这样会缓解其他司机的压力。一位卡车司机驾车挡住了我的去路，直到警察走过来让我交罚款。我在法庭上质疑了这件事，指出我所做的一切都是为了帮助别人。尽管如此，他们还是把我当成占用路肩的坏人！法官说我太天真了。'可是先生，保护我的天真，这是你的工作啊！'我反驳说。无论现在，还是当时，我从未因自己的行为感到内疚，因为我是在帮助别人。"

恩斯特笑了，他讲完了故事，给我的感觉是，我不是第一个听到这故事的人。他又喝了口啤酒，然后望向窗外，看着对面的运河，沉思了片刻，才带着一脸认真思考的样子转向我。

"对我来说，没有什么比还原事实更重要了。这就是驱动我的力量。50岁以前，我一直害怕将自己的秘密公之于众。"

"你的秘密？"我问道，不知道在前面的聊天过程中，或者在进行背景调查的时候，我是否错过或者忽视了什么。

"是的，在我生命中的四十年里，我一直认为自己的父亲曾是一名纳粹。"

"一名纳粹？"我尽量压抑自己的惊讶程度，"但我想你父亲应该是个荷兰人吧。"我们的邂逅正在转向一个无从预知的领域。安妮·弗兰克的故居就在附近，可以想见恩斯特所要披露的内容有多么关系重大。甚至直到今天，偶尔来访的德国游客还会发现，自己的车被家乡遭遇过纳粹占领、有着漫长伤痛记忆的荷兰人划伤。

"他加入了NSB，即荷兰国家社会主义运动党，"恩斯特继续不加掩饰地说，"他是众多受希特勒重建德国计划蛊惑的人之一，像其他荷兰人一样，他相信这能防止荷兰成为德意志帝国的一部分。1944年，母亲因为是德国人，所以带着我逃离荷兰，以免遭到报复，但我父亲留了下来，直到1945年才随我们来到德国。不久，父亲在我们镇上的港口画素描的时候，被英国人当成纳粹嫌疑人逮捕了——他们将他当成了间谍。结束了四年来在各种战俘营的监禁生活之后，他终于重获自由，这也让我们得以重回故土。但是在1948年至1998年这五十年的时间里，我一直痛苦地隐瞒着一个秘密,那就是,父亲曾是那样一个党派的成员。这个事实会自动让他,乃至我们整个家族蒙羞,我们都像魔鬼一样!当我决定将此事公之于众,这给了我巨大的安慰——它让我不再惧怕任何事。这便是我试图领导自己人生的过程。"

"然而,事实证明,我的一些担心是毫无根据的。后来我有机会看到相关的档案,发现他从未伤害任何人,文件中也没有任何有关他叛国或勾结德国人的迹象。是他的党员身份,以及他被允许保留收音机的事实,严重触怒了法庭!"

此时此刻,我觉得没有什么话题是不能讨论的了。我还发现,两个半小时已经过去,我还没有找到合适的方式与他探讨有关佩奇手上那幅自画像的问题。现在,当我回到这一主题,他完全准备好回答我的问题,他的回应带着一闪而过的骄傲。

"如你所知,那幅画曾被我的前辈约祖亚·布勒因排除掉了,他说它是一幅'迷人的伪作',"他告诉我,"1995年的这一次,我坚持向收藏者表示,如果让我们重新审视这幅画,需要让全体科研人员都到现场——包括树木年代学家、操作X射线的工作人员、涂料取样师等。当他们第一次将那幅画拿给我看的时候,我记得自己当即想到的就是,它看起来像一幅伦勃朗原作,但再看似乎又不像,因为尽管右眼、下巴、鼻子和轮廓足够有说服力,其他部分却没有。经过两天的彻底分析之后,我确信它是伦勃朗生前完成的一幅作品,从笔触来看应该是他的原作。"

在这个阶段,他为伦勃朗画室研究所做的实践被证明是非常有价值的。他做了一个巧妙而有说服力的假设(后来他把这个假设写成了文章),那就是,这些自画像是伦勃朗艺术品交易过程中的库存商品,这个假设解释了伦勃朗自画像原作在他的有生之年是如何变成追随者作品的。在他本人的授意或监督下,他的学生可能要么"翻新"了作品的一些特征来体现较为成熟的男人味，要么将原作变成了当时流行的tronie式作品①，即一个看起来很有趣的人物头像，带着更多装饰性，或者商业上的魅力。在这个案例中，则是带有俄罗斯式的异国情调。伦勃朗需要做生意，对希望跟那些爱赶时髦的顾客保持一致的店主来说，在原作的各个地方来一点"翻新"，是很有意义的。

"当添加的东西被部分擦除，特别是当我们把这幅画在20世纪30年代的样子通过照片的方式保存下来之后，我们做了进一步的思考，"恩斯特继续说道，"正常情况下，我们不主张毁掉一幅画的任何一部分历史，但在这个案子里，有一个合理的、伦理上的理由，那就是彻底的干预——以清除曾经用的颜料的形式——已经发生了，让这幅画看起来像一幅混合了其他风格的蹩脚漫画。我跟这幅画的收藏者说，不要卖掉它，而是要找到愿意同你一起经历修复和调查这幅画的过程的合作伙伴。因为我们想获得修复和调查方面的学术利益，我主动提出要监督这个过程。马丁·比吉尔最终承担了修复任务，他是做这项工作的最佳人选——胆大心细，对伦勃朗有深切的爱和理解。"

我已经安排好第二天去见比吉尔，但在结束和恩斯特的谈话之前，我询问了有关他自己艺术创作的问题。会谈期间，我对他进行了一次可以揭示他自己如何使用画笔的小测试，这位伦勃朗专职研究者果然震撼了我。接下来，他描述了自己正在创作的作品的复杂构思，那是在他家搬来阿姆斯特丹之前，住在德国小镇

---

① tronie，荷兰语，意思是介于肖像和历史画像之间的一种绘画类型，画中人物被设定在一个特殊位置，有时穿戴一些别样的服饰或拿一些小道具，其真实身份通常无关紧要。即便用真人当模特，这类作品的主要目的也是练习利用肢体传达特定情绪或特殊风情等绘画技巧。

期间，他正看着父亲画画的场景——父亲在德国期间只和家人在一起生活了一个星期，就被英国人抓起来了。事实上，他还留着父亲当时画的那幅水彩画，将它挂在自家墙上。这个场景令人心酸，让人想起小恩斯特跟在父亲身边，看着他画画的样子。在我的要求下，他为自己正在构思的作品迅速画了个素描，其中包括小时候的他观察父亲时的目光。当他准备离开的时候，想到这幅作品的重要性，我还是忍不住感觉自己有足够的底气大胆解释他的艺术"过程"，因为一种兴奋的感觉在猛烈地冲击我，告诉我，他是在试图用这样的方式纪念自己的父亲。

"这是一幅纪录片般的画作，在画中，你目睹了父亲是这幅画的作者这样一个事实，"我说，"正因如此，你今生的事业就是要找到有关著作权和归属的真相，你自己的作品通常也带有揭示性，是不是？"

他起身准备离开。"我想，你可以这样理解。"他回答的时候带着古怪的微笑，留给我的是一种含混的、"你只猜对一半"的感觉。伟大的教授穿上外套，把那本厚重的、大部头的图录夹在腋下，消失在夜色中。

几个月后，他送给我一张画，就是那幅已经完成的作品。

我从未有机会访问保罗·佩奇的女儿，但是，在她1995年将那幅作品拿给恩斯特看过之后，此事的进展，只能用"停滞"来形容，五年来，一切没有任何变化。随后，在2000年的一天早上，苏富比拍卖行驻巴黎的早期大师绘画杰作部门主管尼古拉斯·乔利（Nicolas Joly）接到通知，有人请他走出位于圣奥诺雷郊区街（Rue du Faubourg Saint-Honore）的办公室，去会见一位带着画来找他的女士。他回忆说，那天真是走运，他正好在办公室，因为他经常外出，而她没有预约。但是，当她拿掉那个毫不起眼的白色塑料袋时，作为早已习惯评判各类绘画的拍卖行代表，乔利在此刻迅速反应过来：这幅画有某种令人兴奋的东西，必须认真对待。他安排将这幅画寄到伦敦办事处，在那里，乔治·戈登将是下一个查看它的人，他是这家拍卖行的另一位高层人物，也是一位17世纪荷兰艺术专家。根据乔治的回忆，第一次见到这幅画的时候，他的两位同事艾利克斯·贝尔（Alex Bell）和阿拉贝拉·钱多斯（Arabella Chandos）也在场。

"我记得我当时想，这幅画看起来有点四不像，"乔治说，"这绝对是个烂摊子。但仔细看了之后，我开始注意到某些部分的高品质，所以我用一块纸板盖住人物脸部有问题的上半部分，能看出下半部分像是伦勃朗原作。"当时他还不知道范·德·韦特林已经表示了对这幅画的命运的关切，他所凭借的完全是主观反应。

"随后，我们将这幅画寄回了阿姆斯特丹，让我感到惊讶的是，恩斯特·范·德·韦特林告诉我，他正盼着这幅画回来。我都不知道他看过！"

因此，对有志于修复和保护这幅画的收藏者来说，苏富比成了经验丰富、值得信赖的合作伙伴，这幅作品也因此有机会交由马丁·比吉尔来处理——他可以说是荷兰最著名的修复师，同时也是伦勃朗研究项目中的一员，还是世界上为数不多的对伦勃朗的艺术极为精通，有资格为这种作品执行相当于开胸手术的修复的人之一。

比吉尔住在号称荷兰奶酪之乡的阿尔克马尔（Alkmaar）郊区，在那里，他拥有一幢大房子兼工作室，但房子做了伪装，从外面看更像是车库而非宅邸，它还有进一步的安防措施，那就是，这里没有地址。当我到达火车站，一时有些紧张，这时候，我看见一个五十出头、身材有点像运动员的、很像卡拉瓦乔笔下人物的美男子，一头浓密的银色卷发，戴一副很有设计感的黑框眼镜，开着一辆崭新的路虎，停了下来。经过思考，我应该将这位知名而勤勉的修复师描绘成一位科研工作者而不是带着杂志模特光环的人，但我却发现，他也是一个不走寻常路的人，谁也没想到，他竟以特别的轨迹走进了冷门的伦勃朗作品检测领域。

比吉尔的父亲是一位军人，也曾在荷兰的一家顶级足球俱乐部工作。尽管他的小儿子在绘画以及制作和修理模型方面表现出明显的兴趣，他却不信任艺术家，他把艺术家和同性恋者都归为腐朽的人群。艺术在这个家中没有地位，家里也不能有收音机，因为马丁的父亲认为流行音乐是俄罗斯人派来腐蚀年轻人的武器。如果马丁回家的时间迟于晚上10点，哪怕晚一分钟，也会被残忍地处以长时间禁足的惩罚。不出所料，长期生活在可怕而压抑的环境，他已经做了自己能做的一切。17岁那年，他逃往阿姆斯特丹，用六年的时间接受护理培训，并找到了一份相关的工作，随着他娶了同事里最漂亮的护士做妻子，他的生活也发生了转变。他还花了很多业余时间参观当地的主要博物馆，致力于有关早期绘画大师作品事业的倾向初见端倪。这种消遣发展为进入博物馆成为工作人员的强烈愿望，于是他写信给荷兰首屈一指的博物馆——国家博物馆的首席修复师，请求对方同自己会面。除对修复的方式提出具体的想法之外，他还给这封信额外增加了一点幽默的成分。幸运的是，那位首席修复师也是有幽默感的人，还很喜欢马丁的建议，在随后的会面中，他给这个年轻人提供了实习的机会，让他大喜过望。

这个改变命运的突破立刻带来严峻的现实问题，因为这意味

第四章　对真相的追求

着马丁得辞去他的全职护理工作，这时他的妻子也已经因为怀孕不再上班。然而，任何事都不会让他怀疑自己的使命。跟恩斯特·范·德·韦特林一样，他开始借助自己的其他谋生技能，他找到一份走秀男模的工作，还于欧洲杯在荷兰举办期间为足球俱乐部做兼职翻译。

到国家博物馆工作以后，他最初的任务之一是接触一幅因为被很恐怖地从中间包括脸的位置撕破，而缺失了颜料的肖像画。他开始学习修复技巧，两个月后便在这个部门获得了一个没有薪酬的职位。两年后，他在博物馆有了一份固定工作，作为修复师的事业开始起飞。此后的二十年，他也都在国家博物馆工作，第二个十年中，他已经担任了这里的首席修复师。2000年1月，他决定自己创业，让他那惊人的经验在更为广泛的艺术世界和市场得以施展。

比吉尔用他在博物馆期间的很多时间了解其他部门的工作，意识到只有努力研究他正在修复作品的作者，广泛了解艺术史，并专注于其他修复专家和各领域专业人士的成果，才能让自己在修复方面取得他想要的进步。那段日子对修复界来说也是一个令人兴奋的时期。那时候，还补色和损坏部分以本来面目的风潮正在兴起，为了与艺术家的本意更加接近，修复者愈发迫切的愿望，就是测量原始颜料的性质、设法合成原作颜料的成分，以便理解大师追求的氛围效果，然而，由于历史的偶然和时间的流逝，这些已经变得模糊。当他和他的同事试图更深入地了解画家运用的材料里的化学成分，画上的东西让他想起爆炸产生的黑烟和油渍。在范·德·韦特林的指导下，他列了一份他们发现的成分清单，从而大大增加了对早期绘画大师技艺的理解。比吉尔对早期绘画的底部支撑特别感兴趣，尤其是对木材的运用，当他面对的是伦勃朗作品的时候，这种兴趣新增了额外的观察角度，因为这位艺术家习惯用木板进行中等规模绘画的创作。

"这幅画是在非常特殊的时刻到我这儿的。"比吉尔告诉我。他带我沿着一条昏暗的走廊穿过外观被伪装过的建筑，我们在他的办公室落座，办公室里有好几架书，伦勃朗的名字显眼地印在书脊上。我看到一张照片，被范·德·韦特林人生中的另一面深深吸引：只见他从头到脚都是黑色装扮，身旁的比吉尔则以轻松从容的姿态靠在椅子上，这是他下班后的样子，一个与哲学家联手勇敢推进科研边界的技术专家兼酒神。这就是为什么他们所做的工作会如此新颖前卫。一个学者，只要有足够的意愿，就能从理论上说明一件作品可能已经是什么，或许会成为什么，应该是什么，但范·德·韦特林的真知灼见，与一个致力于将理论付诸实践的人的努力相结合——造就了令人振奋的结局——那就是引人注目的创新。谈到自己对工作颠扑不破的热情时，和教授一样，比吉尔的谈吐流畅坦率得让人舒心，甚至可以说是激动人心。

"恩斯特说他要寄一幅画给我，当这幅画寄到我的办公室时，已经部分伸出了箱子，当时我在想，他这次带给我的到底是什么？他对这幅画做了什么？在我开始识别出高品质的部分之前，我记得自己有一部分反应是觉得这画很凌乱，特别是当我看到画上奇怪的眼睛时，甚至会怀疑这是否根本就不是17世纪的作品。第二天，恩斯特打电话给我，敦促我继续做分析，我向他说明了我对它最好和最坏的预期分别是怎样的。"

这件奇特的、新发现的作品，现在摆在他工作室的画架上，比吉尔已经开始整理思路并收集相关的研究。佩奇补上的颜色，或者说他的润饰，以及前面那位去掉帽子的修复者所做的工作，让读取这些区域下方的内容变得愈发困难。比吉尔用显微镜看这幅画的时候注意到人物脸部的位置明显有早期过度补色的痕迹，衣物似乎也已经在同一时期重新涂抹过。委员会的同事为他提供了一份文件，其中包括诸如X射线、红外射线（这是为了找出表层以下的手绘线条）检查结果和树木年代报告等技术数据，但就像在某些情况下那样，这些信息除了能证明画板应该是伦勃朗时期的产物之外，对于让比吉尔应对当时所面临的挑战来说没有太大帮助。作品眼睛和衣服上的颜料涂得那么早、那么厚，牢牢地附着在更靠里的涂层上，以致影像学调查的技术手段无法深入其中。

当范·德·韦特林将这幅画被佩奇买下之前拍摄的照片寄给比吉尔的时候，能让他采取进一步行动的转折点终于出现了，这些照片清晰地表明了这幅画现在的变化是如何发生的，他终于知道该怎样对付画上的难题了。此时，他的使命是尝试理解，为什么人们要用这样的方式处理这幅画，通过研究照片，他了解到，这些添加帽子、头发的拙劣尝试，是为了让这幅画迎合当时的主流风潮，即那时候的人觉得伦勃朗应该是什么样子。这个转折的发生让他明白，毫无疑问，在修复的初始阶段，他需要除去发生在20世纪的补色，以便揭示出更早时期的补色是怎样进行的。他发现在两位收藏者的修复之后：帽子已经用清洗剂完全溶解了，耳环和头发用刀片修整过；修复造成的疤痕组织都还残留在画上。

无论他接下来可能考虑做什么，这些在他看来堪称"胆大妄为的行动"，至少提供了重要的伦理争议。在他现在看来，如果剥离掉20世纪的"化妆品"，对他来说，这些早期的去掉补色的尝试，破坏了画的外观，使它成了一幅异常拙劣的混合漫画，但他和范·德·韦特林都越来越觉得，这些早期的尝试很有意义，因为它们让画的状态变得清晰。当然，眼下，它的状态并不能回答画面其他早期补色之下到底什么样这一根本问题：比如，它或许原本就是一幅未完成的作品，或者遭到过恐怖的损毁，但现在，至少比吉尔能弄清楚这幅画在20世纪遭遇过什么。

作为一名艺术品经销商，工作中最让人欣喜若狂、浑身来劲，或者偶尔惊心动魄的场合，毫无疑问，便是第一次瞥见那些经历了过度补色的整幅或者部分作品上，脏兮兮的光油构成的晦暗保护层被"掀开"之后，露出原始内容的瞬间。我花了太多时间看着修复师们工作，这些时间加在一起恐怕有好几个月。随着溶剂和解剖刀慢慢揭开真相，在这样的时刻，我将见证作品的命运，它们可能是我出于强烈的预感，抑或花重金买下的。在过度补色的案例中，最大的疑点通常是，为什么这幅画最初会被弄成这样，有什么令人害怕或惊喜的内容被藏了起来？有一次我吃惊地发现，在我花重金购买的雷诺兹画的一位18世纪军人过度补色的身躯之下，什么都没有，除了红色制服的残余，这让整幅画变得几乎一文不值。移除过度补色的过程本身有时具有很高的危险性，佩奇和之前的收藏者很英明，并没有对这幅作品的眼睛和脸部动什么手脚，他们之所以会这样，可能是被这些地方的状态吓坏了。肖像画中人物的面部特征经常是用脆弱的薄罩层实现的，即便是使用解剖刀或化学制剂做最小程度的修复，都可能会把这些地方弄坏。

修复师既是有感情的人，也需要维护专业声誉，他们可能受到情绪创伤的影响，而在处理伦勃朗这样知名画家的案子的过程中，比吉尔可谓诚惶诚恐。他最怕发生的情况，就是用自己不可逆转的修复行为让一幅已经受伤的画受到更严重的损坏。不仅是因为他要向这幅画的收藏者负责,而且从广义上来说,这里面还有个道德问题,毕竟,要除去的是当初的过度补色,但这可能是在伦勃朗的亲自指导下进行的。比吉尔告诉我,甚至当他开始考虑做这样的修复时,那些幽灵般的权威人士就可能会对他口诛笔伐,污名化他和他的同事,说他们是"沽名钓誉的家伙"。他太容易遇到类似的情况了,深知这样的批评者很少愿意,更不屑于费心阅读详细的修复报告,而是宁可聆听"自己发出的噪音"。如果这幅画状态完好,本身就画有这样的头发和帽子,他和范·德·韦特林不会接受对这些部分进行清洁的行为,即便已经有人告诉他们,藏在底下的是一幅真正的伦勃朗原作。

"但这个案例非同寻常,"比吉尔强调道,"我们为这个问题费了好几个月的力气。但一直以来,无论我们怎样多方考虑,要解决它,似乎只有一种办法:直接清洁掉。于是画面上再没有圆帽子的残余、延长的头发以及耳环,清洁掉的这些东西再也没办法恢复原状。我也无法重绘这些区域,因为黑白照片不足以为据,用任何方法进行重绘,也都是不道德的。让这幅画保持现状,似乎也不怎么道德,因为如果继续做一幅漫画,就不会得到人们的认真对待,而且作品的个性也会被埋没,尽管它有可能是一幅高品质的画。"

比吉尔的质疑经过了反复思量和详述,他的态度包含道德反思的成分,他也始终牢记自身职业对于作品可能的危害性,但他还是拆开新的刀片,将溶剂混合完毕,深吸一口气,开始处理人物的眼睛。最让他担心的问题是,画上的眼睛主要是用白色铅制颜料上色的,那是一种出了名的、坚不可摧的顽固颜料,X射线也无法穿过它。他把最初对这次修复的期望比喻成,在不破坏皮肤组织的前提下通过外科手术从一个人的脸上除去文身。

在长达数周的调查过程中，他最初采取了用解剖刀在眼窝左上角钻出一个小孔的方法，只要这个孔的面积大到足够让他用显微镜瞥见底下那层东西并进行分析。这个过程着实折磨人，需要将动作控制在最精细的程度，整个过程以修复师为这幅画涂上一层保护用的光油宣告结束。他掀开了一个深色的、可能掩盖着什么的复杂颜料层，发现至少在自己揭开的区域，存在着某种原来就有的、完好保存着的东西。这让他受到鼓舞，同时他也不得不承认，冒险破坏掉涂层的行为让他浑身发热，汗水浸透了全身。他对眼窝的其他三个角采取了同样的调查方法，每次他都用相似的方法掀开颜料的一个阴暗区域。随着调查的深入，预后①在逐渐改善。然而，这幅画更吸引人的地方在于，当他比较了每个从钻孔中露出来的区域，才注意到颜料在色调和一致性方面轻微的变化，说明作者绘制的时候对颜色采取了分级处理的方法。

他小心翼翼地扩大这些钻孔，将它们升级为直径1毫米的窟窿，即他所谓的"窥视孔"。我现在完全理解了为什么教授说比吉尔是个有胆量的人，这位修复师回忆自己的发现时，他那种兴奋的感觉仍然溢于言表："每钻出一个小孔，一种微妙的、有别于周围区域的色调——藏在底下的深色颜料层——就会露出来一点，我们可以得出结论，有一个保存完好的美妙区域藏在下面——换句话说，阴影之下有一只眼睛！"

比吉尔壮了壮胆子，将窥视孔用通道连接起来。这样做就进一步确认了底下那只完好无损的眼睛的存在：现在，没有任何技术上的、人为的或者道德的约束可以阻止他得出这个结论。去掉了眼部周围主要的补色之后，他开始着手从最初的笔刷毛造成的

---

① 预后（prognosis）是一个医学名词，指根据病人当前状况推估未来可能的结果。

凹槽中挑出残余颜料的无休止的苦差①。他需要将这项工作的希望寄托在一台显微镜上，他用了超过五百片解剖刀片，因为即便只用过几下，一片刀片可能就不像刚拆封时那么锋利了。后来添加的异国情调的服饰则需要用别的方法，先是用溶剂，继而用刀片，渐渐剥离补画上去的服装，呈现原作的另一副模样，这实在是一个耗时耗力的过程。

比吉尔几乎感到艺术界的目光全都投向了自己，有些感兴趣的业内人士更是密切关注着他艰苦修复工作的成果。范·德·韦特林和伦勃朗研究项目的其他委员的仔细观察更多地着眼于他们对修复师技巧的兴趣，而伦敦苏富比的乔治·戈登也数次到阿尔克马尔来拜访，以便追踪一桩潜在的赚钱买卖的进展。作为收藏者的联系人，尼古拉斯·乔利经常来电话。然后，他会尽职尽责地向那位女士作反馈报告，到目前为止，她自然是最关心父亲遗产前途命运的人，特别是当好消息开始从荷兰传来的时候——原来真的有一些令人兴奋的东西藏在补色层的下面。她说自己并不着急，但与此同时，拍卖行方面则在焦急地等待"令人高兴的惊喜"，因为她答应届时会将作品委托给苏富比进行拍卖。

在整个过程中，修复师完全陶醉在自己所揭示的真相中，这项工作不仅满足了他的客户，也让有关伦勃朗的学术研究受益匪浅。他经常和教授联络，特别是当他对作品考古性质的渗透到达一定深度，做出新发现的时候。在清除补色的后期阶段，他发掘出一个有说服力的技术证据，可以证明自己同事的假说。他成功

---

① 无休止的苦差（Sisyphean task），直译为西西弗斯式任务。西西弗斯是希腊神话中人间最足智多谋而机巧的人，他触犯诸神，诸神罚他把一块巨石推上山顶，巨石太重，还未推到顶就滚下山，于是他就不断重复、永无止境。诸神以为这是世上最残酷的刑罚。"但我们一定要想象西西弗斯是快乐的。"存在主义的哲学家加缪如是说。

地推断出，这些补色发生在17世纪，无论做这件事的人是谁，这个人在头发的部分用很细的笔尖画了一条线，模仿伦勃朗本人的技法，让这些区域的表面多一些纹理和动感。这样做的时候，画面上的人物就被挤划到划痕底下那层去了，比吉尔的修复方法可以还原在那些位置原本还没有干透的颜料。这恰巧证明了教授的看法，或许在作品完成后的两到三年都没能卖出——对伦勃朗绘制的作品来说，在这段时间，深色的颜料还没有干透，为了让作品早点变现，画室会迅速翻新这种完成不久的油画。

整个修复过程持续了两年时间。对一幅没有太多问题的画来说，这样的周期实在太长——更多时候，类似作品的清洁修复只需要几天——但在这个复杂的案例中，比吉尔需要进行大量的调查工作，时间长是完全可以理解的。范·德·韦特林密切关注着整个的修复流程。随着修复的进行，这幅画特点和属性的全貌渐渐显露出来，对此，教授以他特有的方式详尽地与比吉尔进行商量、争论、权衡和思考。他随后公开了整个修复工作的细节，并用预示性的语言总结自己经过曲折思索之后得出的观点，"我们得出了结论……那就是，我们正在处理一幅伦勃朗亲手绘制的作品"。他的口头祝福带来了阶段性的成果，2003年7月，这幅画的收藏者兑现了她的诺言。我，还有成群的其他艺术界从业人员，以及艺术圈外的人士，一同来到位于邦德街的苏富比早期绘画大师杰作预展区，向少年天才那幅直到当时都完全无人知晓的油画的重生致敬。

比吉尔发掘出来的这幅画看上去貌不惊人。画面上满是独特的忧郁阴影，保守的镶边皮草礼服取代了修复之前的异域风情装扮，目光敏锐，富于洞察力，从做作的混合体变回伦勃朗的本来面目——只见大师正在镜中审视自己，并用画笔将它记录下来，他经常进行这样的自我反省，这种孜孜不倦的尝试在他漫长的人生旅途中持续了四十年。

7月10日上午，当拍卖会开始的时候，卖场里座无虚席，经销商、个人买家、旁观者、电视台的工作人员和记者，以及苏富比负责打电话的工作人员将整个空间挤得水泄不通。

然而，对某个人来说——虽然他人在其他地方，心思却全在拍卖会现场——时间是早上5点半。据乔治·戈登后来的描述，此人一直和他保持着联系，他把电话带进浴室以免吵醒自己的妻子。对苏富比，乃至艺术界的其他人士来说，拉斯维加斯赌王和酒店大亨史蒂夫·韦恩（Steve Wynn）的大名早已如雷贯耳，他主要以横跨19世纪、20世纪，从印象派起到安迪·沃霍尔作品的绘画收藏而著称。这些藏品在他的赌场总部展出，在那里，游客有机会收听韦恩亲自录制的语音导览，导览内容展示了他的体贴，以及他对自己可敬的艺术财产的见解与洞察。鉴于他的兴趣在艺术史关键时期的作品，一幅伦勃朗自画像给了他完美的理由跃入17世纪艺术品的泳池，这将溅起极为壮丽的浪花。

苏富比估计这幅画的成交价格将突破500万英镑。以今天的眼光来看，在现在的市场上，这可能不算是很高的价格，但当时周围的人，包括我在内，谁都知道，经历了补色的修改，以及随后去除补色的过程，无论修复的手段多么巧妙，都还是或多或少会削弱这幅画原有的冲击力。即便有再好的修复师来照料，这幅画被"服侍"到这种地步，注定还是会反映出一定程度的"术后创伤"。后来，人们得知，投标非常干脆利落，在交易的时候，在睡着的妻子能听到声音的空间范围之外，韦恩成功锁定了这幅画，他的出价超过了一位匿名的电话竞标者，包含佣金在内，总金额将近700万英镑。值得一提的是，如果这幅画进入拍卖会之前，没有经历这些调查、关注和修复之类的桥段，看上去就如它当初修改完之后那样怪里怪气，估计最终也只能现身一场小规模拍卖会，成交金额至多也就是几千英镑。

对比吉尔来说，这幅画的复苏不仅验证了范·德·韦特林的那个假说，即这幅画是艺术家亲笔所绘，由于当时没有找到买家，他的助理们对原作进行了带有异国情调的翻新——但这次修复工作另一重非常珍贵的体验就在于，比吉尔对这位艺术家情有独钟。现在，另一种情绪浮现在他满是笑容的脸上，这种情绪取代了当他试图为我描述修复工作所需的技术手段以及他所面临的学术挑战时的担忧。结束了有关这幅画修复过程的详尽介绍之后，他简要地回顾了自己所冒的风险，最后用孩子般纯真的语言总结道："我在私下里一直希望成为某个领域备受崇敬的佼佼者。我是在球场上了解这一点的：因为我在足球方面实在是一个糟糕的失败者。"

"你父亲现在会怎么想呢？"我忍不住问。

"在生命的最后时光，他似乎为我感到骄傲。因为妈妈告诉我，我才知道是这样。但我不是为了他才做这一切的——内在动机始终驱使着我。"他说。

当他笑容满面地在椅子上躺下，我捕捉到同样略带自嘲的坚毅，那种表情我在恩斯特·范·德·韦特林脸上也看到过。此刻，我感到要把我的手指放在原来的位置上是十分困难的。他们都成功地完成了这项任务，都是最优秀团队中的一员，也都享受着无上的赞誉和崇敬。但二人也都有一定程度的自知之明，淡化了他们的骄傲。他们都知道自己不及伦勃朗远矣。他们耗费一生大部分的时间，去了解这位世界上最伟大的艺术家，就拿恩斯特的事例来说，几乎没有人能比他做得更好，但他们最终还是接纳了自身仍存在局限的事实。他们都聪明过人，经历了在学术方面的多年奋斗，也都已疲惫不堪。他们深知，要确定作品的作者归属问题，需要依赖实证的力量，尽管他们用清晰的思路和敏锐的洞察力让大量相关作品作者归属问题的研究有了长足的进步，伦勃朗本人永远不会回到他们身边，给他们安慰和赞美。

"对了，关于这个问题，我还从另一个方面考虑过，"比吉尔补充道，仿佛忽然发现了什么惊到自己的东西，"我现在做的事情还有一点特别有趣，那就是：你永远不知道会发生什么。"

那一刻，我终于意识到自己从这两个人身上捕捉到的那种不言自明的东西是什么。尽管面临苛刻的学术要求，还需要冒重重风险，他们之所以从事，并且毫无疑问还会继续从事这份事业，部分原因在于，他们被一种追逐的兴奋驱使着——那是一种我能立刻想到的东西。这样一种人类动机，无论对学术还是商业贸易来说都至关重要，它能提供一种刺激，在我从业的领域，新的发现和揭示也会因此不断涌现。

后记：2008年当年或者更早的时间，在本章撰写完毕之后，史蒂夫·韦恩将这幅佩奇所藏的伦勃朗自画像通过奥托·瑙曼卖了出去。不必说，买画的人自然是汤姆·卡普兰。

第五章
历史的力量

在艺术品交易过程中，有很多让人感到满足的瞬间：当调查将你带入一个未曾预料到的新方向，当一种预感因真相的揭露而得以证实，当沉睡的名作第一时间在你眼前重现，当一次完美的成交证明你的冒险是值得的。因为专注于重要的人物肖像画，在我自己的领域，让我兴奋的还有一个瞬间，就是当这些作品从我们的画廊和修复师那里离开，投入历史机构的怀抱的时候。退后一步，看着经你唤醒的作品不但被你自己，也被一个艺术机构看成是经久不衰的杰作，这种重视能给你一种温暖的感觉，说明你成功履行了自己的使命，这也给了你另一个选择将生命贡献给二手艺术品交易事业的理由。

希佛堡（Hever Castle）曾是亨利八世（Henry Ⅷ）第二任王后安妮·博林（Anne Boleyn）的童年故居，在这座城堡一层的一个房间，发生了一件特别值得纪念的历史事件。此刻，围坐在早餐桌前的人，包括我自己在内，都是在前一天晚上抵达城堡的。希佛堡位于风景如画的肯特郡原野的乡村，它重新崭露头角是在1903年，当它被政治家、金融家威廉·沃尔多夫·阿斯特（William

Waldorf Astor）——约翰·雅各布·阿斯特（John Jacob Astor）的曾孙，据说在他生活的时代，他是美国第一位百万富翁——买下来，细心周到地修葺的时候。这位富翁还以加入英国国籍的方式来确认自己对这个国家的感情。他对安全性和保密性的需求是那样强烈，他和他的家人好不容易觅得这一处护城河跟吊桥背后的庇护所，以至于他从未让客人留宿在城堡里面。1983年，阿斯特的后人将这座城堡卖给约克郡的博伦地产发展有限公司（Broadland Properties Ltd.），这家公司将城堡彻底改为专业面向大众的公共景区：该公司董事长约翰·格思里（John Guthrie）、他的妻子费丝（Faith），以及他们的女儿和两个儿子，就是那天早上招待我们的人。

在座的还有希佛堡经理鲍勃·普林（Bob Pullin），他是城堡功能变革过程中的一位关键人物。鲍勃大约六十出头，是一位体格健壮、衣着入时的高尔夫爱好者，他一度担任蒙巴顿勋爵（Lord Mountbatten）的管家，在那之前则在学校任教。凭借天赋和对一丝不苟向人们讲述真实历史的渴望，在老板的支持下，他在为城堡营造都铎王朝时期的氛围方面取得了长足的进步，为此，他所采取的重要措施，就是建立早期英国重要人物肖像画收藏，它能让每年前来城堡参观的30万游客感受到艺术的熏陶。他最近，也是最重要的斩获，是当天上午要在城堡里亮相的亨利八世的哥哥、威尔士王子亚瑟（Arthur）的肖像。我是以这幅画的卖家的身份受邀出席揭幕仪式的。

电视台、电台和报社的记者聚集在城堡楼上的屋子里，鲍勃则在来回踱步。尽管几乎所有的嘉宾都已经在前一天晚上于桌前落座，包括刚退休不久的前苏格兰国家美术馆总馆长蒂莫西·克里弗德（Timothy Clifford），以及知名商人安格斯·格罗萨特（Angus Grossart），但没有见到大卫·斯塔基博士[①]的身影，其实媒体都是为他来的。他的搭档詹姆斯·布朗（James Brown，也就是宴会的发起人）开始向包括鲍勃在内的诸位解释，东风诡异地灌进了老式壁炉，博士家中原本奢华的卧室彻夜都听得到嚎叫声。全家人因此一夜难眠。鲍勃此前在为这种活动提供周全的后勤保障方面从无劣迹，此刻，他却为悲观的前景陷入了深深的思索，不知道这位大明星待会儿是会精疲力竭地出现，还是发生了更糟的情况，那就是，他还在熟睡当中。

那天上午，这幅画造成了轰动，在某种程度上，它也是我有幸发现的最重要的作品，尽管这个发现还是将近十年前的事。威尔士王子亚瑟在与西班牙新娘、阿拉贡的凯瑟琳（Catherine of Aragon）完婚不久后便去世了，仅仅活到15岁。虽然不是弟弟亨利那样的重要历史人物，他仍然是都铎王朝的第一位继承人，他的过早离世对英国的历史产生了深远影响，不仅因为亨利后来娶了亚瑟的遗孀，以巩固她所带来的外交优势。那以后发生的，就是一个熟悉的传说了。亨利后来同凯瑟琳离婚，与安妮·博林结为连理，导致了宗教改革，以及英国国会脱离罗马教廷，从而永远地改变了整个国家的宗教定位和特色。

我在伦敦一家拍卖行发现了这幅被忽视的肖像画，成交时它还是一幅看起来跟现在很不一样的作品。四个世纪前的某一天，有人决定将它变成一幅更大、更有冲击力的画，于是在侧面加了几块板，（在我看来）成功地掩盖了它那精巧的早期面貌。我们则成功发现了这幅画最精妙的所在——去掉了后来的扩充和补色

[①] David Starkey，亨利八世研究专家，英国第四台电视纪录片《亨利八世的六个妻子》（*The Six Wives of Henry VIII*）的制作人。

第五章 历史的力量

以后，这个便携的小画板，最初来自皇家收藏，是当时唯一的亚瑟肖像画，可能是专门为15世纪末的那次婚姻谈判而绘制的。不可思议的是，虽然经历了修复手术、漫长的岁月和易主的过程，这幅饱经沧桑的作品依然完好如初，尽管我曾在九年前将它卖掉（用这笔收益买了我在伦敦的宅子），最近，我还是成功地将它从收藏家那儿买了回来，然后卖给了希佛堡。这给了我极大的满足感，鉴于这座城堡是亚瑟未来弟妹的童年居所，这就能确保作品的公共价值和历史价值在恰当的环境里得以彰显，在那里，它的功能和意义都能得到体现。

大卫·斯塔基受邀为王子肖像画揭幕，对那些以前在真人版表演中见过他的人来说，由他揭幕就如由亚瑟本人揭幕一样令人期待。对英国的纪录片观众而言，斯塔基的形象就像亨利八世一样家喻户晓，他不仅用不断推出的纪录片来塑造这个人物，还出版了二十来本书，是一位声名显赫的历史学家（他是剑桥大学的教师，也是一位专家，研究兴趣主要在亨利家庭的社交礼仪等方面），他讲述历史的风格十分狡黠，时而用沉重的语调叙述事实，时而闲扯些幕后八卦。尽管有争议，但他的作品受到大众的喜爱，如果这种效果不是刻意营造出来的，那么他所展现的学术探索非常引人入胜，其内容在英国体制的建立和个人喜好的影响之间微妙地自如切换，引起了读者和观众的强烈兴趣。有机会庄严地将亚瑟安排在新的席位上这件事，对斯塔基来说，有着很强的吸引力，不仅是因为几年前他也参与到分析确定一幅肖像画作者的工作当中，并且令人信服地证实画家非亨利的第五位王后凯瑟琳·霍华德（Catherine Howard）莫属，他理解使这些肖像画和历史对上号的不可估量的价值。能将这幅失踪的亚瑟肖像画抢救过来，我自己已感到三生有幸，现在，它即将被一位以高超的表达能力著称的历史学家赋予新的生命。

新闻发布会开始前10分钟，与会的各位终于松了口气，斯塔基穿过哥特式的门，从卧室走进了早餐室。在前一天晚上，我恰好在工作场合看见他。他是个整洁干净的人，有一双敏锐的、充满怀疑的眼睛，戴一副角质架眼镜，身着裁剪得无可挑剔的西装。从外表来看，他具备著名性格演员的特质，但他和演员的区别在于，他所扮演和描写的对象，都是他自己，这使得他能适应多数社交场合，并恰到好处地表现自己。然而，他那天踏入早餐室的时候，却是一副平凡人睡眼惺忪的模样，头微微地垂着。

"我想那种风格至少也是一种都铎王朝的体验。"他不耐烦地说，当时，刚做好的早餐正摆在他面前。

尽管他坐在我身旁的座位上，简短的寒暄过后，我决定暂时离席，给他一点安静的空间，直到我注意到他的头抬高了一点，目光也恢复了活力。鲍勃也一直热切期待这位嘉宾复苏的迹象，斯塔基至少还能站起来，这已经让他深感欣慰，现在，鲍勃正不安地徘徊着，随时准备护送他离开。我打算试探他一下。

"你知道待会儿要说什么吗？"我怯生生地问。此时，斯塔基已经喝完咖啡，双颊恢复了红润。

"哦，不就是老一套吗？"他故作阴险地笑着回答说。他体内的演员也已经起床，洗了个澡，帮他做好面对公众的准备。

我出席过很多次画作揭幕仪式，有的是当代作品，也有的是早期作品。这些仪式都遵循一种标准套路：介绍性质的欢迎讲话、嘉宾致辞（有时候是介绍绘画作品的主题）、揭幕仪式、客套的低声赞许、媒体为站在作品旁边的人拍摄宣传照片。这种活动通常在大型的公共空间内举办，但鲍勃想给媒体一种更感性的16世纪的体验。亚瑟的画像和其他都铎王室成员的肖像都将陈列在城堡的内阁间,那个位置对这幅画来说,可谓精致而温馨,只是光线略暗,我们登上狭窄的楼梯,经过阿斯特仔细翻新过的镶板,镶板的大部分都用壁毯和肖像画做了装饰,我注意到很多人决定留在光线较好的外面等候。我在门口找了一个地方站着,在那儿可以观察约十五位摄影师、记者和摄像师,以及二十人组成的嘉宾团的表情。

之后约翰·格思里走了进来,向大家介绍了斯塔基,并讲了一些有关希佛堡收藏情况的话,然后站到一旁,让斯塔基来揭开帷幕。随后响起了一阵快门声音,摄影师们纷纷为揭幕者和亮相的作品拍照。我看见这幅曾记录了那么多有关九年前那次冒险的情绪和感触的小小肖像画,如今独自陈列于此,有种奇怪的感受。人们经常问我,卖出画作的时候,是否难以割舍,我的答案是,在这样的场合,艺术品经销商觉得自己像个多余的接生婆。看着亚瑟在翠绿背景色下身着他那件金线长袍,和大家庭成员在一起(城堡藏品中有亨利八世和他的妻子孩子们的肖像画),我甚感安慰,因为这样一来,至少他现在如他的创造者——在这个案例中,是一位不知道姓名的艺术家——所愿,在履行着自己的职责。

斯塔基用拿破仑式的自信口吻开场,他那熟悉的学究措辞立刻吸引了全场的注意力。当他转身对着肖像画时,我吓出了一身冷汗,以为他要说什么刻薄的话——他以对任何经不起考验的绘画作品从不留情而著称,但我终于幸免于难。相反,作为最合格的学院派,他转而侧重于谈这幅画的关键之处。他提出,亚瑟作为一个在当时看来体格健壮、精力充沛的年轻小伙子,根本不是孱弱不堪,无法圆房的小男孩。紧接着,他引用当时一位先人的话,此人可以证明,这对小夫妻在新婚之夜发生了关系。在进行了"特写"之后，他转而用"广角镜头"，介绍亨利七世（亚瑟的父亲）是如何穿过树林，匆匆瞥见他儿子的新娘，以及这场政治联姻奢华的婚礼筹备。开场后的短短几分钟时间里，他不仅谈了性，还让讲话富于电影般的色彩，而且用有争议的历史问题向现场的观众发起了挑战——他体内的那个学者正在享受着争论的力量。如果严格按照《圣经》中的说法，与哥哥"圆过房"的遗孀同床共枕，会被视为乱伦。证明哥哥有履行婚姻义务的能力，对亨利八世而言至关重要，身为英国国王，他四处寻觅离婚的理由（因为他对安妮·博林的爱正在与日俱增），直到他的配偶终于没能生出男孩作为王位继承人。"他到底进去了没有"，这一围绕亚瑟性能力展开的议题持续在史学界发酵，斯塔基提出，并采用当时的证据支持了自己的观点。

我看见记者们放下手中的笔记，表现出并不专业的样子，笑着被斯塔基的说法左右。斯塔基越是探索人性和历史的变迁——掺杂着有关当时逸事的题外话，比如主角威尔士王子的婚姻难题，这幅小小的肖像画就越有存在感。在发言的结尾，这幅15世纪末期的木板油画肖像，已经变成了在王朝期盼的重压下气喘吁吁的、有血有肉的少年。我走出内阁间，确信亚瑟画像状态良好，也已经亮相成功，我现在可以离开了，它会照顾好自己的。

揭幕仪式之后有个小型的招待会，下楼梯的时候，我无意中听到一位记者和城堡里的一位导游谈论自己刚听到的讲话内容。"我上学的时候怎么就没遇到这样的历史老师？"他感叹道，"如果是那样，我的人生可能会因此而不同！"我还知道斯塔基能怎样用基本的历史研究为重新鉴定历史上消失的面孔提供有力的证据。第一个用戏剧性的方式做这种事的人是苏珊·詹姆斯（Susan James），她揭露了一幅在国家肖像馆陈列了三十年的肖像画的真

第五章　历史的力量

面目。我还记得阅读有关这幅画的内容时我是何其惊讶。人们以为那幅作品画的是简·格雷①，在她表哥爱德华六世（Edward Ⅵ）去世后想要继承王位——这种野心以她的被处决而告终。詹姆斯仔细研究了流传至今的那些都铎王朝珠宝，并对这些珠宝和肖像画中模特所佩戴的首饰进行了比较，最终得出结论，证明国家肖像馆的那幅作品画的并不是命途多舛的"九日女王"——因为珠宝同历史记载不匹配。已入选历史课本的这幅简公主的画像最终被证实画的是亨利八世的第六位，也是最后一位妻子凯瑟琳·帕尔（Catherine Parr）。肖像画底下的说明文字需要更正了。

  2003年，斯塔基以法医般的严格方法处理了一幅不知名女士的微型肖像画。这幅画隶属于英国皇室收藏，人们认为它出自亨利八世统治时期定居于伦敦的欧洲北方文艺复兴时代大师小汉斯·霍尔拜因②之手。斯塔基有一种预感，画中人可能是举止风流、不甚检点的凯瑟琳·霍华德，亨利八世因她纵欲而将她斩首。画中人的面容显然有一种迷离的模样——她那独具特色、似笑非笑的表情，让这幅画成了霍尔拜因最富于暗示性的作品，但因为她没有其他已知的肖像画可以比较，还需要进一步的证据。斯塔基在这方面有自己的优势。作品用可读性非常好的细节展示了女主人公佩戴的首饰——霍尔拜因本人就是一位珠宝设计师，他知道宝石周围要做怎样的修饰，要做何等精巧的布局，斯塔基当时刚刚研究了凯瑟琳的珠宝目录，那是一份保留了细节

---

① Jane Grey（1537—1554）是一位英格兰女王。她在位仅仅数日，而且她的女王地位也有争论（在位只有九天，一般不正式算作英国女王），因为她的继位违反了英国议会法令。
② Hans Holbein（1497—1543），德国画家，最擅长油画和版画，属于欧洲北方文艺复兴时代的艺术家，他最著名的作品是许多肖像画和系列木板画《死亡之舞》(Dance of Death)。

的清单，编者为国王衣橱书记员尼古拉斯·布里斯托（Nicholas Bristowe）。很明显，被迷得神魂颠倒的亨利八世给他的新王后用了太多珠子、吊坠和宝石：其中一些来自已故的亨利八世第三任王后简·西摩（Jane Seymour），多数刻有她名字的首字母，但绝大多数的珠宝部件（上面有记号）都是新的，经过精细加工，价值不菲，这些珠宝象征着国王无上的地位和权力，可以确保没有谁的珠宝部件比他挑选的那些更出色。

斯塔基开始仔细阅读书记员的描述，并逐行对照微型肖像画上的细节。他欣慰地发现自己不用在这件事情上花太长时间，因为清单上的第一件物品——一项描述得非常详细，缀着钻石、红宝石、珍珠的金帽子——就戴在她的头上。她的酥胸之外是一件半透明的衬衫，上面有一串极精致的粗而短的项链，这串项链则精准匹配珠宝图录中的另一处描述，直接让人看清4颗珍珠点缀24颗红宝石的怪异组合是什么样的。在验证过程的结尾，他看到一处描述，说项链上的吊坠，是用一颗"漂亮的台面①钻石"和一颗"非常漂亮的红宝石"做成的。这里可能有一点疑问：模特也在自豪地炫耀这个吊坠。这张原本不知道是谁的脸，变成了一位已知姓名的王后，历史也被赋予了新的面容。有讽刺意味的是，不知道为什么，过去人们一直在谈论凯瑟琳·霍华德王后，也都知道她后来被剥夺了王后头衔，斯塔基用简单的法医式方法，将历史人物的容颜重新还原了出来。

在一小时后的酒会上，我对斯塔基说，未来如果遇到类似的作品，我或许还会向他请教——他有为历史配上插图的需求，我们则要找寻被遗忘的面孔。他的回答谨慎而乐观。他说，如果发

---

① table，经抛光后宝石冠部中心的大切面。圆形炫彩切割宝石的台面呈八角形。

现了什么有趣的东西，我可以告诉他。如果能帮上忙，他乐意效劳。

2006年末，我们决定举办一场展览，经历了展览的筹划工作之后，我们真的相信了斯塔基说的话。展览围绕我们发掘的都铎王朝时期的艺术作品展开，我们想将它扩充为层次更高的学术性概览。鉴于斯塔基为其他展览当过客座策展人，其中最有名的是英国国家海事博物馆（National Maritime Museum）的伊丽莎白一世展，我问他是否愿意帮我们策展——同时也可以将他自己的发现放进展览中来。斯塔基的搭档——出版人詹姆斯·布朗，也是一位专家，对都铎时代的徽章很有研究，也参与其中。他们奋力地迎难而上，经过一年的时间，我们将这场重要的展览筹划完毕，我的研究员本多尔·格罗夫纳还为这次展览编了一本图录，取名《消失的面孔》（*Lost Faces*）。如果说有些事情堪称交易史上的重大飞跃，那么这次展览算是其中一次：观众涌入我们的画廊——参观者累计两千人次——尽管他们中的一部分因为没有在展览中见到斯塔基本人而失落，但都铎王朝的王后和国王们弥补了这种遗憾。很多重要的国际收藏机构将其藏品借给我们展览，特别是一幅微缩肖像画成了展览上的明星。它来自康涅狄格州纽黑文市的耶鲁大学英国艺术中心，截至展览时，人们也不知道画中人是谁。在本多尔的帮助下，斯塔基明智地断定，这幅画上的主人公就是想要继承王位的简·格雷，斯塔基的依据是画中的植物符号、主人公身上的珠宝，以及这幅画的创作时间。自从苏珊·詹姆斯揭露了那幅画的真相以来，艺术界只有一次新的揭露行为可以与她的发现相媲美：国家肖像馆从一位伦敦经销商那里购买了一幅时间完全不对的画，斯塔基对其进行了无情的批评，说购入这幅画的理由站不住脚，无法让人信服。遭到羞辱的经销商在我们的展览结束后不久伺机出手，在英国《古董交易报》（*Antiques Trade Gazette*）上对斯塔基背书简·格雷肖像画的行为进行了乖戾的攻击。然而斯塔基对此完全不予理会，这种滑稽行为倒是将人们的注意力转向另一件事，那就是在两个星期的展览过程中，我们确认了另外两幅都铎王朝王后肖像画主人的身份，她们分别是安妮·博林和凯瑟琳·霍华德。展览引发了人们对那些曾因肖像主人的不确定和过度补色饱受困扰的作品的兴趣。在筹备展览的过程中，我才有机会了解斯塔基的工作技巧，逐渐建立的友谊也让随后的进一步深入合作成为可能，有一次就发生在我写作这本书的时候。

　　本多尔的雄心壮志除了履行他作为公司经理的角色和义务以外，就是寻找和发现绘画作品。他既是出色的历史学家，也有快速成长的鉴赏家所拥有的令人嫉妒的渊博学识，识别标志性笔触和作品状态的能力比我认识的大部分人都要好。每当他提醒我注意自己在某个遥远的地方发现的作品时，我都会仔细看一看。那天上午，他丢在我面前的画的所在地倒是离家不远，然而，那却是在苏富比即将开始的拍卖会上将要卖出的作品，在预览杂志中，拍卖行用大幅彩色插图对其进行了突出展示。一个不爱明确表达感情的人，会吝惜自己的话语，本多尔经常只是用暗示和肢体语言传达他的意图。我见过他用那种简洁的沟通风格给未达到我们要求的供应商带来的巨大冲击。

　　"这件东西我们需要考虑一下。"他一边平静地说，一边将折了页的杂志放在我面前。

　　这是一幅伊丽莎白一世的全身肖像画，即将在几个月的时间内出售。乍看之下，就能轻松知晓本多尔为什么会对它着迷。不仅因为这是一幅相当罕见的、与"童贞女王"同时代的画家为她创作的全身肖像画，而且是因为它似乎也是最早的一幅。按照惯例，这幅画是由伊丽莎白一世交给格里菲斯·汉普顿（Griffith Hampden）的，女王在一次出行时曾住在这位白金汉郡郡长的豪宅。在画中，她穿着华贵的红裙子，上面绣着蓬起来的白线，饰以珍珠和"X"形的十字绣花，显得雍容华贵而超凡脱俗。她的手上拿着一朵紫罗兰，或者也可能是野生的康乃馨，这是传统意义上象征订婚的符号。她站在一块非常华丽的金色华盖前，手放在国王宝座的坐垫上，在宝座旁边是一丛丛的水果、花卉和蔬菜，显然蕴含着某种特殊的意义。她的形象无法和背景融为一体，看起来有点奇怪：她的手和王位之间的衔接处理得并不十分妥当，钟形裙和髋部的轮廓让整个人物看起来像一尊装饰性的雕像。

对收藏家、博物馆，以及对那个时代的历史感兴趣的人来说，伊丽莎白一世肖像画的价值犹如体育界的冠军奖杯。尽管在人们看来，这些肖像画作为对一位著名女王的记录，是非常值得拥有的，但它们也像以一位敢于在男权世界的舞台上行走的非凡女子为核心的半神秘的邪教组织的信物。她一生大约留下了160幅肖像画——其中相当一部分作品保存状态并不尽如人意——这些画都委托给或赐予了那些想向王国政府表达忠诚和合作意愿的人，有的时候，赠送则是出于外交目的。这些作品，以及各种肖像画手稿，提供了一扇窗，让人们了解作为女王、傀儡、女神和杰出女性的伊丽莎白一世和她所生活的时代。有时候这些画上画满了有关智慧、贞洁和权力的复杂符号。在更深的层面上，它们慰藉了那些在宗教改革之后仍渴望宗教艺术的英国人：他们去掉她的光环，用尘世间财富和权力的外衣修复了她的形象，于是她成了这个国家的圣母玛利亚。随着她的年龄渐长，她不结婚的决定欲盖弥彰，她的形象演变为"荣光女王"（Gloriana），一位体现和引领国家命运的、没有性别特征、几乎抽象的人物。如今，不仅是那些容易受到都铎王朝审美的影响，或者受文学巨匠诸如斯宾塞和莎士比亚的蛊惑而对这些画着迷的广大普通艺术品购买者，就连一位曾经只对安迪·沃霍尔作品感兴趣的收藏家，也被这些画的冲击力深深吸引。在我作为艺术品经销商的职业生涯中，我经手或拥有过她的六幅肖像画，每经手一幅，都可以说是一个巅峰时刻。

  特别是那天早上，我还在琢磨一幅画。它出现于两年前，在南肯辛顿佳士得的一次拍卖会上，据称是皇家收藏中的一幅著名的伊丽莎白一世肖像画的复制品——早熟的、有学究气的13岁准女王，身穿艳丽的深红色裙子，旁边放着一本学术性著作。这幅画的估价为6000—8000英镑。那段时间的绝大部分时候，她生活在不确定和恐惧之中，那是一种危险的体验，最终，她凭借智慧，驳回审判官对她正密谋夺取同父异母姐姐玛丽王位的指责。鉴于母亲安妮·博林的出身，对被边缘化的私生女来说，伊丽莎白公主在生命中的那个阶段，并不那么迫切地需要一幅肖像画。除了皇家收藏中的那幅画之外，公主时期的她，没有传世的肖像作品（儿时的集体画像除外）。

  我带着并不乐观的情绪，乘出租车到了佳士得，因为这幅画可能是一幅都铎王朝时期的作品的概率是很小的，但当我从挂在墙上的众多其他拍卖品中找到她，并将目光投向她的时候，没有什么时刻会比那一刻更让我乐观了。大量的补色笼罩在她的头部、双手和衣服上。我还注意到画的两边加装了两块画板（原作画在橡木板上），试图用增加的部分取代可能存在的原作。然而，我越是站在她附近，看的时间越长，就越能隐约看出希

第五章 历史的力量

望。有几处后来进行的反复补色没能遮住原作，特别是在手指的位置，我发现了一小块让我感到安慰的原作，完成方式如大理石般光洁。正是在这样的情况下，艺术品交易最接近考古学，我开始琢磨，补色之下稍稍露出的残余部分如何作为表层的线索，将底下完整的原作重新揭示出来。尽管没预料到自己会从失落的文明中分一杯羹，我还是很兴奋，因为这幅画有很多可能性，当它以4.3万英镑——我完全出得起这样的总价——的价格成交，我欣然带回这幅非常精彩，有潜在的、令人兴奋的美妙之处的作品。

那个星期的晚些时候，在修复师铁面无私的灯光下，清晰的诊断成为可能，原来补色，或者说修补运动不止一次，而是进行了两次。最上面的那层补色主要发生在脸部，比较容易去除。这次补色发生在一百年前，去掉它的过程就如从一片面包上刮去果酱。底下的一层补色则更棘手，需要不断用溶剂溶解掉包裹在外、可能已经有长达二百年历史的颜料，再用解剖刀将多余的物质挑出去。两侧后来添加的画板被移除、脱离了作品之后，一幅耀眼的绘画浮出水面，它有着当时肖像画真实、庄重的外观——画中那穿着蓝色长袜的公主，用她明显的缜密心思、姣好身段和著名的优雅双手征服了观众。人们添加补色极有可能是为了遮盖局部的破损，以及添加画板所留下的痕迹，脸上的补色则是为了进行美化——虽然是用一种奇怪的、不恰当的方式。

树木年代学证明原作的画板是用波罗的海橡木做的，制作画板用的树最早的砍伐时间可能是1546年。这一发现支持了我们早先对于这幅画绘制时间的猜测，这种猜测有一部分是基于技术，但也是因为在伊丽莎白继承王位之后，她做公主时的肖像画如果流传出去，恐怕不大合适。

我们为这幅画的状况补充了一些信息，利用佳士得的库存数据进行反推（这一方法适用于拍卖行自19世纪以来卖掉或者考虑拍卖的所有绘画作品），成功判断出这幅画在20世纪初的藏家是萨默塞特公爵（Duke of Somerset）[①]的直系后裔，爱德华六世[②]在位期间，皇室就认识这家人，特别是通过护国公萨默塞特的引荐。随后，西班牙收藏者得到了这幅画，我们后来推断出，这个人是这幅画最后的收藏者。

我们大张旗鼓地在伦敦的格罗夫纳酒店艺术与古董博览会（Grosvenor House Art and Antiques Fair）第一次展出了这幅画，由于电视和国内知名纸媒对这幅画的大幅报道，它的展出在相当程度上增加了来参加这场年度盛会的受关注度。不到三天的时间，我们就卖掉了它。

但是，尽管那次发现对我来说仍然记忆犹新，但本多尔这次推荐给我的作品却是一个全新的挑战。一开始它的估价就高达70万至100万英镑，并通过苏富比的杂志在全世界销售。从杂志的图上看起来，补色似乎很少，尽管这一看法后来彻底改变了。这幅画还有个很大的优点，就是作者有明确的归属，是由比利时知名艺术家史蒂芬·范·德·默伦（Steven van der Meulen，1543—1568）创作的，最初提出这一结论的是艺术史学家罗

[①] 第一代萨默塞特公爵爱德华·西摩（Lord Protector Edward Seymour, 1st Duke of Somerset），爱德华六世的舅父，摄政期间，坚持亨利八世的国教政策。1549年，萨默塞特公爵在宫廷斗争中失势，诺森伯兰公爵（John Dudley, 1st Duke of Northumberland）摄政。

[②] Edward VI（1537—1553），亨利八世独子，英国国王，9岁即位，1547年到1553年在位。母亲是亨利八世第三位王后——简·西摩，在生下爱德华六世之后的第十二天过世。

第五章　历史的力量

伊·斯特朗[①]爵士,他将这幅画与默伦的另外两幅作品进行仔细比对,并确信这些作品都出自同一位艺术家之手。范·德·默伦那时候被誉为"著名画家史蒂芬",他1560年定居于伦敦,在艺术史学家看来,从那以后,也就是16世纪60年代早期,他是英国最重要的宫廷画家。在杂志结尾处,苏富比做了一次令人耳目一新的尝试,那就是试图猜测这幅画的绘制目的和功能。

据推测,女王让别人给自己画像,使人注意到她的青春活力,以及画面上缤纷的鲜花和水果图案,最有可能的目的是做一个征婚广告。他们锁定了女王的早期追求者中一位重要人物,他就是瑞典的埃里克十四世(Erik XIV),人们认为他的肖像作者也是范·德·默伦,1561年,埃里克的肖像经由他的一位婚姻使节送给女王。伊丽莎白的这幅肖像,会不会是出于回赠目的创作的?他们也列出了其他竞争者,比如奥地利的费迪南德(Ferdinand)大公和查尔斯(Charles)大公,他们像埃里克一样,达不到和女王成婚的条件。这两位都受到了伊丽莎白的顾问威廉·塞西尔(William Cecil)的青睐,但他们对从天主教转而皈依新教的抗拒使其无法进入女王的法眼。还有人提出了貌似合理的说法,就是这幅肖像画与1563年朝廷发布的公告有关,当时皇室将这幅画当作国家文件草案保存了起来,防止对女王不敬的绘画作品流传出去。公告有效地征得了一位画家,他能用绘画取代文辞,展示足够的敏感和公关技巧。因为伊丽莎白不是一位传统意义上的漂亮女子,她遗传了父亲的小嘴和鹰钩鼻,据说,她曾将自己不喜欢的肖像画砸成碎片丢进火炉。她希望在画家对自己的描绘中找到更多超凡脱俗的、象征性的共鸣——这项任务大大

[①] Roy Strong,英国艺术史学家,英国国立肖像馆及维多利亚和艾伯特博物馆前馆长。

超出了那些只会画旅店招牌的临时画家的智慧所及。

要理解按女王要求完成这幅作品可能具有的空前重要性，需要的不仅是想象力和学问：在人们看来，没有哪位君主像伊丽莎白一世这样，象征着英国的历史，要给这样的君主画第一幅全身肖像画——这不仅是一幅画，还是一份国务文件，要证明女王的独立自主，还得展现她在政治舞台上巨大的影响力，需要相当复杂的本领。鉴于这幅作品直接进入了自己的研究领域，作为经销商，我们别无选择，只能将它重视起来。然而，从缩略图和说明文字中看，它显得并不值钱。

拍卖会开始前几个星期，本多尔和我步行前往苏富比。尽管离公开的拍卖展览还有一个月的时间，卖场已经向我们开放非正式的预展，这是所有重要的拍卖会都能提供的一种服务，让所有表达过意愿的重要潜在买家享受特权。沿着一段又一段走廊前行，经过陡峭的楼梯，通过安全密码门，在拍卖行的地下室，我们终于见到了这幅用木块撑起的作品，这是个洞穴状的隐蔽储藏室，为即将到来的拍卖会预定的无数加框画布堆得满坑满谷，在它们周围，则是摆满与正在拍卖的作品相关的书和文件的工作台。

在这幅肖像画旁边的地上，放着一只插着电源的高功率手电筒。苏富比那位二十出头、长着一张稚气未脱的脸的图录编写助理，看着我走上前去，用手电筒照亮细节，仔细观察女王衣服的外观。在我的视平线高度，正好可以从女王的腰部看到腹股沟位置，我的凝视却撞上一堵令人震惊的失望之墙。一片大洋般的补色盖住了我眼前几乎全部内容。那些曾在照片上看到的特别设计的"X"形十字绣花织物，在我眼前的作品中，却呈现为不真实的红色涂层上一些胡乱涂抹的痕迹。在这幅16世纪的作品中，补

第五章　历史的力量

色的地方看上去浓稠、凝固，与富含矿物质的补色成分不同，这些成分让作品的表面很容易开裂；可怜的伊丽莎白被这种东西覆盖住了。

我退后一点站着，从整体上观察这幅画，才发现其表面没有我在寻找的大理石般的质感，而是带有一种阴暗、苍白的平滑，似乎是由于运输过程中被底层的蜡或胶水浸渍了。根据苏富比的书面记录，我知道这幅画已经从画板转移到画布上，这就可以解释画面状态的成因了。画的品质之所以大打折扣，就是因为这一点。从画板向画布转移作品是一种高危业务，令人欣慰的是，这项业务今天已经绝迹，20世纪上半叶，俄罗斯圣彼得堡的艾尔米塔什博物馆（Hermitage Museum）特别喜欢做这种事，随后这种时尚流行起来。这种修复方式非但不是试图将画板已经松动或画板局部遭到腐蚀——这是英国肖像画的常见病——的作品固定好，修复师有时会将橡木画板的背面刨薄，直到薄如纸张，然后将它安在画布上。不仅黏合剂本身有时会对画的表面质地造成负面影响，在木工危险的刨平过程中，工具甚至可能刨透并撕坏画的表面，造成无法弥补的损失，需要进行大量的修复和修补工作。

我对本多尔说，这幅画没能保持它应有的状态，但他已经开始沿着自己的视平线观察这幅作品。他比我高了近20厘米，更容易看清她的乳沟位置发生了什么事情。我看不见这个位置的内容，能做的就只有将他的描述写下来，他敏锐地指出，在他能看到的位置上，有一部分的珠宝和脸部描绘相当精彩。然而，遗憾的是，由于身高上的劣势，我看不到这些，于是我对这幅画的兴趣戛然而止，想看看另外一幅正在拍卖的作品，那是乔舒亚·雷诺兹的一幅肖像画，画中人是18世纪的美人凯蒂·费舍尔（Kitty

Fisher）。试图拯救一幅在很大程度上已经被损毁了的肖像画，经常是折磨人而且又吃力不讨好的差事，相当于给一具冰冷的尸体做心肺复苏，我怕是没有那样的热情了。但我也忽然意识到这幅画的估价为什么会那么低了。一幅这样的肖像画如果状态良好，可能会价值数百万英镑，在拍卖会上一路狂飙突进，为大西洋两岸的投标人竞相追逐，特别是，它或许还能作为可信的证据，揭开历史谜团。惨淡的健康状况拖累了它。

接下来的几个星期，本多尔继续时不时地提到那幅肖像画，因为他还没有完全放下它，但我在很大程度上已经忘记了，直到在整个拍卖会公众开放日的第一天再去参观。当时发生了一些意想不到的事。我想自己不单纯是被苏富比的展示技巧征服了，但我得承认，此刻，她看起来与之前判若两人。现在，她正挂在一面高大的墙上，灯光均匀地洒向整个画面，她的脚下有一条地毯，仿佛在地下室的时候她只是被关了禁闭，如今则在出席公众活动。毫无疑问，尽管覆盖着大片的补色，她骨子里仍然保持着富于冲击力的皇室外貌。在一场拍卖会上，当你考虑要不要为一幅绘画投标的时候，对你来说，有一种测试方法就是，想象它放在你的画廊里会是什么样，它会给你的同事、朋友，以及，最重要的，你的客户，什么样的影响，当他们在那儿看见这幅画的时候。要想知道这种场景是什么样，可以采取一种能说明问题的实验方法，那就是在拍卖会的预展上观看大众的反应。尽管那天上午的预展可谓观者寥寥，那幅画的跟前几乎从来不乏观众，它那威严的样貌，让人不禁停下脚步，想看看标牌上的文字，以便了解更多信息。我开始怀疑自己最初的反应，也想起了本多尔对它的执着。我们低声对这幅画作了深入的讨论，最后，我建议再仔细观察一次——这回要用能照见部分或全部补色的紫外灯。话音未落,本多尔已经去找这件道具了。

大展厅外头是一个像细胞一样、没有窗户的小空间,这里的顶灯没有打开,一片漆黑。两位搬运工将2米高的画布从墙上取下来,我们现在第二次在一个不太美妙的环境里和它面对面,对它进行一次它的主人公伊丽莎白自己在当公主的时候就经历过的"审判"。讽刺的是,二者之间还真有可比性,这有点打击我:同那些在伦敦塔(Tower of London)将20岁的伊丽莎白囚禁起来,试图发现关于她言行的流言背后的真相的那些人相比,我们的目的并没有什么不同。她可能已经在密谋推翻她信奉天主教的姐姐玛丽女王,但她机智的辩护掩盖了这一切,也骗到了尝试找出证据的人。如果我们要查明补色之下的真相,考虑按照拍卖行的建议出一笔钱将它买下,我们自己就得直接对它进行一场无情的审判。

一位前来参观拍卖预展的美国退休放射科医生看见这幅肖像画被关进小黑屋,准备接受"虐待",连忙问我们是否也可以允许他过来围观,他说自己一生也都在从事这样的科学分析和诊断,只不过他的研究对象是病人。他对这位"病人"使用紫外光灯的姿势,或许可以解释他退休之前是做什么的,他看起来也不像一个潜在的投标人,我欣然应允他加入我们。此时,众人陷入黑暗之中,那感觉更像是在一个封闭的空间里举行降神会①,当蓝光闪烁的时候,放射科医生(他的妻子留在外面,因为她不喜欢小空间)站在后面,呼吸相当沉重,苏富比的英国绘画专家艾米琳·霍尔马克(Emmeline Hallmark)在我左边,本多尔则在我

---

① 降神会(法语:Séance)是一种和死者沟通的尝试。降神会的主持者是灵媒。通常是灵媒貌似处于精神恍惚状态,并声称死者可以通过她和活人交流。

右边，在紫外灯的强光下，女王那发出冷光的脸部和身体变得清晰起来。

我的目光停留的第一个位置，便是我曾经在地下室里仔细观察过的、腰部和下裙边周围的地方，观察结果可想而知：该区域在灯光下发出亮紫色的荧光，形状有点像大西洋，面积约46平方厘米。拿着紫外光灯在这片区域上下移动，可以看到类似但更小的补色片段，一切开始变得清晰，这些补色的面积大约相当于画板明显被撕裂的部分，这是一种出了名的导致绘画破损的原因，修复者在破损部位和画的其他部分的连接处施用了大量颜料，从而掩盖了修补的痕迹。脸部则有更明显的发出荧光的斑点，但是艾米琳指出，这些是苏富比最近委托一位修复师做的工作，目的是修正部分明显对作品出售造成负面影响的瑕疵。

我把紫外光灯递给本多尔，他仔细研究了脖子和乳沟处的珠宝，在将灯光移至王位和金色华盖之前，他注意到右肩上也有一大片后来涂抹上去的颜料。这就更加棘手了，因为贝壳金 [shell gold，一种早期用金方法，得名自含有金矿的贻贝壳（mussel shell）] 用自己的方式转移了光束，不过，绘画设计中的相当一部分似乎也因此得到了巩固，可见，在后来的修复中，大片金属物质要么被弄破，要么被遮住了。他把紫外光灯交还给我，我将灯光投向植物背景。同其他出问题的部分形成鲜明对比的是，背景似乎保持着原始状态，没经历过补色。除了少量轻微的填补，水果、鲜花和豆子都保持着新鲜葱翠的样貌，仿佛当天早上刚刚采摘的一样。它们保存完好、与其他部位形成明显对比的状态，既引人注目，又令人振奋。这让我陷入了思考。能不能让这幅画的其他部分免受画蛇添足的困扰？假如，我只是说假如，这些区域的补色只是被拙劣地滥用了，底下的涂层基本完好，那就还有希望。

"所以，你看见了什么，诊断结果是怎样的？"放射科医生问，除了吵人的呼吸声，他始终保持着专业的沉默。

"一位受困的女王——预后会怎样还不确定。"我回答说。我冒失的回答似乎让他有一种意外的满足感，接着，我们从暗洞中鱼贯而出，他去找等他多时的妻子，我们则回到画廊作进一步的思考。

如果我忽视了在本多尔看来很重要的东西，他通常会直接告诉我。这一次，由于我没有把这幅画带来的视觉享受放在整个拍卖场的第一位，他的表现则更微妙。他发了封邮件给我，既然我的办公室离他最多也就十步远，可见信中提到的事有一定的重要性。在此之前，我对雷诺兹的凯蒂·费舍尔更感兴趣，那是一幅轻盈、诗意的未完成草稿，描绘的是一位交际花，但是女王渐渐重现的魅力正在迅速取代这些东西。鉴于雷诺兹作品的估价在100万到200万英镑，我只能从两幅画里选一幅。本多尔意识到了我正在升级的热情，他认可了这一点并补充道："我觉得伊丽莎白有着更诱人的前景。"这就是他礼貌地告知我事情的方式，最终我决定按照他的建议投标。

我拿起电话拨通了在密尔沃基的阿尔弗雷德·贝德的号码。如果我们在未来三天对这幅画前途的调查有了支持性的结论，我需要这杆大枪，所以，这会儿先得给他热热身。几周前，我曾向他提起这幅画，但当时我也说了自己对雷诺兹那幅作品更感兴趣。有点尴尬的是，现在需要转移他的注意力了。我决定强行说服他，我知道自己可以毫无障碍地反悔，竭力说明那幅作品是多么地令人兴奋。

"你觉得成本是多少？"他无视我的夸张，立即做出了现实的回应。

"超出了预算。"我回答说,尽管我还没有为价格计算作很多考虑。

"那可是一大笔钱。"——我想他对每件东西的第一反应都是如此。

"这幅画状态如何?"他接着问道。

"这我得回去才能跟你说。"我回答说。

"你知道,我有资金。等你打定主意,请告诉我。"

他继续跟我聊起自己在萨塞克斯一场拍卖会上发现的一幅价格在300—500英镑的画,那幅画牵扯的脑力跟100多万英镑的伊丽莎白差不多,甚至更多。

我觉得需要相关的艺术史,或者更具体地说,是历史知识。本多尔已经将自己的其他任务都放在一边,直接前往伦敦图书馆,那天晚上,我和他进行了深入的交谈。鉴于过去几周,他已经悄悄收集和排除掉很多信息,他只需要告诉我,还需要几个小时,才能完成第一阶段的假设。他说第二天早上自己就能准备好。

接下来我致电凯瑟琳·艾拉(Katherine Ara),她是阿尔弗雷德·贝德认识的一位对都铎王朝时期肖像画有丰富经验的修复师(稍早时候,我在拍卖行发现她也在看这幅画)。我将使命交付给她,就如请她负责全面的诊断和预后,因为她堪此重任。我还对她说,我需要结果,越快越好。要求是如此简单,即便任务并不如此:我又说,如果可以,请告诉我,在后来的涂层底下,到底藏着些什么。这幅画的巨大规模和微妙细节,加之我所了解的都铎王朝时期的肖像画美学,都告诉我,尽管现在受到过度补色的困扰,而且底下的破损可能无法修复,但这幅画在某一时期可能具有超凡的影响力。艾拉的专业眼光可以使我们对真相更接近几分。

第二天，整理过思绪以后，本多尔准备告诉我他的设想。他的办公桌上摆满相关的论文和书。此时的他坐在屏幕前，拿着一本艰深的著作，鼻子上架着近视眼镜，用独特的自言自语，在这起案件中，开始了犀利的检举。作为一位现代历史学者，他并不是每一方面都跟斯塔基完全一样，本多尔的做法是，首先了解比赛场地和交战规则，然后用心理学常识进行判断。他对伊丽莎白统治时期的第四年，也就是1562年至1563年发生的一系列关键事件特别感兴趣，对她来说这是个充满阴谋、不安全感和权欲的阶段，女王周围的狂热氛围如小说场景般引人注目，这从当时的宣传和艺术表现中可见一斑。

当伊丽莎白在1558年即位的时候，所有人都觉得她会结婚。在当时的人眼中，她迫切需要男性的支持，无论是在经济上、精神上还是身体上。不仅因为伊丽莎白是个女人，而且因为她曾被视为非法的王位继承人，但现在看来她则是都铎王朝最后一任继承人。她以戏谑的方式逃避和拒绝了所有与步入婚姻有关的尝试，但在1563年，这条路似乎走到了尽头：此前的一年，她险些因染上天花而死去，更糟糕的是，别人给了她一个愚蠢的治疗建议（洗个热水澡，然后到冰天雪地的地方行走）。当朝廷确定她即将死去的时候，她做出了一个惊人的决定，任命罗伯特·达德利（Robert Dudley）为摄政王。达德利是当时的掌马官，是女王最喜爱也最信任的人，在许多人看来，他还是她的秘密情人，他凭借自己的贵族血统和性魅力，用独特的方式巧妙地获取了王室和重要官员的信任。遗留下来的肖像画清晰地勾勒出让伊丽莎白倾心的男子是怎样的类型：一位见多识广、略显颓废、衣着光鲜的情场高手——很有可能真是这样。这之前两年，达德利的妻子从自家的楼梯上摔了下来，脖子扭断，一命呜呼，尽管没有留下任何证据，很多人觉得是他谋杀了妻子。他是一位被处死的叛国者的儿子［父亲是约翰·达德利（John Dudley），第一代诺森博兰公爵（1st Duke of Northumberland），"九日女王"简·格雷短暂统治期间的主要谋士］，朝廷中的其他人对达德利抱有深深的担心和敌意。伊丽莎白的表妹、苏格兰女王玛丽（Mary Queen of Scots）用冷酷的语言直接总结了当时流行的看法："英格兰女王即将嫁给那个杀死自己妻子腾出位置给她的掌马官。"

在她康复以后，摆在人们面前的难题是，如果她死后并无子嗣，谁来继承王位呢？按照法规，应当由已被处死的简·格雷的妹妹凯瑟琳·格雷（Katherine Grey）来接任女王，但她当时正饱受厌食症的折磨。从血缘上来说，则应当由苏格兰的玛丽女王来继承，但她是个天主教徒，而英格兰此时刚刚从玛丽一世（Mary I）让这个国家重新皈依旧宗教的暴力尝试中恢复。对都铎王朝来说，在这样一个无论如何都应该由男人统治的国家，从两位不合适的女性当中选一位接班人，实在有些莫名其妙，甚至可以说是有点可怕，因为有迹象表明，当时的局势很接近14世纪内战时的情景。于是朝廷和议会重新试图让伊丽莎白结婚。与此同时，他们要求她任命一位继承人，很重要的原因是，当时有传言说她因为害那场大病而失去了生育能力。但是尽管下议院和上议院发出了请愿书，她还是诡辩地逃避婚姻，对他们的愿望不予理会。

当然，本多尔提出，一幅这么大规模的肖像画，是不是应该跟女王和其他人这种关键的对峙有关呢？这幅画掺杂了很多符号，它们有的象征生育能力，让人很自然地联想到她在性方面，以及更广泛意义上的命运。

但是，那么复杂的一个女人，浸淫于学问和诡诈，需要有一个潜伏画中的莎士比亚式的从属情节。尽管画一幅用于征婚的肖像画的主意没能被阻止，伊丽莎白却要借这个机会做一件更大的事——换句话说，她需要一个防止自己的自由、主权和愿望被强行限制的解决方案。

"要看懂这幅画，你需要了解一些额外的东西。"在我们结束对历史上重大事件的回顾之后，本多尔补充说。他开始敲键盘，"你还记得她身上的玫瑰花吧，就是别在右肩上的那一朵。"

"记得。"我回答说。看过画的人很难忽略这个细节。那是女王衣服上唯一显眼的装饰物，一大朵象征兰开斯特家族①的红玫瑰。尽管有点粗糙，与背景的花簇相比也略显程式化，它在整幅画中像一面锦旗一样脱颖而出。

"仔细看。"他说。他将那个地方放大，全屏显示了红色的花瓣和绿色的花托。

"有什么让你觉得奇怪的地方吗？"

我对着屏幕仔细研究了半天。玫瑰看起来倒是像一朵玫瑰，但是接下来我渐渐明白图上有一个植物学方面的异常现象。这里画的不是锯齿状的叶片（在这幅画的背景部分画的是这种正确形状的叶子），而是将大片的、肺叶状的叶子排列起来，组成了

---

① House of Lancaster，英国历史上的一个王朝。1399年，金雀花王朝支系兰开斯特公爵亨利趁国王理查二世远征爱尔兰时，夺去王位，成为兰开斯特王朝的第一位国君。该王朝的成员均为第一代兰开斯特公爵约翰的后代，以红玫瑰为王朝象征。15世纪时，兰开斯特王朝与约克王朝为争夺英格兰王位爆发了玫瑰战争，红玫瑰代表兰开斯特王朝，白玫瑰代表约克王朝。都铎王朝的亨利·都铎对兰开斯特王朝的继承权是通过母亲玛格丽特·蒲福得来的，她是兰开斯特公爵约翰的曾孙女。而玛格丽特·蒲福嫁给了理奇蒙伯爵艾得蒙·都铎，生下亨利·都铎，也就是后来的英格兰王亨利七世。

玫瑰花的花托。那究竟是什么？毫无疑问：那是英国橡树的叶子。尽管不能排除艺术家故意暗示女王具有英国橡树的品质，当橡树叶和玫瑰组合起来，或许是一种对在爱情上的坚持的艺术表现，然而，用橡树象征伊丽莎白，似乎没有先例：至多也可能是在一百年前，查理二世复辟之后，橡树曾被视为一个不太正式的皇室符号，因为据说在内战期间，查理二世曾藏在橡树丛中。然而，对一个特定的人物来说，橡树却是他的个人符号：他就是罗伯特·达德利。伦敦塔上的一块雕花镶板可以证明这一点，约翰·达德利和他的家人曾被短暂囚禁于此，为了识别每一个家庭成员，看守人员将各种象征性的植物当作他们名字的双关语。指代罗伯特的符号就是"橡树"，这种双关来自橡树的拉丁语词汇"*Quercus robur*"。

现在，一种迷人的假设可以登场了，既然橡树叶子已经出现在画面上，伊丽莎白整体上向全国发出了正式的消息，一封发给情人的密信则暗含其中。过去的几天时间里，本多尔悄悄地细化了自己的假设，也已经准备好回答我的下一个问题。他回答说，的确，罗伯特·达德利已经收藏了伊丽莎白全身肖像画——两幅"女王年轻时的全身木板油画像"（greate tables of the quenes maiesties pictures）①，引自他在1578年编写的自己在瓦立克郡凯尼尔沃思城堡②所藏绘画作品的图录。几年前，一位艺术史学家尝试将这两幅画的特征与另外两幅已知的绘画进行匹配，但证据并不十分有力，本多尔怀疑苏富比的这幅画有可能是图录中提到的一幅。这幅画最初的收藏者很有可能是伊丽莎白本人，但是后

---

① 作者在这里引用的是较为古早的英语，故保留原文。
② Kenilworth Castle，位于英格兰瓦立克郡的凯尼尔沃思。这座城堡始建于12世纪，无论在军事上还是历史上都有重要地位。

来,她希望展示自己作为不婚的童贞女王的形象,这幅画很有可能就被转赠出去了,因为画面的润色带有过时的有关婚姻和生育的暗示,与皇宫内的既定策略尴尬地不一致。尽管汉普顿家族的传说表明,这幅画是伊丽莎白女王送给格里菲斯这样一位小人物的礼物,并没有书面证据证明这一点,经验则告诉我们,这类旧闻往往是不可靠的。罗伯特·达德利于1588年去世,此后,他的收藏四散开来,汉普顿可能是在那时候才得到这幅画的。

"你有没有就此事联系过斯塔基?"我问道。

本多尔扬了扬眉毛。我刚才低估了他的主动性。

"今天早上,我用电子邮件将一张照片和相关细节发给了他——还有自己关于宪制危机①的一些初步想法。"

我的反应是:谢天谢地,本多尔是在为我工作。

我让他继续独自琢磨和挖掘相关的历史问题,自己则开始考虑其他事项,即作品的状态和价格。第二天我接到凯瑟琳·艾拉的书面报告。她已经仔细分析了作品当中我最关心的那些区域的表面,她的调查结论正如我希望看到的那样:"用于遮住破损区域的修复大得有些多余,修复方法也很拙劣,存在一些让人困惑的地方。因为补色的关系,确定贝壳金部分的破损程度是比较困难的。但是在纵射光②下,表层之下的画底似乎完好无损……"在有限的条件下,她尽了一个修复师最大的努力,她的推测与我

---

① 本多尔提到的宪制危机,很可能是指当时围绕王权产生的麻烦。亨利八世死后,信仰天主教的玛丽一世继位,立刻对清教徒进行残酷迫害和反攻倒算。此后,伊丽莎白一世统治三十余年,不偏不倚地坚持父亲的宗教政策,却还是无法化解国内天主教徒和新教徒之间的尖锐对立。一些激进的天主教徒甚至想通过谋杀非天主教信徒的伊丽莎白女王来促使天主教在英国复兴。
② raking light,专业美术馆工作人员使用的一种灯光,用于照射画面,平常光之下不明显的起伏、扭曲、变形都可以在纵射光下看清楚。

的乐观期望达成了一致：我们在一个问题上的观点是接近的，那就是，如果我们能拿到这幅画，并实现我们的预期，那么此事很可能会变成我们职业生涯中的里程碑事件。

在拍卖会开始前的那天下午，我还满怀信心地认为，我们的眼光已经好到可以冒险花一大笔钱买下这幅画的程度。但这笔钱到底应该是多少，当时仍旧悬而未决。我们不太可能在第二天上午10点半拍卖会开始的时候继续推进研究，也不太可能向阿尔弗雷德·贝德提建议，因为按照密尔沃基时间，拍卖会期间他应该还在睡觉。我别无选择，只能兵来将挡，水来土掩。斯塔基在给本多尔的回信里并没有提供任何有重大意义的信息，除了表示这幅画引起了自己强烈的兴趣，希望我们再给他一些时间。他完全理解从那时候的全国形势当中寻找新线索的重要性，值得注意的是，下议院代表团在1563年1月请求伊丽莎白任命一位王位继承人——但她对这个请求的回应并没有历史记载。买这幅画依然有投机的成分在里面，在这方面，它与我考虑过的拍卖行数以千计的有前景的其他作品没有区别。它们之间最大的区别在于赌注大小，伊丽莎白的赌注高得令人眩晕。尽管每幅画都有自己的特别之处，我尝试提醒自己，这幅画可能拥有独一无二的特色。如果处于完美的状态，有明确的出处和书面记载——那时候尚不具备这些条件——它会成为一件占据重要历史地位的艺术品，对很多收藏家和博物馆来说，它将具备卓尔不群的意义和价值。就我们所能确定的有关其状态的情况，它已经差不多值300万英镑以上，但是我不喜欢在没有跟阿尔弗雷德·贝德充分商量，也没有更可靠的情报的情况下，被迫进行一次投标。尽管出于商业考虑，我确保能从阿尔弗雷德那里拿到的最多的购买资金额度需要保密，在当天下午5点半的时候，各种各样的援助终于从最出人意料的

第五章　历史的力量

角落冒出来，以电话的形式来临。

对我们这个行业来说，记者的作用十分关键。他们有很多功能，比如，为大型拍卖会做宣传，对其进行报道，向普通受众介绍买家和卖家的名字，还能促进拍卖行和经销商的艺术品销售。一位特别热心的记者认定"伊丽莎白一世"是一幅值得跟进的作品，所以打电话给我，想套取能证明我有意愿买这幅画的信息。当我感觉到他能泄露的信息比我能提供的还要多时，我准备反转这一过程，即尝试从他那里套些信息出来。这位记者将我们的谈话视为信息交易，于是告诉我说，他刚和一位潜在买家通过话，这位买家宣称要买这幅作品，竞标价格是200万英镑。这位不知道姓名的潜在买家是如此笃定，以至于自信心爆棚，将自己的心中所想泄露给——即便泄露给谁，也不应该泄露给——一位记者。作为回报，我提供的观点乏善可陈，除了对于这幅画状态的不确定，就是列举一大堆可能的买家，最后我告诉他——这可是如实地——我还没有明确决定参与投标。

现在我有需要立刻反馈给阿尔弗雷德的信息；对我而言，从某种意义上来说，拍卖之战已经打响。

与现代绘画和早期杰作的拍卖会相比，那些出售英国绘画的拍卖会并没有多么高的热度，当天，拍卖厅的上座率只有一半。我在一整排都是空位子的正数第四排挑了个好位置，在这里，我既能清楚地观察到画架上的那些拍卖品，也能同站在后面的人群保持恰到好处的距离。本多尔则置身站着的人群之中，在那里，他可以从另外一个角度观察这场拍卖会。他的身高比周围的十来个经销商都高出一大截，在那个位置上，他能看出都有谁在针对投标进行对话，同时饱览整个拍卖会上的风景。尽管前面还有三件等待拍卖的作品，我注意到有的电话投标员已经开始同潜在买家沟通了。为了避免意外的发生，他们通常会提前几分钟同客户取得联系，这个时间刚刚好。站在本多尔旁边的一个人很有可能偷偷通过苏富比的一名工作人员投标，虽然他看上去一副若无其事的样子——这是拍卖场上的老手惯用的伎俩。

我在《巡回鉴宝》节目中的合作伙伴、拍卖师马克·波尔蒂莫（Mark Poltimore）走马观花地应对了那些不太重要的拍卖品。作为一流的专业鉴赏家，波尔蒂莫已经用三十年的艺术界从业经验打磨自己的技能。最初是在佳士得，继而因为机缘巧合成了经销商，现在则是苏富比欧洲区主席，作为整个拍卖活动的总指挥，他不仅具备所有巧慧的拍卖师那样恶作剧式的魅力，也有足够的信心在调动气氛的同时察觉场内的变化。当他提到伊丽莎白的时候，声音忽然放慢了节奏，这么做的确吸引了我的注意力，但这可不是个好兆头。当他报出50万英镑的底价，前排一位女士露出了微笑。她看起来有点眼熟。仔细观察了她身边那个手持竞买号牌的人之后，我忽然想起来，他就是那位放射科医生。拍卖会上有个加入投标的最佳时间，要确定那应该是在什么时间，需要判断出其他投标者隐蔽的，或者准备采取的行动。我在严阵以待这个时间点的到来。波尔蒂莫逐步提高叫价，他流畅的肢体语言和眼神不断引起整个会场上的人的猜想。当叫价达到70万英镑的时候，一个电话让他停了一下，他接受了这次电话投标。现在，叫价达到我的最低估价，我开始意识到，我们遇到了真正的竞标对手，竞拍正式开始。我看见放射科医生在跟他妻子聊着天，但是就在他打算举牌的一刹那——如果他确实有这种打算的话——一声喊价从我头上呼啸而过。我克制住转身的冲动，用对波尔蒂莫的观察取而代之，只见他在电话和新的叫价者之间来回切换，有条不紊地提高着价格。当价格达到120万英镑的时候，

第五章 历史的力量

他的声音顿了一下。

　　电话投标的竞标者已经停止出价，此时我看了看放射科医生，他正和妻子聊个不停，并未叫出更高的价格。我等了一会儿，直到波尔蒂莫的眼睛再次扫过整个会场，才与他目光相接，点头示意。我终于加入了战斗。他迅速将眼神掷向会场的后方，引得另一位竞价人上钩，然后向我索要更高的价格。我把眼光锁定在波尔蒂莫的脸上，每次当他看向我的时候，就将价格再抬高一点。在当时所处的位置，我能听见电话服务人员正在紧急地向潜在买家直播现场逐步提高的叫价，我们提高价格的速度不断变快，每叫一次增加5万英镑，没给试图中途闯入的竞标者留下任何余地；不到一分钟的工夫，我们已经达到210万英镑大关，拍卖师示意我继续加价。我想，反正"两大巨头"已经给别的投标人造成了心理障碍，来吧，让我们拭目以待。我又一次朝波尔蒂莫点头，他则越过我的头顶瞥向会场后方。这一次，他的目光并没有立即转向我。竞标对象似乎举棋不定。

　　拍卖师切换到引诱模式，向前探头，压低声音，诱使人们继续出价。场内的其他人均已成了看客。正当我盼着他准备宣布拍卖结束的时候，他的脸上闪过一丝喜悦。再一次听到报价之后，他把带着灿烂笑容的脸转向了我。我则丝毫没有犹豫，立刻加价5万英镑作为回应，正如我所期待的那样，如此快的反应速度，给了对手致命一击。波尔蒂莫抬起头，这一次，他却没能诱使我的对手出更高的价格，拍卖师又用眼睛扫视了整个会场，以及协助电话投标的工作人员，然后再一次看着后排那个出价较低的竞标人，期待他打起精神。所有的竞标者均已认输。在貌似不够优雅的停顿之后，拍卖师用慢动作般的方式举起手，然后，只听见拍卖槌重重地落下。最终，加上佣金，我以260万英镑的总价买下了这幅画。

拍卖结束后，本多尔向我简要介绍了拍卖厅后面发生的逸事。当另外一位投标者叫出比我更高的价格时，他注意到有其他先前出价较低的竞买者蠢蠢欲动，但在我和对手互相咄咄逼人的势头之下，那些人始终没有机会闯入激战之中。当天下午，我致电阿尔弗雷德·贝德，他为我成功购得这幅画感到高兴，但像往常一样，我们的话题基本上围绕着支付条款、修复费用、修复时间，以及接下来我打算采取哪些行动展开。据路透社的报道，截至当时，我成了史上花最大价钱购买英国皇家肖像画的买家。其实，阿尔弗雷德才是应当被历史铭记的那个人。

当天下午，那幅作品运抵画廊，当它经过门廊时，就像某个前来拜访的国家元首，把我们纷纷打回了原形。本多尔难掩胜利的喜悦，仍旧沉浸在这幅肖像画对历史的挑战之中，他说，这是自己期盼得到的、内涵最丰富的作品。我们画廊的南非工匠托尼·格雷格（Tony Gregg），因兀自迷恋画框而为业内人士所熟知。画廊经理埃玛·亨德森（Emma Henderson）尽管在为我们不断上涨的保险费用感到担心，却发现自己已经无法将视线从女王的衣服和首饰上移开了；画廊的前厅助理塔姆欣·埃文登（Tamsin Evernden）则在认真进行美学反应，同时也在琢磨怎么给这个庞然大物拍照。我的妻子凯瑟琳从不在打折卖场以外的地方买衣服，却能陪我一起脸色苍白、惴惴不安地坐在拍卖现场，见证这幅作品的到来。

我几乎无法将自己的目光从那幅画上移开，感到既欢喜又沉不住气——恨不得马上知晓在清洁之后，它将发生多大的转变，以及针对它的学术研究将会引领我们走向何方。我发现自己特别流连于画面背景上水果和鲜花的复杂性，在画廊灯光的照耀下，

第五章　历史的力量

它们显得更有生命力了。有意思的是，我这时才第一次注意到，每一个这样的自然符号都有自己的另一半——每朵玫瑰，每个水果和每一颗饱满的豆荚，你都能在一堆符号中找到恰能与它相匹配的那一朵、一个或一颗。

转天，也就是星期六的上午，我从一周的兴奋中疲惫地醒来。通常情况下，每周末，我都会逃往牛津郡（Oxfordshire）乡村，但这次我被其他事务绊住，只好待在伦敦。我决定出去遛遛狗，给自己多一点喘息的空间，在星巴克买了一杯咖啡之后，我带着画廊里养的黑色可卡犬来到肯辛顿公园①。这座公园有着乔治二世时期的古典设计风格，那天上午，位于公园中心的圆形人工湖简直如同鸟类的天堂。鸭子和鹅组成的小型舰队与玩具船赛跑，互相争食面包；远远地，我看见一对天鹅从空中俯身入水，它们的身体在大朵浪花的掩映下滑落，带着从容不迫的优雅。自然风光，哪怕是都市中的自然风光，也可以是一种疗愈，经历了在伦敦西区一整周戏剧化的生活，周末的上午，我十分需要这种疗愈。我刚刚买入从业以来最贵的一幅画，我需要好好对待帮我买画的赞助人，关于这幅作品，还有很多未解之谜。

说实话，最早让我对艺术感兴趣的，是占有别人可能忽略或低估了的东西时的快感（这样的东西可以追溯到孩提时代的银勺子和鞋扣）。所以我后来对这种快感的爱转移到了绘画上。如今，我和我的同行在试图占有世界上最奢侈的东西，它们凝聚着

---

① Kensington Palace Gardens，曾是肯辛顿宫的私人花园，是英国伦敦的一座皇家园林，位于海德公园以西，属于威斯敏斯特市和肯辛顿—切尔西区。从威廉三世到乔治二世的四位君王都曾住在这里，维多利亚更在此处出生。之后一直到当代，它都没有冷落，上一个住在这儿的贵族，是无人不晓的戴安娜王妃。肯辛顿公园现已与相连的海德公园一同对公众开放。

全世界最极致的聪明才智，但在表面光鲜的追逐之下，也潜藏着动物性的竞争关系。不久之前，这种掠夺的冲动让我得到了这幅伊丽莎白肖像画。那天上午，在支离破碎的情绪中，我发现自己更多时候是在观察我的狗。特别是当我陪伴在它左右的时候，它所有本能的快乐，都和追逐有关。除了罕见的小松鼠，或者无意中发现的街头美食，没有什么特别的猎物会吸引它的注意力，它总是一路小跑，紧跟着我。在这座公园里，没有高草或灌木丛，也没有溪流或杂树林，没办法疯狂地循着传说中那种"动狗心魄"的味道奔跑，直到精疲力尽，就如它每个周末在乡村时那样。我很少听说它能抓住野鸡，但是追逐定义了它的存在，占据了它作为狗的想象，我怀疑，是对追逐的想象，让它抽搐，让它嗅来嗅去，也让它被自己梦中的呓语惊醒。

如今，我也在放低自己追逐的速度，进入并不活跃的小跑状态，在这次的购买周期中，估计要经历一个让我感到不耐烦的缓慢过程。修复这样一幅复杂的作品可能需要三到四个月，至于历史学研究及其成果，谁都说不准。整个工作当中，本能的狩猎部分已经完成，这幅画现在需要其他人进行专家治疗和专业的照顾，这些部分的工作，我只能观察别人是怎样操作的，它们并不在我的能力范围之内。我想，就像其他很多事情一样，工作进行至此，我已经有一种扫兴的感觉。

一条阿尔萨斯牧羊犬向我们蹿了过来，我的小猎狗在恐惧中陷入了木僵。牧羊犬开始咆哮，为了防止战争发生，我弯下腰，调转了小猎狗的方向，牵着它走向一条相对安全的路。在这个过程中，我的黑莓手机从软呢外套上面那个有点松的口袋里掉了出来，我把它捡起来看了一眼，发现一封未读邮件。发件人是大卫·斯塔基，收件人是我和本多尔。当初一起办展览的时候，我

第五章　历史的力量

就发现周末一般都是他最高产的时间段，他会躲进自己在肯特郡的书房，在那里他可以工作得更安心。我向下滑动屏幕，起初不知道他是否只是想问问我们是否买下了那幅画，毫无疑问，本多尔早就把消息告诉他了。我迅速意识到信中提到的可能是很重要的事，于是找了个长凳坐下来。鉴于斯塔基对任何历史问题的说法在我看来都是很重要的，这封信我至今还保留着：

非常抱歉，因为时间不够，我没能在周四按时给你们回信。

然而，我已经弄清楚整件事的来龙去脉了。你们说的没错，这幅画创作于1563年。但我们还是搞错了一些事情。因为女王在两个不同的场合发表过两次不同的演说。我们考虑的是第一次，时间是在1月28日，地点是白厅①，听众为下议院的一个代表团。但符合这幅画的内容的是第二次演说，这一次是在4月10日，女王对上议院进行了答复。她当时在场，尽管按照上议院的惯例，演说内容会由上议院掌玺大臣培根②传达。但是伊丽莎白亲笔撰写了演讲稿。事实上，她的亲笔文件至今仍完好保存着。这可是货真价实的手稿啊！

"在我建议入画的果实被你们驳回之前，我本以为这种树开出的花太可爱，以至于没有其他任何的花是应该留意或值得

---

① Whitehall，位于英国国会大厦和特拉法加广场之间，是英国政府中枢的所在地。白厅也是英国政府的代名词。
② Lord Keeper Bacon，即尼古拉斯·培根（Nicholas Bacon, 1510—1579），毕业于剑桥大学基督圣体学院（Corpus Christi College, Cambridge），他在亨利八世时被册封为勋爵，伊丽莎白一世即位不久后，任掌玺大臣。他思想倾向进步，信奉英国国教，反对教皇干涉英国内政。他的小儿子弗朗西斯·培根（Francis Bacon, 1561—1626）比他的名气更大，是英国著名的哲学家、政治家、科学家、法学家和散文作家。

考虑的……"

"但到最后，不必思量这种可爱的花是否必要，只要我找到一个合适的时间让果实成熟，就不应遭到你们的谴责……"

[BL, Lansdowne MS 94, art 15B, f. 30.]①

我在对这次演讲的纪念活动中见过这幅画。画面上的王位和华盖象征着皇室遗产（这是上议院的主要特色）……还有水果和饱满的豆荚。女王尴尬地站在两者之间。

最诚挚的祝福
大卫

直到星期一，我才有机会和本多尔讨论这封邮件，他则早已准备就绪。他带来了一张女王手稿的照片，说明她曾经改变过主意，因为她在写的时候删掉了一些东西，当清晨的阳光从画廊正面的窗户透射进来，照亮整幅画的时候，仿佛彰显着有关这幅画的最新进展，我们再次站到女王的面前。本多尔已经同斯塔基就女王的讲演进行过讨论，他们得出的结论是，讲演的目的非常清楚。针对1563年上议院的请愿，她用添枝加叶的修辞，做出了全面的回应。演讲中的基本信息看似平淡无奇，仔细分析措辞，其中却大有文章：她没有必要任命一位继任者；她能够生育自己的继任者。考虑到肖像画完成的时间，就在当年晚些时候，这个书面证据，为肖像画所表达出的象征性的消息增加了新的维度。

这些句子一个接一个，就如谜语般将自己娓娓道来，表明女王的态度。这位被冒犯了的女王，刚刚从死亡线上挣扎回来，正在用尽可能独立自主的方式，告诉这些爵爷，不要惊慌——她可

---

① 这一行内容是原文中标注的手稿出处。

以渡过难关。仅仅凭借这一份声明，她就澄清了一切：富于暗示性的背景符号还击了有关她没有生育能力的谣言；植物之间的配对暗示着婚姻——这是使她诞下合法继承人的唯一途径；裙子的配色用的是红色和白色，这是都铎王朝的颜色，确认她已经准备好继续以都铎王朝女王的身份统治这个国家，这一点因为王位和华盖的意象得以加强；在这幅画里，她手中的紫罗兰或康乃馨并不是订婚的象征，而是要表达广义上的意愿。这幅画可能被解释为在心中有特定新郎人选时征婚用的肖像画，但这种说法很难概括肖像画背后的政治紧迫性和现实性。（按照当时的年龄标准）这是一个成熟女人大张旗鼓的、独立自主的宣言——借着历史的后见之明的帮助，我们会不无遗憾地发现，这些暗暗许下的诺言并没有兑现。石榴、苹果、梨、饱满的豆荚和盛开的花朵，画面上有关传宗接代的承诺并没有开花结果——单身生活的状态在接下来的统治时期继续在暗中对她构成威胁。如果这幅画就放在她的皇宫里，就像我始终怀疑的那样，背景上的这些图案就能让她有足够的理由悄悄将它销毁掉——如果是这样，收藏它的或许是女王的一位旧情人？对这个人来说，这幅作品或许有着特殊的意义。

　　在后来的研究中，不光是作品的绘制目的，画这幅肖像的艺术家的身份，也成了问题的焦点。如此重要的艺术作品的出现，经常促使研究人员和新的收藏者重新审视那些能引起新的艺术史假设的主要文献。抱着让这幅画焕然一新的决心，我们已经将它买下，接下来查询档案的工作主要涉及的是位于基尤[①]

[①] Kew，以坐落于此的一座植物园——Kew Gardens（英国皇家植物园）而闻名于世，这座皇家植物园坐落在英国伦敦西南郊的泰晤士河畔列治文区，原是英国皇家园林，目前是联合国认定的世界文化遗产。

的英国国家档案馆[①]，这里是个重要的文献宝库，可以查询一千多年来的历史资料，从《末日审判书》[②]到今天的文献，在接下来的两个月，本多尔从相关的论文和遗嘱当中进行筛查，以确定更多关于佛兰德人[③]、艺术家史蒂芬·范·德·默伦的信息，因为苏富比认为他是这幅画的作者。本多尔对充满谜团、困惑和尚未解决的难题的那段晦暗不明的艺术史进行了深入的调查，他的研究揭露了一个事实，那就是，在当时的伦敦，并没有名叫史蒂芬·范·德·默伦的肖像画家在为朝廷工作，20世纪的艺术史学家搞混了两位同名的佛兰德艺术家的身份。现在看来，这幅画的作者很有可能是史蒂芬·范·霍威克（Steven van Herwijck）——他是另一个史蒂芬，他的名字在16世纪的文献中经常简写作"Steph. pictor"，意思是"史蒂芬，画家"——而不是相对来说没那么有名的史蒂芬·范·德·默伦。

这幅画最终用五个月的时间才清洁修复完毕，修复之后的转变的确非常明显。作品的表面得到了相当完好的保存，破坏程度远不像我们之前担心的那么严重，尽管画面上40%的部分遭到了过度补色，修复师发现，其中四分之三的补色都是没必要的，而且遮住了原来的颜色。黄金开始发光，衣裙和珠宝变得像当初一

[①] The National Archives（TNA）是英国司法部下辖的一个行政机构，也是英国政府官方档案馆。它由四个机构，即公共档案馆、皇家历史手稿委员会、公部门资讯办公室和皇家文书局在2003年合并而成。
[②] Domesday Book，是法国诺曼底公爵威廉征服英格兰之后，下令于1085—1086年间在被征服的土地上完成的一次大规模人口和土地普查记录。全书用中世纪拉丁文写成，文字高度简化，而且使用了一些本地特有的词汇。书名"*Domesday*"（Doomsday的中古英语拼法，意为"世界末日"）强调了这本书的最终性和权威性。
[③] Flemish，为日耳曼民族之一，属欧罗巴人种。使用荷兰语，属印欧语系日耳曼语族。居住在现今的佛兰德地区（即今天比利时西部的一个地区），因此得名。佛兰德人的族源与荷兰人基本相同，在比利时人口中占多数（约60%）。历史上，于中世纪时所有居住在佛兰德伯国的人，不论使用何种语言，都称为佛兰德人。

样辉煌，滤去附着在作品表面的胶状物之后，外面原本晦暗不清的薄罩层也消失不见了。女王重获了饱含深情绘制的背景。在清洁的过程中，疑似与达德利有关的花托部分变得更加诡秘。对玫瑰花周围的橡树叶的颜料分析显示，虽然和作品主体部分的绘制时间属于同一时期，橡树叶的绿色颜料同背景中叶片的颜料并不属于同一类型：画橡树叶用的颜料，主要成分是蓝铜矿（毛玻璃）与铅锡黄的混合物；背景当中叶片的颜料则是铜系色釉与一种高级铅锡黄加上绿调蓝的混合物。一个耐人寻味的可能结论诞生了：另一位艺术家，用另外一种颜料画出了橡树叶，但是，从颜料衰退的情况，以及当初的绘画方法来看，很明显，加上树叶的时间应该是在整幅画完成之后不久。加上橡树叶的主使者到底是谁，是作品的女主角，还是获赠作品的人，抑或另有其人？答案或许终有揭晓的那一天。

这里也需要添加一则后记。我后来把这幅画卖给了一位金融家兼艺术收藏家，他向我保证会将它陈列在自己乡间别墅的走廊里。然而，2009年春天，在我撰写本书期间，得知他将这幅画借给汉普顿宫①进行展览，我怀疑，为了子民的利益，女王还会带着她的"队列"在21世纪继续出巡，汉普顿宫只是她此行的第一站。

---

① Hampton Court Palace，位于英国伦敦西南方泰晤士河畔的里奇蒙伦敦自治市，是英国王室的宫殿，最初是亨利八世为其宠臣托马斯·沃尔西建造的，在威廉三世时，经过大规模扩建改造。但是自18世纪以来，就没有王室成员居住于此。

第六章
发现机会

奥利弗·巴克（Oliver Barker）登上拍卖台，环视了现场的情景。在他眼前，是一片喧嚣的人海，这里挤满了潜在的买家，有许多熟悉的面孔，其中，有经销公司的代表，也有私人经销商，数量最多的还是"不知名的"从门外涌进来，又趋之若鹜地去往隔壁会场的人群。他在一旁看着艺术领域的记者和新闻记者充满期待的脸庞，发现电视台的摄像机已经开始工作，从房间一角出发，对拍卖会进行影像记录。苏富比的三十多位员工在房间两旁的桌子后面分列两排站好，他们始终将电话紧紧贴在耳畔，为即将到来的拍卖会严阵以待。

尽管有着习惯性的训练有素和流畅，巴克还是不免担心，自己的紧张是否已经溢于言表。他出席过许多重要的拍卖会，目睹了无数件价值连城的艺术品的成交，但这是他第一次手持拍卖槌出现在一场艺术界的顶级盛会上。他已经按照经验丰富的同事的建议，做了所有可以安抚自己神经系统的事情——坚持跑步，完成呼吸练习，做按摩，为自己打气。他迅速地看了一眼坐在会场第四排的妻子瓦妮莎（Vanessa）的眼睛。自从这个想法第一次诞生，她就一直陪在他身边，他们都知道，接下来要发生的事情，不仅会影响巴克的前途命运，也可能改变当代艺术市场。他在拍卖会前的那天晚上向她倾吐了自己的担忧：这不仅仅是33岁的他主持的第一场拍卖会，也是艺术界的一次空前的大型实验——这场拍卖会专注于一位重要的在世艺术家，他所采用的是一种自从艺术家威廉·贺加斯在18世纪尝试过之后，从未有人冒险使用的风格。对苏富比这样一家以深厚的保守主义传统著称的拍卖机构来说，在近两个世纪以来，这是第一次商业上的全新开拓。

然而，巴克在拍卖会舞台上的这次洗礼也不是没有仪式感。很少有一个客户和一家拍卖行如此用心良苦地为即将拍出的作品布置这样恰到好处的氛围。在拍卖品对外开放参观期间，如果临时来访的外行观众认为自己偶然走到了一个电影布景里面，也是可以理解的。因为这是一种全新的卖场布局。在拍卖会的启动派对上，巴克和他的同事模拟了这件艺术品诞生的那条大街的景观，以此来招待客人，这个决定本身就充满令人目眩的创造性。甚至连拍卖品图录也很值得收藏，因为艺术家已经配合拍卖行，为他的拥趸在上面签了名。

巴克低头看了一眼拍卖书，然后看了看表。拍卖会原定的开场时间是下午6点，但是有太多新客户注册投标号牌，以至于整个活动已经推迟了20分钟。这让本次拍卖很难被称为专业性方面的典范。他看了一眼第一件拍卖品的介绍。这件作品被精心安排在开场预告阶段，但鉴于客户们对接下来将要出售的作品的强烈兴趣，在拍卖会上，大家至少也会爱屋及乌地看看第一件拍卖品。他断定，时间差不多了。他清了清嗓子，拿起拍卖槌，请全场保持秩序。台下顿时安静了。他通过扬声器听见了这样的声音，一年前，他还无法想象自己会有这样一番说辞，他得提醒自

己,这就是他自己的声音:

1号拍卖品:一对马丁尼酒杯。投标底价为50英镑。

这个艺术界的传奇故事是从巴克和妻子通勤乘坐的94路巴士上开始的。巴士从巴克伉俪位于牧者丛①的住处附近出发,去往邦德街北侧的尽头,从几年前开始,奥利弗就在位于这条街上的苏富比拍卖行当代艺术部门工作。当拍卖行写信给他,确认对他的任命,他们便是在有意尝试聘用拍卖界的新新人类。巴克的家庭背景在新一代的专家当中倒还算平常:母亲在广告业工作,父亲是一位会计师,所以他并不是没落贵族或者收藏世家的后裔,在上一代苏富比拍卖人当中,这两者都是历史悠久的招募新人的土壤。在曼彻斯特大学(Manchester University)学习了艺术史之后,巴克回到他位于伦敦的家乡,在科陶德艺术学院②获得了硕士学位,在许多人看来,这里能提供英国最好的美术史训练。之后,他前往巴黎,在那里获得了艺术品贸易的实践经验,因为他在那儿协助为已故现代艺术大师曼·雷③的作品编写图录。后来,他进入苏富比当代和印象派艺术部门继续从事编目工作,这家拍卖行正迅速接受新的商业模式。

巴克那种迷人的、没有阶级色彩的举止,天生的商业嗅觉,

---

① Shepherd's Bush,西伦敦的一个地区,位于汉默史密斯—富勒姆伦敦自治市(London Borough of Hammersmith and Fulham)。
② Courtauld Institute,伦敦大学下属的一个学院,主要研究艺术史。
③ Man Ray(1890—1976),美国人,他是一个擅长绘画、电影、雕刻和摄影的艺术大师,也是有史以来第一个摄影作品价值远远超越自己所擅长的其他艺术形式的艺术家。1921年,他搬离纽约,前往巴黎,从此以后的工作都以摄影为主。第二次世界大战期间,他搬回美国好莱坞,从事摄影教职。1951年重返巴黎。

以及艺术史方面的丰富知识，对当代艺术从业者而言，可以说是最理想的条件。这个市场是随着无数有着不同家庭背景和教育程度新买家的涌入而上下起伏的。他能说出这些买家有可能听懂的话，他的讲述方式也能为年轻人所信服。公司的财务管理部门也需要这样一位专家，他可以分享自己对产品的理解，以便财务部门判断，如何同摇摆不定的潜在供应商进行保价交易，或者怎样让那些想买作品的客户申请金融贷款，巴克有从容处理这些问题的潜力。苏富比觉得他们终于聘用了一个可以活学活用"后现代主义"和"病毒式营销"这些新鲜名词的人，这个人迟早会站在探索新业务并追逐由此带来的收益的前沿阵地。

94路巴士途经诺丁山门（Notting Hill Gate）站①。由于楼上靠窗户的座位能为想俯视外面世界的乘客提供开阔的视野，加之伦敦交通从容的步调，巴克至少有1分钟的时间观察那些身着白色工作服、正在忙碌的人。他们正在拆除达米安·赫斯特短命的明星餐厅——"药房"。之所以会想到要建立一个彻底反传统的餐饮企业，"始作俑者"是公关达人马修·弗洛伊德②。1997年，在苏活区③的格劳乔俱乐部（Groucho Club）④一次由主持人兼作家马里利亚·弗罗斯特拉普⑤暗中安排好的会面中，弗洛伊德提出

---

① 诺丁山门站位于英国伦敦肯辛顿—切尔西区（Royal Borough of Kensington and Chelsea），是伦敦地铁环线、区域线及中央线交会的地铁站。
② Matthew Freud（1963—   ），精神分析学派创始人弗洛伊德的曾孙，是伦敦最有影响力的公关达人之一。
③ Soho，位于英国伦敦西部的次级行政区西敏市（Westminster）境内，许多时尚酒吧和小店、高档酒店云集于此。
④ 1985年于伦敦苏活区迪恩街（Dean Street）45号所开设的俱乐部，被视为该类型私人会所的鼻祖。这可以说是那个时代回击禁酒令的产物。要成为会员并不困难，该会所不限性别，相比传统的私人俱乐部，作风现代得多。
⑤ Mariella Frostrup，BBC第四广播（Radio 4）书评节目"开卷"（Open Book）的主持人。

了这个建议。他曾私下对弗罗斯特拉普说，自己想利用赫斯特的天赋和名声创造一个将艺术与美食相结合的商业概念。弗罗斯特拉普同时是弗洛伊德和赫斯特两个人的朋友，她很清楚赫斯特一定会傲慢地拒绝这种想法，特别是在正式会晤过程中，她估计，要想让弗洛伊德给赫斯特洗脑，唯一可行的方法，便是用一次假装出来的邂逅对他进行"伏击"。她将赫斯特引入酒吧，然后悄悄打电话给弗洛伊德，后者"忽然"现身之后，她"随便"地介绍他们相互认识，然后全身而退，给弗洛伊德留下说服赫斯特的余地。最初的联络完成之后，弗洛伊德、赫斯特和他们的主厨合伙人马可·皮埃尔·怀特[1]在苏活区的Quo Vadis[2]餐厅吃了顿饭，他们的谈话以激烈争吵告终，但是两年后，他们的药房餐厅开业了，除这几位主创之外，合伙人还包括格劳乔俱乐部创始人之一利亚姆·卡森（Liam Carson），以及弗洛伊德的商业伙伴乔纳森·肯尼迪（Jonathan Kennedy）。

几天的工夫，这里已经成了新工党的新英国酷不列颠尼亚[3]们新的聚集地。如果没有小报记者对这里若有似无闪烁其词的报道，一周都不能算是完整地过了。弗罗斯特拉普自己（由于她

---

[1] Marco Pierre White（1961— ），英国前米其林三星主厨，有一半意大利血统，曾出版一本畅销自传《厨房中的恶魔》（*Devil in the Kitchen*）。他对经典法式料理的诠释令查尔斯王子也成了他的粉丝。他也热衷于炫耀，敢公然恶骂厨房里犯错的员工，经常成为新闻人物。
[2] 这个餐厅名是拉丁语"你要去哪儿"的意思。
[3] Cool Britannia，媒体用来描述英国文化发达状态时的用语。它出现在20世纪90年代中期，词源来自英国爱国歌曲《统治吧，不列颠尼亚！》（"*Rule, Britannia*"），曾经风靡一时。酷不列颠和击败保守党、赢得大选的工党政权（采取第三条道路路线，标榜自己为"新工党"）及其领导者——托尼·布莱尔（Tony Blair）首相的政策有着密切的关系，亦反映出20世纪七八十年代停滞、混乱时期结束后，英国国内在90年代的乐观气氛。

立了大功，赫斯特给她的昵称是"圆点画"①）也是这家餐厅的常客，不仅仅是因为她家就在这附近。她对涌入药房餐厅的名人和他们的经纪人、代理人、公关、助理、化妆师、发型师和律师都还有着美妙的回忆。在她最后一次来这儿的时候，曾眼睁睁地看着马丁·麦卡琴②翻越四张桌子，只为去见乔治·克鲁尼（George Clooney）。

当巴克调查两辆停在已经倒闭的餐厅外面的卡车时，他感到一阵凄凉，却也嗅到一股机遇即将到来的气息。他自己也曾在药房餐厅用餐，但如今，这家餐厅从开业到夭折仅用了四年多的时间，他在用餐的时候尽情享受了餐厅中的整体视觉效果，那次经历让他极度愉悦。那是一种规模空前的艺术形式。餐厅的每一个地方，大到外饰和内部装潢，小到胡椒瓶和烟灰缸，赫斯特都坚持亲自设计并监工，因为他会为这样一个事实感到大喜过望：这是要为"一个不可思议的地方做一番工作量大得超乎想象的事情"。我自己早年间在药房餐厅吃过两次饭，尽管那种在诊所里面才会用到的俏皮话让我有点反胃，我还是完全能够理解巴克的商业嗅觉在那里亮起高能预警是因为什么。赫斯特当时还不到40岁，伙伴们给了他充足的发挥空间，去探索有关生命、死亡和医药——这些他在早期作品中经常用到的主题。餐厅外面干净的现代派门面上有一块招牌，上面用绿色的字母写着"药房"

---

① spot painting，这是赫斯特重要的绘画作品类型之一。圆点画通常很快完成，没有太多思考的余地，每个圆点的颜色也都是随机选择的。在审美上，圆点画表现了一种均衡的抽象秩序之美，是在"无意于佳乃佳尔"的状态下形成的，他所追求的是偶然性中的必然性和完全无动机的创造，这在当代艺术领域中是首创性的观念和行为，超越了过去西方艺术传统的范畴。从这里也可以看出弗罗斯特拉普此前之所以能采取恰到好处的"伏击"策略，是源自对赫斯特艺术风格和个性的准确把握。从这个昵称，也可以看出赫斯特对它的赞美。

② Martine McCutcheon（1976—　），英国艺人，既是演员，也是歌星。

（Pharmacy）字样，用如此朴素的方式，象征着一位出色的药剂师开着店铺的门，等候带着处方前来造访的顾客。考虑到这个招牌可能会误导人们，英国皇家药物协会（Royal Pharmaceutical Society）曾经威胁餐厅说，要对其采取法律行动。餐厅主人别出心裁地用打乱字母重新组合的方式，比如拼成陆军弟兄（Army Chap）之类当作对此举的回应，直到最终他们决定按照要求改名"药房餐厅兼酒吧"（Pharmacy Restaurant and Bar）。

餐厅内饰充斥着疯狂的光怪陆离，用风格强烈的室内装潢给经验丰富的食客提供前所未有的体验。赫斯特和他的团队穷尽心力，采用了室内装潢所能承受的与医药相关的一切。当我经过展出的餐厅内饰残骸时，还能想起扮成刚从灾难现场赶来的外科医生的美女服务员，辗转于各桌之间，穿着普拉达设计的医用防护衣，那些衣服是真的用带子在背后系起来的。一个冷冰冰的专业酒保将装在试管里的酒端了上来，这些鸡尾酒的名字都是诸如"麻醉剂""止咳糖浆"和"福尔马林"之类的。当然，最吸引食客的还是餐厅中的装修和装置。这些装置艺术[①]和物品中有很多是根据药丸的形状制作的——这一主题是从赫斯特的一个基本信念中生发出来的，在他看来，医学是一种现代意义上的宗教——他特地用这些药丸象征医学宗教圣坛装饰画里无所不在的圣光。最引人注目的是餐厅一层一组2米高的彩色玻璃窗上大量药丸倾泻而下的图案，即便你是在一座20世纪的大教堂里发现这样的窗户，那也是一种颇具冲击力的艺术表现方式。体现赫斯特鲜明个

---

① 装置艺术（installation art）是一种兴起于20世纪70年代的西方当代艺术类型。它混合了各种媒材，在某个特定的环境中创造发自内心深处的，或者概念性的经验。装置艺术家经常会直接使用展览场的空间。这种艺术使用的媒材包括自然材料，也有新媒体，比如录影、声音、表演、计算机和互联网等。

性特征的药丸包装和药盒装置悬挂在壁装式的柜子里，药丸主题出现在餐桌、地板，在壁纸上重复，吧台的凳子和烟灰缸也借用了它们的形状。

对临床医学和科学的影射还扩展至酒标、食物，最特别的地方在于，有个令人印象深刻的赫斯特DNA的独立分子雕塑，这座雕塑最初是为餐厅的门面设计的。如果你想上厕所，你得知道男性和女性的科学符号分别是什么：在餐厅用餐时，你会看见有些感到迷惑、在犹豫该如何选择的顾客，他们会推断答案，然后大胆地走向未知。至少对我来说，餐厅中最让人难忘的作品，是挂起来的圆点画，它们似乎是描绘药丸与轻盈的蝴蝶的拼贴画，这就涉及了赫斯特最热爱的有关必死性和蜕变的主题。在药房餐厅，餐饮的体验是如此完整，以至于用餐者难免陷入福尔马林作用下的状态，变得充满怀疑，而且被动地由着疯狂的世界观灌进自己的脑袋里。

要搞清楚这间餐厅到底发生了什么问题，并不是一件容易的事，除了我们可能想知道，某种特定风格的艺术是否不适合跟美食与美酒做混搭。人们提出了很多看法，有的简单到说，这家餐厅没有一个像样的主厨，但是，餐厅开业后不到两年便上市了，之后又并入地产餐饮连锁企业哈特福德集团（Hartford Group）。赫斯特似乎后来与弗洛伊德发生了纠纷，餐厅的餐饮时尚还在继续前行，（餐厅主人已经投资购买的）哈特福德集团的股票价格却大幅下跌，合伙人的兴趣要么减弱，要么转移至新的阵地去了。短暂的快乐停息了，这种变化几乎就如它最初开业时那样引人注目，后来，餐厅在2003年9月22日突然停业。他们也曾想方设法摆脱困境，我记得在我儿子的幼儿园抽奖活动中，我成功抽到三等奖，赢得一次到药房餐厅享受双人餐的机会。

有一件重要的事情没有变。无论赫斯特尝到的滋味有多痛苦，他还是创造了不朽的艺术作品。和大众的看法刚好相反，他从未成为餐厅的主管，他只是与建筑师迈克·兰德尔（Mike Randall）合作完成了设计，并与哈特福德集团共同享有餐厅内的主要艺术作品的所有权，他将这些作品以每年1英镑的价格租给了药房餐厅。他的业务经理弗兰克·邓菲（Frank Dunphy）当即叫了很多穿着白色工作服的搬运工到餐厅来。那天，邓菲本人也在拆除艺术品的现场，他沿着诺丁山门走来走去的时候完成的一笔交易，将奠定艺术品销售新文化的基础。

厄斯金·弗兰西斯·邓菲（Erskine Francis Dunphy）位于伦敦西区维尔贝克街（Welbeck Street）的办公室涂成了医院的那种白色，这一点与监督达米安·赫斯特的各种工作室实践，以及所有更好作品的科学有限公司（Science Ltd.）总部很像。那些头骨和"圆点画"，以及相关主题的独立装置艺术，摆放在任何地方都有违和感，但在这座始建于19世纪、有着灰泥天花板却涂成现代主义白色的联排别墅里，它们却让人感到眼前一亮，邓菲自己的石膏半身像也恰到好处地放在他那间宽敞办公室的角落里。它比真人高一些，雕塑中，这位脸很宽的、70岁的爱尔兰人穿着长袍，布满银丝的头上戴着一顶桂冠。雕塑的底座上用罗马字符镌刻着他名字的铭文："ERSKI–NUS–FRANCUS–DUNPHYUS"。雕塑中的他戴着昂贵的名牌眼镜，镜架上边框布满几何图形，就像红鼻子一样恰到好处地显出一种形式上的古典主义。

这么大的半身像并不常见。做这样的雕像，是一种古老的、旨在抬高被雕塑者地位的习俗。这是一种不会因时尚风潮的变迁而过时的艺术手法，可以用来表现对权威和成就的认可：它让罗马人拥有令人尊崇的地位，在文艺复兴时期被艺术家们再次起

第六章 发现机会

用，从那以后一直作为历史成就的象征来使用。作为官方艺术顾问，我曾应邀在下议院参与过若干次有关应当为哪些人物制作半身像以示表彰，以及应由哪些雕塑家来完成此类工作的密商，这种话题无不引起与会者的热烈讨论。赫斯特的艺术，无论表面上是怎样令人抓狂地经不起时间考验，本质上则展现了他那种与生俱来的、对符号语言的领悟能力。我常常在想，像赫斯特这样一位拥有亿万美元的富豪艺术家，满口脏话的坏小子，曾经的扒手，以及现在充满魅力，拥有130人团队、3家艺术工厂和1台隆隆作响的营销机器并牢牢掌握这一切的商人，比起任何媒体揭秘或片段的原声回放，邓菲半身像虽然无声无息，却能讲出一个更清晰的故事。不论出于怎样具有讽刺意味的目的，创作出这座雕塑的时候，赫斯特就是在承认自己的崇敬。

"为了给我庆祝70岁寿辰，达米安让他的工厂做了这个雕像，"邓菲解释道，"他们做了一个很棒的雕塑，做好之后放在离这儿不远的'自家'会所（Home House）[①]里面一个合适的位置，我的生日派对就是在那儿举行的。"

此刻，另一个活生生的邓菲坐在一张窄而并不对称，又像小艇一样长的白色桌子后面，尽管这样的装备无法表达传统意义上的权力语言，它却能用赫斯特独有的方式帮助邓菲做生意。当我坐在邓菲的办公桌对面时，他的私人助理明琪（Minky）正在我身后忙碌地工作，她是一位优雅而娴于辞令的金发女郎，最初，我需要通过她才能联系到这位大人物。虽然五年前我就跟她说，我想从邓菲的角度听听关于药房餐厅的事情，以及他和赫斯特是怎样让这些装饰艺术品起死回生的。长达数月的等待，加之两次

[①] 坐落于伦敦西区历史悠久的波特曼广场（Portman Square）上的一家私人俱乐部。

延期，都给我的访问带来了困难，但最终，我还是得到了获知关键的背后故事的机会。

事情要追溯到十三年前，1995年，邓菲和赫斯特在格劳乔俱乐部相识。这家俱乐部得名于一位美国喜剧演员，他说自己不打算加入任何处心积虑想把自己发展成会员的俱乐部，如果想让各类不同的人发生联结，这里可以说是个不错的场合，就如在赫斯特、弗洛伊德和弗罗斯特拉普的案例中发生的情况那样。邓菲回忆说，是赫斯特的母亲促成他们认识的，她告诉邓菲，自己有个儿子需要被教训教训；赫斯特自己的版本是，他和一位会计过去经常在一起打台球，当他希望税务局不要再找自己麻烦的时候，这位会计还会继续做他的朋友，跟他一起打球。邓菲觉得，赫斯特的讲述显然经过了艺术加工。十几年前发生的事，如今却笼罩在神话当中，对于从事实到迷离故事的改编速度之快，邓菲的评论无疑是值得玩味的。这种迅速，与赫斯特生命中的大事件发生的速度有关，特别是在1991年，他深受查尔斯·萨奇[①]的喜爱，萨奇为装置艺术《生者对死者无动于衷》（*The Physical Impossibility of Death in the Mind of Someone Living*）支付了5万英镑的佣金——在这件作品中，一条被澳大利亚垂钓者捕获的倒霉的鲨鱼，被艺术家悬浮在充满甲醛的玻璃柜里，这件作品被全世界的人认为是英国艺术的象征。

我从弗兰克·邓菲本人那里获得了可靠的信息，那就是，他

[①] Charles Saatchi，20世纪90年代以来，他一直以其复杂多元的身份（当代艺术的收藏家、策展人、推广者、投资人等）和独树一帜的收藏趣味，以及备受争议的收藏模式与策略，对英国本土及国际当代艺术产生巨大的影响力，被公认为当代最重要的艺术收藏家之一。

出生在位于爱尔兰都柏林郡的波特安（Portrane）①，根据他的暗示，他从小就皈依了罗马天主教。他的母亲是一位临时演员，20世纪20年代，她成为"爱尔兰妇女理事会"②，即爱尔兰共和军③女兵分支中的一员，因此，20世纪50年代，邓菲在多场爱尔兰共和军的葬礼中担任举行弥撒时的神父侍者。他在基督兄弟会（Christian Brothers）接受教育，那是一个严酷无情，偶尔有些野蛮的修道院兄弟会组织。1958年，他前往英格兰时，到火车站送他的是圣母军④成员，他们的任务就是监督爱尔兰移民在道德和精神上保持良好表现，邓菲那时候已经做出了决定，他认为自己第一位的使命不是宗教、政治抑或他父亲的护理职业，而是去做会计。他在海格特（Highgate）⑤的民宿租了房子，房东的五个女儿一个接一个地嫁给了她年轻的爱尔兰租客，其中有一位后来成了邓菲夫人。

邓菲未能完成职业考试，然而他在伯特伦·米尔斯马戏团（Bertram Mills Circus）找到一份有报酬的工作，在那里，他负责为前来进行访问演出的外国艺术家提供纳税建议。他的客户都是当时世界上最著名的杂技演员、魔术师、走钢丝表演者、独轮车表演者和小丑。"我还曾深陷在一群小矮人当中，"他回忆说，"他们都要我帮忙填写纳税申报单。"马戏团那种组织严密的家

---

① 位于都柏林郡北部。
② Cumann na mBan，一支准军事化女兵部队，为"推进爱尔兰的解放事业"于1914年建立，由抵抗军训练的年轻女性志愿者组成。她们拿起手枪和步枪，准备与大英帝国展开正面交锋。
③ Irish Republican Army，简称"IRA"，旧的爱尔兰共和军是为爱尔兰独立而战斗，新的爱尔兰共和军则在为统一北爱尔兰而战。
④ Legion of Mary，天主教教友团体，1921年成立于都柏林，帮助教友履行自己受洗时的誓言。
⑤ 位于北伦敦三区，是伦敦郊外住宅价格最昂贵的地区。

族文化,意味着他紧接着就会被介绍给其他演员,很快,他开始独立执业。他不是一个平平常常、只会跟数字打交道的会计,而是作风专断、特立独行,对不善处世者又能报以同情的人;获得大英帝国官佐勋章的尼古拉·波利雅科夫(Nicolai Poliakoff OBE),别名小丑可可①,就成了他的亲密朋友和客户。

"我爱可可,"邓菲追忆道,"我认识他的女儿和孙辈。在那段时间我还有一个特殊的用处,有点类似于听人忏悔的神父,我对我的客户也充满了钦佩和崇拜。"时至今日,他仍是马戏团粉丝协会的会员。

"当我遇见达米安的时候,共同的思维方式和不安全感让我们走到了一起。我能提供他需要的东西。我为他的到来感到兴奋,因为他一直都在,而且也一直在打算,改变。"

当他们初次相遇的时候,(当时还是一个离经叛道的天主教徒的)赫斯特是个整天酗酒、滥用药物的人,他所需要的远不止是经济上的援助。套用赫斯特式的描述,你可以说,在那段日子,这位艺术家是个带着死亡气息的、糟透了的天主教徒,但是邓菲却发现,这个人完全可以利用自己的过激做些事情。关于邓菲,还有一些救世主式的传说,说他出现在这样一个人面前,并且拯救了他:赫斯特从来不知道自己的亲生父亲是谁,继父在他12岁的时候离家出走,而他也尝试过自杀。在Google上检索"达米安·赫斯特",能搜到对他言论数以百万计的引用,在他的污言秽语中慢慢寻找,我成功发现一段他自己感人至深的真情流露:"如果弗兰克没有帮我,我可能还在酗酒,或许已经找到了

---

① Co-Co the Clown,马戏团艺人,以"可可"(Co-Co)的名号一度成为伯特伦·米尔斯马戏团的小丑要角。他的儿子迈克尔·波拉科夫斯(Michael Polakovs)后来继承父业,沿用了"可可"的名字,受邀担任麦当劳的开店代言人,自此成为麦当劳叔叔的标志。

彻底毁掉自己的方法。"

邓菲那身精细剪裁的深色西服恰与赫斯特的街头装束形成鲜明反差，这件衣物我早些时候曾经瞥见过，那时他像个十几岁的少年似的，正从我身边飞驰而过，跑上楼梯，向接待员抛出一声招呼。邓菲的这一举动瞬间打动了我，就如所有出现在这个世界上，让我感到安心的人一样。他看起来就如我最初想象的那样——冷静、足智多谋，在非同寻常的赫斯特现象中展示出的那种得体的友善，也是他众多优点中的一个组成部分。他那独具特色的宽鼻梁眼镜，还有在白衬衫的映衬下显得无比精致的手工上色蓝领带，无一不是艺术界的凭证。在我们刚坐下来聊天的时候，他所回忆的有关职业生涯的近期事件，就如最有新闻价值的国家要员生活一样丰富多彩，我注意到他的另一个特点：他是个对一切都精打细算的人。这一点并没有从他那熟练、友善的爱尔兰式举止中迅速表现出来，但我很快获得了这个印象，因为当我们聊到，他觉得我需要什么信息的时候，我几乎就再也没有磨洋工的时间了。尽管总体上他是个雍容大度的人，但他有着精确的时间表。在毫无防备的友善外表下，他是一个仔细衡量时间、精准监测自己思想的人。我听经销商们说，他是他们迄今为止在当代艺术品交易界碰上过的最有手腕的谈判高手，果然名不虚传。

邓菲向我解释说，当他开始担任赫斯特的业务经理之后，他的实际职务相当于总经理要做的事，他需要削减交易、重新谈判、提供建议，轻车熟路地指导赫斯特怎样经营自己的事业，因为这些事情他已经为所有世界级的小丑做过了。他还帮赫斯特做了房地产投资组合，在伦敦、格罗斯特郡和墨西哥都有可观的投资。最近，因为从每一笔交易中都能分得相当丰厚的抽成（将近10%），当赫斯特的财富大幅增加的时候，邓菲自己的收益也在以相应的速度增长。鉴于赫斯特现在的身家（按照邓菲的估计）是1亿美元，不用掌握渊博的数学知识，你也能明白，为什么邓菲这么快就变成一个实力雄厚的艺术品收藏家，不仅拥有赫斯特的作品，还收藏了毕加索和沃霍尔（他是另一位对自主品牌生产和管理的价值有深刻了解的艺术家）的绘画。邓菲的最爱是沃霍尔的一幅小画，画的是一个美元符号。"每次看见它的时候，我就知道自己要去干什么了。"他直截了当地说。

这就是邓菲，他是赫斯特的至交好友，他来到赫斯特身边，监理绘画和装置艺术收藏。那天上午，他在已经停业的药房餐厅会见了哈特福德集团的首席执行官，此前，他已得知，餐厅全部内饰都要在两天内搬走，以便腾出空间迎接这里的新租户——马莎百货（Marks & Spencer）。会面之前，邓菲走进空荡荡的餐厅大楼，查看其内部装饰，这里现在没有了生意，只有一群艺术从业人员。如果试着将地板和天花板买下来，怎么样？他思忖着，当他查看这座空无一人的大楼，被这里富于创造性的想法触动的时候，他意识到，这里一定有些残留的价值。接着，他注意到那些招牌，特别是写着餐厅名字的那一块，餐厅的名字本身也是令人怀念的妙语，让人联想起它的辉煌时代，那段热情洋溢的日子。他在想，这些当然也是艺术作品的一个类型，而不是建造者留下的垃圾。"我当时有点忘乎所以，"他回忆说，"我走过去查看门、窗户、家具、小便池、玻璃，甚至栅栏。我觉得它们应该还有用武之地。这些东西太重要，不能轻易放弃，于是我决定到那里和集团的人进行商议。"

邓菲选择步行前往餐厅去谈判，他和哈特福德的首席执行官一边谈，一边在那条繁华的街上走来走去。鉴于一个值得谈判的对象，应该是一个想要点什么的人，看上去，邓菲的这个同伴对药房餐厅原址根本没有任何想法，他只是需要一些钱来转手这座房子而已。最终，他们成交了，但这并没有解决邓菲的问题：如何在两天的期限内将所有东西打包运走。这是个很烦琐而且"吃力不讨好"的活儿，做的时候还得小心翼翼。邓菲致电他很信任的一个团队，却被告知他们一个星期之内搞不定这么复杂的事。"告诉我吧，现在来把这事儿做完，需要多少钱？"他问。

他用自己的方式解决了这个问题，最终，全部作品在两天内都运到了他那儿。这件事情花了他3万英镑，包括增值税，他很得意地说出这个价格——加上高得有些夸张的拆除费。

与旧时代的艺术品不同，在世画家的作品很少有被发掘或披露出来的可能性。这种艺术作品的问题在于，它们通常情况下都已经得到了充分的理解和记载。然而，现代艺术可以追求这样的形式：它怎样重新出现在公众面前，怎样重新表达自己，特别是，不少艺术家表现的是这样一种概念，而非技艺。

奥利弗·巴克在巴士的顶层看准了一个别人都没注意到的机会，但是，怎样说服相关人士前来查看作品呢？当天，在和上司们正式讨论药房餐厅的事情之前，巴克致电邓菲，电话接通后，他解释说，尽管还没有进行会晤，他确信，围绕餐厅的配套产品和艺术作品，苏富比或许有能力组织那种真正惊艳的拍卖会。对方的回应显然并不是很热烈。赫斯特倾向于保留作品，将它们当成新作的主要组成部分，而现在（当时也是一时冲动），邓菲已经买了这个该死的餐厅的全部艺术品，他们已经开始推测，或许会有一个博物馆——在他们看来，应该是个法国博物馆——可能会将这些东西全部买下、装好，打造成常设展览。

巴克的提议倒是前所未有的一个想法。苏富比最大的那间拍卖厅还从来没有为在世的画家单独举办过拍卖会——他们通常要等作者离世几年后，让作品在这段日子里进行商业上的发酵——这可能意味着赫斯特要背离可靠的销售路线，将自己的作品交给一位有名的经销商帮着卖出去。对拍卖行模式，赫斯特抱有很深的不信任，他说人们应该"远离拍卖行……去那儿买艺术品，就好像到二手商店买衣服一样"。可他还得考虑另外一件事，那就是，经常经手——或者购买——他那些蝴蝶题材的绘画和药品柜相关作品的几个主要经销商，包括像杰·乔普林[①]和拉里·高古轩[②]这种经销商中的巨擘，也没有那种可供调用的组织能力，将其他医药灵感的混合物和与之配套的装置整合起来。

于是巴克最初得到的是"我们会再给你打电话"这种答复。这让他感到沮丧，现在，他既要应对这种无力感，也要面对这样一种前景：虎视眈眈的各路经销商，都在企图抢走最优质的那部分作品。主要拍卖行寻找大卖家（拍卖行和经销商之间进行的厮杀可以确保作品被售出）的模式已经牢牢确立。他们要像努力销售作品一样，并且要分配出同等的精力，去卖力地抢生意。兼职经销商可以采用这种模式，但他们很难抽出这么多时间，或者拥有这么好的公司基础设施来承担这样的工作，策略和技巧跟这些大的拍卖行和经销商相比也差得很远。对老一代的艺术品交易从业人员来说，这种工作无外乎是要在绅士俱乐部[③]的饭桌上，将一些内容植入某种导向正确的奇怪发言，以及随时用敏锐的眼光瞄着《泰晤士报》上的讣告专栏。现在，这个行业的生存方式则

---

① Jay Jopling，英国艺术品经销商，白立方画廊（White Cube）创始人。
② Larry Gagosian，美国知名的艺术品经销商，高古轩画廊创始人。
③ gentlemen's club，为英格兰上流社会男会员开设的场所，采用会员制的私人俱乐部（又称会所），标榜社交、餐饮和博弈等方面的特征，吸引人们入会。时至今日，绅士俱乐部大多已放宽了对会员性别和社会地位的限制。除英国外，其他国家亦有不少著名的绅士俱乐部。

第六章 发现机会

变成了，要时不时地耍些残酷的手腕，这种现象特别容易发生在各大拍卖行之间，就像商业世界风气的其他部分一样，令人厌恶。这种不太令人愉悦的生意风格，可以有多种表现形式，从优雅的清谈，到跌破道德底线的推销术，不一而足。前一类风格，针对的目标客户为旧式的富人，他们是一种过于高贵的贵族（写到这里我已经想起了一个具体的人），只要说出他们的姓氏，你就知道，他们的生活是那么优渥，美好得像盛夏的果实，他们在英国上流社会的走廊里徘徊着，流露出令人着迷的魅力。

那种真正令人厌恶的类型是一群没有原则的无耻之徒，当然，有些从业者的风格可以在两者之间切换，集超现实主义的高预售估价和精湛的背后中伤技能于一身。在我所处的层级，倒是很少遇见这样的人，不仅因为我是经销商而不是拍卖商，而且因为最近，当我代表一位客户将一幅画卖给一家国家级博物馆时，才看到这种类型的商人的嘴脸。经历了九个月不知疲倦的募捐和公共资助申请，在还有几周时间就可以完成期待中的购买时，一位不愿透露姓名的拍卖行工作人员忽然横插一杠，对此，博物馆方面只能告知这位小商贩，他们国家能提供更好的价格。送小商贩离开的时候，我和博物馆的工作人员都对知名拍卖行这种厚着脸皮试图抬价的毁约行为感到困惑和厌恶。

据巴克所知，他没有什么担心的，无论是与苏富比存在竞争关系的拍卖行，还是认识他的经销商，都敬畏他那无所畏惧的野心，认为他是个公平竞争的选手。主要的问题在于，如何说服一位重要的在世艺术家，将一家拍卖行当成作品的总销售地点。要做到这一点，当然要冒险把之前向赫斯特提供这种服务的经销商比下去，但是巴克提出的建议主要是在商业方面进行创新，而不是直接攻击对手。这是怎样一个拍卖界的年轻人啊，他没有受到传统和经验的牵累，提出一种全新的抢生意的方法；现在，他认准了猎物，生怕它会从自己的手中溜走，他将全部希望寄托在自己的优势上。

大拍卖行都有辉煌的历史，都曾经卖掉人们所藏的大名鼎鼎的艺术家作品，或者大豪宅。巴克只要对前人的做法进行一点改进，就能制定自己现在这桩生意的主要策略。如他让邓菲相信，药房餐厅和赫斯特的作品与苏富比经手过的那些名人作品和豪宅没有区别，这些成功案例还是很有说服力的。有时候，这种围绕一个人物或者有纪念意义的场所的具有重大意义的作品在拍卖厅出售的效果，会让最有经验的艺术品或者古董经销商也感到心服口服。我当然已经被他们的招数弄得想哭，只能保持沉默，因为我恰好见证了"病毒式营销"的威力，加上出色的后勤技能，他们足以引起买家的狂热追捧。

例如，1998年，纽约苏富比担保了爱德华八世①和辛普森夫人②保存在他们位于巴黎布洛涅森林③周边优美的路易十六风格④别墅里的财物。从退位文书到亚麻毛巾，这里的每件物品都可以拍卖。拍卖会开始前的数周，乃至数月以来，翻开任何一本杂

---

① Edward Ⅷ（1894—1972），英国国王，也就是在位不到一年即退位，后为世人所知的温莎公爵。
② Mrs Simpson，大名为Wallis Simpson（1896—1986），生于美国，结束两次婚姻后，与英国国王爱德华八世交往，起初只是他的情妇，后来，爱德华八世欲娶她为妻，此举违反英国王位与英国国教继承规定，爱德华遂退位，将王位禅让于其弟乔治六世。爱德华因此改称温莎公爵，沃利斯也获得"温莎公爵夫人"的头衔。
③ Bois de Boulogne，法国巴黎城西边的一片森林，与巴黎东南的文森森林（Le bois de Vincennes）并称为巴黎吸收氧气的两扇"肺叶"。
④ 即新古典主义风格，长期以来，新古典主义风格一直被当作路易十六时代的产物。它由开始于18世纪中叶的新古典主义运动而产生，是对洛可可风格反构造装饰的反动，以及后期巴洛克中一些仿古典特征的副产品。其纯粹的形式主要源自古希腊建筑和意大利的帕拉第奥式建筑。

志，其中几乎不可能没有针对退位国王和他的离婚妻子之间史诗般爱情故事的评论。苏富比的媒体与市场部门必须确保世界每个角落都没有一个潜在买家没被告知，他们有机会拥有20世纪最伟大爱情故事的纪念品。于是，人们爆棚的欲望让整个拍卖会陷入无序，销售效果大大超出了预期。在所有拍卖品中，让人印象最深刻的是一个盒装的婚礼蛋糕，成交价格达到了2.86万美元。苏富比也为其他名人制造过类似的狂热景象，比如杰奎琳·肯尼迪[1]、艾尔顿·约翰[2]、汉诺威王子恩斯特[3]，以及鲁道夫·纽瑞耶夫[4]：仅靠夸张的宣传，观众们便禁不住蛊惑，来到拍卖现场，试图通过购买这些名人物品，让传说变得触手可及。苏富比成功地做到了这一点。

巴克在想，既然如此，他们为什么不能围绕赫斯特和药房餐厅制造出同样的狂热泡沫？

邓菲不断接到巴克的电话，他们偶尔也进行早餐会晤，但是赫斯特和他精明的爱尔兰商业大师仍然没有明确表态。无论巴克的说法多有说服力，赫斯特和邓菲似乎并不打算迅速地答应什么，此时还缺少一种不可抗力。但在这次的交易中，的确出现了转折点，如果没有它们，这次艺术品拍卖恐怕就不会成为一件

---

[1] Jacqueline Kennedy（1929—1994），美国第35任总统约翰·肯尼迪的夫人。她的遗产由苏富比拍卖行卖出。

[2] Elton John（1947— ），英国摇滚乐唱作人、作曲家、钢琴家和演员，也是"史上最成功的艺人"之一。苏富比拍卖了他珍藏的艺术品，所得款项捐给了艾尔顿·约翰艾滋病基金组织。

[3] 即恩斯特·奥古斯特五世（Ernst August von Hannover, 1954— ），德国人，汉诺威王子。苏富比拍卖行曾在德国汉诺威附近举办一场拍卖会，汉诺威王室家族的物品参加了拍卖。

[4] Rudolf Nureyev（1938—1993），苏联时代著名芭蕾舞舞蹈家。他卓越的舞技为舞蹈界开辟了全新领域，并扭转芭蕾舞中男舞者仅作陪衬的现象，提升了男舞者的地位。他的演出服曾经由苏富比拍卖行卖出。

水到渠成的事。有三件事的英文单词以"D"开头——分别是死亡、离婚和债务①——它们都是最常发生的事情，但是在那一年5月24日星期一早晨发生的事一定能排在艺术界最具决定性的事件中的前列。那天，我在洗澡的时候通过BBC第四广播晨间新闻栏目《今天》（*BBC Radio 4–Today*）听说了这件事，当天，无论艺术界还是圈外人士，都在对其进行热烈讨论，它被视为当代艺术史上最严重的灾难，在很多人眼中，这起事件像是来自公平上帝的"天堂的雷霆"，看来他老人家对当代艺术界不道德的肆意妄为已经忍无可忍。

一伙盗贼闯入伦敦莫马特展廊（Momart）的仓库，那是当时英国最著名的艺术品仓储公司，其客户包括萨奇美术馆②、英国国家美术馆，以及泰特现代美术馆。人们认为盗贼故意在手表和无绳电话展厅的连接处放火，以掩盖其犯罪行为，结果大火沿着位于伦敦东北部的莱顿的仓库蔓延，造成了灾难性的后果。大火最初是由非常易燃的塑料制品着火而引起的，这些物品的燃烧致使温度升高到1100摄氏度。大火烧了一整天，对消防队员来说，情况变得愈发复杂，因为在与仓库相邻的地区，储存着装有易燃易爆气体的容器。当他们最终扑灭了大火，除了一组青铜器幸免于难之外，几乎所有艺术品都已化为灰烬。20世纪卓越艺术家们数以百计的作品，除了赫斯特之外，受害者还包括雷

---

① 对应的英文单词分别是"death""divorce"和"debt"。
② Saatchi Gallery，英国伦敦一座专门收藏现代美术作品的美术馆。

第六章　发现机会

切尔·怀特瑞德①、加里·休谟②、海伦·查德威克③、帕特里克·赫伦④和特蕾西·艾敏⑤［她饱受争议的帐篷式装置艺术品《1963年至1995年间每一个和我睡过的人》（*Everyone I Have Ever Slept With 1963–1995*）的一个版本存储于此］，他们的一些作品在这次火灾中被永远地毁掉了。赫斯特本人失去了价值500万英镑的艺术品，其中包括从药房餐厅拆下来的两扇窗。

  火灾发生的当天上午，巴克接到了邓菲的来电。他的指令非常清晰。由于如此多重要的当代艺术作品（他个人还在莫马特储存了很多其他艺术家的作品）毁于一旦，让赫斯特感到无比震惊，他再也无法承受这样的风险，担心这种命运会降临在药房餐

---

① Rachel Whiteread（1963— ），英国艺术家，主要制作雕塑，通常采取形式的强制转换。在她的艺术创作中，最经典且最为世人称道的就是负空间（negative space）作品。怀特瑞德于1993年获得特纳奖（Turner Prize），她也是第一位获得该项殊荣的女性艺术家。

② Gary Hume（1962— ），英国画家，曾就读于伦敦的利物浦理工学院和哥德史密斯学院。1996年获得特纳奖提名，作品在圣保罗双年展上展出；1997年荣获哲尔伍德绘画奖；1999年在威尼斯双年展英国馆举办个展。

③ Helen Chadwick（1953—1996），先后就读于布莱顿理工学院和伦敦切尔西艺术学院，她以原创而极度个人化的方式演绎当代艺术，以自己的身体作为创作主题和描绘对象。与她同时期的艺术家，很少有人能像她那样独特地运用现代科技，比如复印机、投影仪、大型宝丽来相机、计算机和显微镜等进行创作。她于1987年获得特纳奖提名，1994年在伦敦蛇形画廊举行个展，大获好评。

④ Patrick Heron（1920—1999），英国画家，曾就读于斯莱德美术学院（The Slade School of Art），他擅长以多种色彩为主题创作抽象画作，于1947年在伦敦的雷德芬画廊（Redfern Gallery）举行第一次个展，1952年在韦克菲尔德城市美术馆（Wakefield City Art Gallery）举办个人作品回顾展。1978年，他在得州大学奥斯汀分校发表了题为"颜色中的颜色"（The Colour of Colour）的演讲，展示了自己20年来创作的30多幅画，这也是硬边绘画（wobbly hard-edge）巅峰时期的代表性事件。

⑤ Tracey Emin（1963— ），塞浦路斯裔英国艺术家，毕业于伦敦大学伯贝克学院，她是英国艺术家群体"青年英国艺术家"（Young British Artists）成员之一。艾敏13岁遭到性侵，并于同年辍学，之后在咖啡馆、酒吧游荡。1978年，她在参加舞蹈锦标赛时被一群曾和她发生过肉体关系的男人公开羞辱，使她不得不落荒而逃，也决心离开她成长的小镇。之后，艾敏经历了一次流产、两次堕胎，以及数次自杀未遂，这些不幸经历都成了她创作上的灵感来源。

厅的其他作品身上。此外，他们也还没有就药房餐厅做展览的事与法国博物馆达成交易。他们希望苏富比立刻安排拍卖。这让巴克喜出望外。此时，他的上司和同事们全都愿意做这笔交易，苏富比这台大型机器即刻运转了起来。然而，科学公司的委托并不是没有条件的。

和其他单一业主的拍卖相比，这次交易的主要特点在于，科学公司要求苏富比拍卖行在每个阶段都与其保持密切合作，确保这场活动严格符合他们的品牌要求。为了满足对方的条件，拍卖行派出一位已经为苏富比工作数十年，深谙此事挑战性、隐患、感性因素和实践起来的困难程度的资深员工来组织这次拍卖。拍卖行的高级项目经理马科斯·利内尔（Marcus Linell）负责定期同科学公司进行磋商，在这次冒险的交易期间，人们倾向于认为，截至当时，这位老员工令人尊敬的职业生涯当中没有什么东西可以说明他有能力背离自己原来的行事作风，为整个拍卖活动带来有创意的想法。苏富比的全体员工，以及科学公司职位对应的职工，都参与到这场拍卖当中来了——无论是编目人员、营销人员、媒体专员，还是技术处理人员。那本奢华的拍卖品图录，布满赫斯特本人和药房餐厅的元素，如今已成为备受追捧的收藏品。图录的封面汇集了精选出来的药丸图案，它们在阴郁的蓝天逆流而上，天空中印着药房餐厅的名字；内页中夹着药丸形状的贴纸，收藏者可以个性化他们自己的副本。药箱装置、圆点画和蝴蝶主题的绘画从画册主体的对折页上旁逸斜出，拍卖品的名称用药店常见的绿色字母做了高亮处理。在此之前，苏富比从未如此大胆地背离自己树立多年的品牌特征。

巴克回忆说，当苏富比公布拍卖计划的时候，引起了业界不同的声音。拉里·高古轩表示了完全的支持，但是白立方画廊的杰·乔普林最初却感到忧虑，他认为苏富比一次出售166件拍卖品的计划会让市场陷入饱和，从而造成混乱。还有人对一家拍卖行在光天化日之下竟然扮演一位在世艺术家的销售代理的举动感到难以置信。苏富比并没有感到难为情，他们的媒体和市场团队已经确保在2004年10月18日以前，几乎没有哪位活着的杂志或报纸读者没听说过这个消息。邓菲回忆说，在拍卖会开始前，他的一位朋友将养老金兑现，只为让自己有哪怕能在拍卖会上买一点什么东西的资金，结果什么都没有买到。赫斯特本人在正式的拍卖会之前，也只是为了给图录签名在预售派对上现身一次，他选择远离喧嚣，安静地打自己的台球。

　　拍卖会当天，巴克卖命地工作，但买家们更是全力以赴。1号拍卖品鸡尾酒杯的估价为50—70英镑，人们的叫价飙升如此之快，以至于很多跃跃欲试的投标者根本没有举手的机会，最终的落槌价格竟然高达4800英镑，奠定了整场拍卖会的基调。瓦妮莎能读出她丈夫脸上的得意，只见他充满自信地展示着一件又一件商品，让投标人的出价屡创新高。当晚成交价格最高的商品是一个名为"脆弱的真相"（*The Fragile Truth*）的大药箱，达到了123.76万英镑的成交额，创造了赫斯特本人作品售价新的最高纪录。但更有新闻价值的是私藏的装置、配件和杂物，因为它们拥有圣物般的地位。一些不起眼的烟灰缸成交价格达到2000英镑，20卷药房墙纸卖出了将近1.6万英镑，4把吧台座椅的总价被抬高至1.8万英镑，还有，差点被拍卖师忘了的那块带有"药房"字样的霓虹灯招牌，成交价超过7万英镑。当一对药房座椅的价格达到2500英镑时，一位已经急哭了的女士发出"1万英镑"的撕心裂肺的叫声。"那正是我想要的！"巴克用尽全力喊道，后来，他的拍卖槌在她出价1.2万英镑时落下。

最终，销售价格比预估售价多了一倍，总价超过1030万英镑。邓菲估计，他只花了3万英镑买下的东西赚来了将近600万英镑。

我选择在这本书里写苏富比的这个故事之后几个月，也就是在四年后的2008年，他们忽然宣布要再做一次这样的拍卖。这是我完全无法预见的事情，不过回想起来，倒也在情理之中。邓菲、赫斯特和巴克已经尝试过利用餐厅装置和设备打造一种新的赚钱机会，四年后的这次拍卖则是为拍卖厅量身定制的：赫斯特和他的工作室花了两年时间专门为这次活动准备艺术作品。已经完美谢幕的那次拍卖会不仅说明了艺术家亲手制作的艺术品可以在拍卖会上售卖，邓菲—巴克式革命也已经证明，即便是那些跟赫斯特并无直接关联的作品，只要是他简单设计并安排制造的，出于情感因素，也可以很好卖。这场新的拍卖会将以更大的规模再度上演，这次不再有像鸡尾酒杯或者胡椒瓶那样的商品。几年的工夫，赫斯特已经稳固确立了全球偶像的地位，这次估计销售总额将突破1亿英镑。

我受邀去参加派对，顿时陷入了赫斯特的追随者、客户和众多粉丝的海洋。苏富比再次迎接时代思潮的挑战，拍卖行的大拍卖厅挤满了光鲜亮丽的年轻人、资本家和渴望机会的业内人士，他们当中的很多人都是赫斯特亲自请来的。当我抵达苏富比时，每次派对的组织者乔安娜·布思（Joanna Booth）正站在大厅，当参观者在街上排队准备走进这场艺术界十年来最大规模的派对时，她需要在人群中留意那些不速之客。赫斯特和邓菲正在楼上靠近人群中心的位置接待客人，巴克也在不远处，妻子瓦妮莎就在他旁边。

为了让气氛更加欢快，并迎接新的开端，一位唱片播放师开始播放音乐，闪光球[①]发出的光照亮了展品。苏富比欧洲区主席亨利·温德曼（Henry Wyndham）至少比他周围几乎所有的人都高出一截，我看见他带着古怪的表情穿过展厅。"这些新来的都是什么人？"他向珠宝经销商尼克·西尔弗（Nick Silver）问道，他是一些展示环节的珠宝供应商。"他们都是你的新客户啊。"尼克回答说。拍卖行的其他展厅似乎也都充斥着赫斯特的产品，这里成了一家精心摆满各类产品的大超市：素描、雕塑和绘画，以及另一条标志性的悬浮在甲醛柜子里的鲨鱼。有一件作品格外吸引人，用警戒线围起来，单独放在一个小房间里展示着。《金色牛犊》(*The Golden Calf*)是用一头公牛的尸体制成的作品，放在一个甲醛柜子里，它长着金色的角和蹄，头顶上有一个用18克拉黄金打造的盘子。每件作品的估价连同拍卖品编号一起标注在它们的旁边，这里既有画在纸上、价值几千英镑的小物件，也有像《金色牛犊》那样浮夸的、价值800万到1200万英镑的大家伙。如果说发生在药房餐厅身上的事情算是一个转折点，那么这次拍卖会似乎可以创造历史。

但是这里也有个问题，有一种潜在的威胁，在过去三个月里持续滋长，带来日渐严重的影响：那天晚上，艺术界看起来似乎还算健康繁荣，但是经济形势已经日渐萧条。拍卖开始前数周，赫斯特、邓菲和巴克就已经在招待客户，为当天的活动做预热，但是，所有人都会问他们这样一个问题：当代艺术品的买家还能不能消化这么多新的、定制的艺术作品，特别是在如今，世界正在发生改变的情况下。

[①] glitterball，常用于舞厅的旋转圆灯。

拍卖会启动的那天上午，迎接邓菲的是这样一则新闻：雷曼兄弟（Lehman Brothers）已经破产，预料之中的信贷动荡正式开始。下楼吃早饭的时候，妻子建议他回去更衣。他原本穿了一身与不安情绪相一致的、色调忧郁的衣服，在听取了夫人的意见之后，他回房穿上细条纹西装，打上一条粉色领带。那天晚上，有太多商人和收藏者聚集在拍卖行，此前从没有这么多双来自世界各地的眼睛同时望向苏富比的拍卖台。我无缘出席拍卖会，因为当时，在苏富比所在的那条街上，我正在接待一位客户，他对艺术界的口味和兴趣基本止步于查理二世去世之前时代的作品，不过我那些在拍卖厅的同事可以通过电子邮件更新消息，让我即时了解现场情况。

当我看到同事发到我手机上的成交价格时，很明显，苏富比的强势营销和覆盖面极广的媒体报道，加上重要人物负责运作的幕后活动，让这场拍卖会并未受到金融萧条的影响。到了第二天，不太重要的拍卖品也已售罄。尽管总共223件拍卖品的成交价格并未像药房餐厅那次一样翻了一倍，它们还是卖出了1.11亿英镑的价格，使之成为一次无比成功、令人瞠目结舌、让苏富比和赫斯特（通过与苏富比的谈判，他成功免于支付卖方佣金）都赚得盆满钵满的冒险之旅。《金色牛犊》打破了所有纪录，以超过1100万英镑的价格成交。邓菲告诉我，有一个瞬间，让他惊出一身冷汗，当时，久经沙场的巴克需要在现场演练他的"拍卖台助产术"。拍卖会上规模最大的作品之一——《王国》（The Kingdom）叫价达到350万英镑时忽然停滞不前，同预售时400万至600万英镑的估价还有相当一段距离。"看巴克工作可真是一种享受，"邓菲回忆道，听上去好像是在描述一位著名的马戏团演员，"奥利弗只是镇静地看着一个潜在的投标人，我感觉这个过

第六章 发现机会

程好像持续了几分钟,他就那样瞪着他,吓唬他。最终,对方有了反应,作品的成交价格提升到将近1000万英镑。"

实验成功了——从四年前的药房餐厅拍卖会开始,这种拍卖史上最有魄力的创新模式达到了巅峰。此时此刻,白立方画廊的表态就像一位优雅的女主人,她现在必须向人们表达自己的感情:"又一次,"这家画廊向媒体发表了一份声明,"达米安证明自己是多么地敢于打破常规,天下再没有第二个像他这样的人,我们受到了深深的触动,为他的成就感到骄傲。"现在,留给人们的问题是,这样的模式能否重复?很难想象其他哪位艺术家可以顺利而高效地完成同等规模的拍卖,或者具备同样规模的名人效应。市场的状况也发生了根本性的变化:这种狂热显然已经可以看作最后的辉煌的象征,就如邓菲向我坦承的那样,如果拍卖会晚几个星期才开,结果可能完全不同。我对这一点也深信不疑。

有一种盛传的流言,说赫斯特和他的追随者们在拍卖中进行了舞弊:但其实,一个身家1亿美元的人没有必要为了不超过1亿美元的五分之一的收入,冒险让他的商业帝国遭到威胁;也有人说,即便他想这么做,那些来头最大的收藏家恐怕也不会轻易让这样的事情发生,对他的经销商来说,一切更是自不待言。经过一番调查之后,我也没有找到可以支持这种流言的证据。作为一家上市公司,苏富比更不会冒险操纵交易,因为他们拥有太多不能失去的东西[特别是在此前的2001年,苏富比曾经面临刑事诉讼,被指控与佳士得合谋操纵价格,为此,公司的前董事长阿尔弗雷德·陶布曼(Alfred Taubman)还在美国的监狱里服刑数月]。据报道,来自俄罗斯、印度和中国的新客户都很活跃,30%的买家此前对拍卖行来说都是陌生人。当然,是有些拍卖品被杰·乔普林这样的熟人买走了，但是在私下同苏富比的员工，以及其他参与交易的人，包括弗兰克·邓菲本人聊过之后，我只能得出这样一个结论，那就是，真的有很多没有债务的、活生生的买家，和真正的资本一道，参与了竞拍——加之刚好在那一周开始的金融风暴，所有这些都显得更为清晰。

猜测赫斯特和他的传奇之后接下来的一百年会发生什么，也是一件有趣的事，特别是那些被巴克和邓菲在当月迅速发现的，来自药房餐厅的作品。我猜赫斯特需要承受一种艺术史学者尚未决定的定位，但愿后世学者只是将这件事当成一起发生在世纪之交的、激进的成功现象。在此基础上，全世界每个角落的博物馆里都会有一个属于他的位置，直到他的作品——就如发生在大部分艺术家身上的那样——被弃置在地下室，在空间允许和展陈需要的情况下，偶尔成为可替换的展品，那时候，他早就成了一个艺术史上永无止歇的传奇中长眠已久的创新者。

至于所有在药房餐厅拍卖会上售出的物品——杯子、椅子、烟灰缸、墙纸等——这些东西当中占很小比例的一部分，现在安放在那些自豪的收藏者的家中，它们终将失去为销售需要贴上的拍卖品标签，流传数代，最终到了那些既不知道它们的出处，也不理解作品背后野心的收藏者手上。这些物品当中的一两件也许会出现在一场小规模的拍卖会上，在那里它们或许会遭到错误的著录，某个人，或许是一个像我这样的经销商，冒险出钱将它买下，借助科学、艺术史和学术支持，然后宣布，它们是来自21世纪最著名的拍卖会上遗失的珍宝，最终将作品的作者归属确定为英国艺术大师达米安·赫斯特。如果是这样，那么祝他好运。这是一种谋生的好手段，他或许也可以为自己所做的事情写一本书吧。

术语表

运动（Campaign）

通常用作军事术语，作为对一次操作的统称，"运动"一词保留了些许有关修复工作艰难的、个性化的特征。在本书中，该词指一位绘画修复师，或者专门为某一次修复成立的团队的工作，即集中力量对画的某一区域做清洁和修复。现代绘画修复师最终可能清除一些"早期运动"的痕迹，这些运动是指，在一幅画诞生之后，各式各样的艺术界从业人员用数世纪的时间对它做的处理。一次运动经过一段时间之后经常能自证，其在化学方面的缺陷清晰可见。这是过度补色的常见情况，因为随着时间的推移，过度补色的色调不同于画的其他部分。现代修复工作需要考虑到这一点，使用隐显颜料[①]，保证即便过了很多年，颜色也不会发生太多变化。

---

① 这种颜料的印迹一般情况下不可见，在特殊条件下才能看见。

画布（Canvas）

通常适用油性涂料。公元15世纪，当画家们转而使用油画取代不便移动、修改的湿壁画①和木板画时，画布最初在威尼斯获得认可。传统意义上的画布通常用亚麻（linen），有时候也用亚麻纤维（flax）或大麻纤维（hemp）制成。进入20世纪，棉质画布流行起来。那时的绘画作品中，画布的织法、纵横交错的纹理有时候都清晰可见。不过在薄的画布上，这些东西用肉眼就看不见了。

年度创作作品图录（*Catalogue raisonné*）

这是个法语词组，字面意思是"分类的作品目录"，列入图录中的画作，可以让人对艺术家的作品有个大体上的了解。编写图录的目的在于，将艺术家的所有作品都囊括进来，无论是他／她本人画的，还是被指认为他／她的作品但存疑，大多数这样的图录，除著录归属已经过充分验证的作品之外，也包含归属问题悬而未决、需要进一步讨论的作品。

---

① 湿壁画（fresco painting），一种壁画及其制作方法，又称直接画法。将色粉调水或砂浆水后直接涂抹在未干的石膏表面。由于修改不易，必须在较短时间内完成，所以很考验画家的技巧。由于湿壁画规模宏大、质地耐久，且表面不会反光，就成了理想的制作壁画的方法。湿壁画在文艺复兴时期达到了巅峰，代表作是米开朗琪罗的《创世记》。后来因为油画可修改的特性，湿壁画就逐渐被油画取代了。

状态（Condition）

　　放置了一些年头的作品，状态会在一定程度上有所衰退，但程度很小。这类问题可以分为三种情况。1. 随着时间的推移，在**自然降解**过程中，特别是受环境，比如温度、光照和湿度的影响，制成颜料的化合物逐渐腐坏；2. **过度清洁**是指修复者在修复过程中过度使用化学清洗剂，造成对画作表面的破坏或磨损（另一种修复过程中的破坏可能是发生在重新裱衬新画布的过程中，对画布用力过猛所致）；3. **意外损坏**是指因外力冲击或掉落导致画布或板的破损。解读画作的本质状态，特别是这里描述的损坏是否已经用过度补色掩饰涂抹过，以确定其真实的，或者是潜在的品质，可以说是至关重要的，但这往往是在对早期作品进行鉴定时最容易出错的一个环节。

龟裂（Craquelure）

　　随着时间的流逝，由于各种涂料和涂层的牵引力，油画表面形成了这种纤细的裂纹网络。大气的变化、时间的推移，也会影响龟裂的外观。对龟裂进行仔细检查有助于确定绘画作品的创作时间和所用的材料。

薄罩层（Glaze）

　　尽管也见于水彩画，在油画作品中最常用，薄罩层就是一层涂在其他涂层上的涂料，使画的底色透过薄罩层显现出来。薄罩层用的涂料须轻薄——也就是说，油对颜料的比例要比平常高一些；它还要透亮——薄罩层这个词极贴切地描述了将较暗涂层涂在较亮颜料上的过程。薄罩层的适用范围很广，而且效果十分微妙，例如，作品中没有使用薄罩技术的部分可能呈现强光效果。

画底（Ground）

用作绘画基底的实体物，也叫打底剂（primer）。进一步追溯起来，它本身的构成可能就和涂料不同。在15世纪的意大利，艺术家们开始在画布上作画，他们使用的画底是石膏。一种由硫酸钙和动物皮胶做成的灰色混合物，质地致密黏合。到了19世纪，人们选择画底的原因既有它们的底色，也有其实际优势——例如拉斐尔前派引入白铅矿画底以借用它们最上层色泽中特别的亮度。

红外（IR）光 [Infrared (IR) light]

红外光的波长略大于可见光。"红外"（infrared）这个词的字面意思是"低于红"，这里的"红"是指具有最大波长的可见光。红外光能加强人的视觉，可以用它透过清漆和薄罩层检查画布，发现原设计和起稿[1]。

---

[1] underdrawing，正式开始画油画之前，艺术家常常用炭笔在画布上完成初步的素描，以辅助后续的绘画，这些以后会被油画颜料覆盖的素描被称为起稿。

过度补色（Overpaint）

顾名思义，过度补色是指涂在原有颜色之上的色彩，或者是为了掩饰、修补涂料的缺失或磨损，或者是为了改善画的面貌，甚至让原作变得更加生动。有时它被应用得极为粗暴，尽管将必不可少的填充或掉颜色的区域的修复过程完成得相当专业。在伦勃朗生前，他的助手们偶尔通过补色"充实"他的作品（关于这样做是否恰当，可谓众说纷纭）。维多利亚时代最著名的做法是涂上花纹遮住画面中裸露的肉体。年复一年，为了让肖像画好卖，无数双下巴和肉褶被商贩遮盖，藏在这些笔触底下的往往才是真正的画家手笔。过度补色的存在使我们有为画作重新估价的可能。

板（Panel）

板是表面平滑的整块木牌，或者由若干块木头固定而成，用作油画绘制的平台。很多木材都可以用来制作板，特别是橡木、杨木、雪松和栗木。在16世纪早期的西方世界，画布流行之前，板是最常用的油画绘制支撑物。在板上画画是一种古老的传统，其历史可以追溯到古希腊和古罗马时代，尽管这些时期的作品现如今已经所剩无几。早在公元纪年之初，画在板上的宗教题材绘画便构成了神坛和十字架的正反面。

原设计（Pentiment）

词源来自意大利语中的"pentimento/i"，本义是后悔，这里是指艺术家用画笔将最初或者稍晚时候的想法进行的掩饰。在油画中，人们能通过笔触发现它，尽管最初的痕迹被表层的颜料藏在里面，随着时间的流逝，表层颜料的变淡会让多层原设计变得清晰可见。

（资料等的）出处（Provenance）

词源来自法语中的"provenir"，意为"来自"，指的是一部作品的起源或者来源。在艺术领域，追溯作品出处的主要目的在于，确定作品被创作出来的精确时间点。它可以证明作品的归属，帮助我们将作品划归到某个艺术家名下，并证明一件艺术品既不是伪造的，也没有被偷。对重要作品出处的确定程度可以使其售价产生相当大的变化，所以作品被著录得越清晰越好。

消退（Recession）

消退指从绘画的某个角度看，被画的物体渐渐模糊的处理方法。传统的绘画是要通过艺术技巧去创造，看作品的人将看到确定的场景、人物，单个或多个物体，消退对制造错觉来说至关重要。

标志性的笔触（Signature strokes）

每个画家都有自己独特的混合、使用颜料的方式，就如每个人的手写签名都不同一样。尽管对未受过训练的看客来说，落在纸上的笔触区分度太细微，以致不易察觉，如果跟其他元素，比如题材和出处一道考虑，笔触是识别某一特定画家作品最明显的线索。

扩张型内框（Stretcher）

扩张型内框是用来绷紧、固定画布的木框。今天人们用的都是工厂制造的内框，但直到近代，画家们还经常自己在家制作内框。

支撑（Support）

作为画面基础的材料，表面通常较平坦，纸张、卡片、画布、板、木板、铜板、石头和玻璃都可以拿来作支撑，不同的支撑需要各异的配置和维护方法。

紫外（UV）光 [Ultraviolet (UV) light]

紫外光在光谱中与可见光紧密相邻，但与红外光相反，紫外光的波长比可见光短。用紫外光辅助检查，不同的涂层会呈现荧光或磷光效果，可以让人们发现绘画作品被修饰的痕迹，这种痕迹需要由有经验的人来解读，特别是当人们已经对这幅画进行过一系列修复运动的时候。

打底（Underpaint）

常见中性色涂料构成的初始层，有时被称为"死颜色"（dead colours），可用于基底，在运用最上面的"表皮"色彩之前形成一种色彩组合。打底更多是被有野心的画家用作薄罩层的底色。

X射线（X-ray）

X射线揭示了绘画中通常不能用肉眼看到的方面，作用位置更深入，效果显著高于红外光。X射线虽然不是每次都能穿透绘画的不透明表面，但有时可以揭示艺术家最初的想法和原设计。由于物质的不透明性与其原子量成正比，X射线可以毫无困难地测出较重的金属颜料如朱砂、白铅、镉等，非金属或低金属颜料也能测出问题。

致谢

感谢众多朋友、熟人对我的长期支持和帮助,没有他们的合作,没有他们在一次宴会上建议我写书,恐怕我那些粗略的想法就不能向前推进,变成一本你即将看到的书。

我说的那次宴会是布鲁斯·帕灵(Bruce Palling)和露辛达·帕灵(Lucinda Palling)夫妇举办的,是他们安排我坐在哈珀柯林斯出版集团(HarperCollins)总经理维姬·巴恩斯利(Vicky Barnsley)身旁。假如他们对座位的安排有任何变化,抑或他们的酒不好喝,结局也不会是现在这样。三个月后,充满魅力而又韧劲十足的伊丽莎白·施可曼(Elizabeth Sheinkman)走进我的生活,成了我的版权代理人。一趟曼哈顿之行,让我们都学到了重要的东西,我和出版社达成一份协议,这让我走出画廊,搭乘班机前往世界各地,花比以往所奢望的更多时间,用笔记本电脑写东西——这些时间原本可以花在买卖艺术品或陪伴家人上。

于是我开始更多地依赖妻子凯瑟琳,她直言不讳甚至是冷酷地批评我的啰唆文笔,还帮我找了很多插图;也要感谢儿子奥利弗的忍耐;还有我的同事,我不在的那段日子他们将画廊管理得太好，简直让人有些不安，他们还都给我的作品贡献了文辞、想法、反馈和鼓励。要和凯瑟琳一起感谢的人包括：本多尔·格罗夫纳（本书两章内容的主角）、埃玛·亨德森、莎拉·马斯克尔（Sara Maskell）和塔姆欣·埃文登。除了每天和我一起工作的同事以外，我还要感谢那些经常用专业知识帮助我们工作的人，他们提供了宝贵的建议，是本书的顾问——特别是遇到麻烦也面对挑战迎难而上的丽贝卡·格雷格和凯瑟琳·艾拉。

蕾切尔·卡明斯基一直都是我的贵人。她为我提供了思路，继而又给了我线索，然后又充当了全书的读者。尽管需要为本书的全部失误负责的是我本人，我还是要感谢她一丝不苟地提出质疑，并从专业的角度给我反馈。她不仅是经验丰富的交易商和前拍卖商，而且洞悉艺术界内外，对人性之微妙有着深刻理解。

在我做研究的初始阶段，当我在美国佛罗里达的杰克逊维尔（Jacksonville）等飞机时，遭遇了一次漫长的班机延误，于是我和一位陌生的女士进行了一番长时间的对话，她对我的启发一直影响着我。她发明的短语"洞察和欺骗"给了我一些启示，这些启示伴随我完成了本书的写作：无论你是谁，无论你身在何处，我都希望向你表示感谢，而不是给你一个蹩脚的"杰克逊维尔缪斯"的称号。

我要感谢那些接受我的采访，接待我做实地考察的人，他们持续付出时间，慷慨地提供图片、核对事实，帮了我很大的忙。在这方面，我要特别感谢托妮·牛顿，对一个作者来说，她给我的帮助超出了我敢提出的愿望或要求。我把她看作这个项目的盟友，我也要感谢她好客善良的丈夫克拉克，以及永远年轻的母亲乔。还要感谢厄尔·牛顿的老朋友兼顾问约翰·松德曼（John Sundeman），以及萨凡纳艺术与设计学院的巴瑞·巴克斯顿（Barry Buxton）。小唐纳德·特拉赫特始终是我最可靠的支持者，也是一位向我提供了非比寻常的帮助的朋友。此外，我还要感谢其他受访者的合作与帮助，包括琳达·佩罗、恩斯特·范·德·韦特林教授、奥利弗·巴克、弗兰克·邓菲、阿尔弗雷德·贝德和伊莎贝尔·贝德夫妇。此时此刻，我还想感谢迈克尔·霍尔（Michael Hall）博士，他指出达米安·赫斯特"药房"餐厅（Damien Hirst Pharmacy）内饰出售可以作为寻找当代艺术品市场前所未见的机会的一个案例。

鲍勃·普伦（Bob Pullen）纠正了我有关阿斯特家族（Astor family）的说法，苏富比拍卖行英国绘画部门的骨干露西·芬威克（Lucy Fenwick）从拍卖的角度，提供了一系列可参考的事实和观点。谢天谢地，朋友们能抽出时间来支持我。

写过书的人都知道，幕后英雄在协助完成终稿的过程中起到了何其重要的作用。哈珀柯林斯的乔纳森·泰勒（Jonathan Taylor）对我的写作提供了强有力的指导，也包括鼓励和不间断的支持。我的初稿提交给了亲切温和的理查德·道斯（Richard Dawes）进行编辑；受惠于科技时代，我们还没有见过面，尽管事实上他已接手任务，用罕见的责任感和杰出的技能以及沟通能力，确保我的文字达到读者的预期。我期待能当面感谢他。《巡回鉴宝》节目的执行主编西蒙·肖（Simon Shaw）从一开始就是我此番创作的支持者，也是本书写成之后进行试读的"小白鼠"之一。我当然也要感谢他。

我的父亲一直完美兼备教育者和牧师的特点。读罢前两章的初稿之后，他乐观地给我打气，还无偿帮我做编辑。用他的说法是纠正我的文字错误，这才是父亲要做的事。我要感谢父亲和已故的母亲对我的鼓励，以及自我从业以来对我的支持。父母——特别是父亲在一个人生命中扮演的角色，似乎经常在这本书里出现，作为潜在的领航者，他们应当被铭记——即便是对中年人来说。

新知
文库

01 《证据：历史上最具争议的法医学案例》[美]科林·埃文斯 著　毕小青 译
02 《香料传奇：一部由诱惑衍生的历史》[澳]杰克·特纳 著　周子平 译
03 《查理曼大帝的桌布：一部开胃的宴会史》[英]尼科拉·弗莱彻 著　李响 译
04 《改变西方世界的26个字母》[英]约翰·曼 著　江正文 译
05 《破解古埃及：一场激烈的智力竞争》[英]莱斯利·罗伊·亚京斯 著　黄中宪 译
06 《狗智慧：它们在想什么》[加]斯坦利·科伦 著　江天帆、马云霏 译
07 《狗故事：人类历史上狗的爪印》[加]斯坦利·科伦 著　江天帆 译
08 《血液的故事》[美]比尔·海斯 著　郎可华 译　张铁梅 校
09 《君主制的历史》[美]布伦达·拉尔夫·刘易斯 著　荣予、方力维 译
10 《人类基因的历史地图》[美]史蒂夫·奥尔森 著　霍达文 译
11 《隐疾：名人与人格障碍》[德]博尔温·班德洛 著　麦湛雄 译
12 《逼近的瘟疫》[美]劳里·加勒特 著　杨岐鸣、杨宁 译
13 《颜色的故事》[英]维多利亚·芬利 著　姚芸竹 译
14 《我不是杀人犯》[法]弗雷德里克·肖索依 著　孟晖 译
15 《说谎：揭穿商业、政治与婚姻中的骗局》[美]保罗·埃克曼 著　邓伯宸 译　徐国强 校
16 《蛛丝马迹：犯罪现场专家讲述的故事》[美]康妮·弗莱彻 著　毕小青 译
17 《战争的果实：军事冲突如何加速科技创新》[美]迈克尔·怀特 著　卢欣渝 译
18 《口述：最早发现北美洲的中国移民》[加]保罗·夏亚松 著　暴永宁 译
19 《私密的神话：梦之解析》[英]安东尼·史蒂文斯 著　薛绚 译
20 《生物武器：从国家赞助的研制计划到当代生物恐怖活动》[美]珍妮·吉耶曼 著　周子平 译
21 《疯狂实验史》[瑞士]雷托·U. 施奈德 著　许阳 译
22 《智商测试：一段闪光的历史，一个失色的点子》[美]斯蒂芬·默多克 著　卢欣渝 译
23 《第三帝国的艺术博物馆：希特勒与"林茨特别任务"》[德]哈恩斯－克里斯蒂安·罗尔 著　孙书柱、刘英兰 译
24 《茶：嗜好、开拓与帝国》[英]罗伊·莫克塞姆 著　毕小青 译
25 《路西法效应：好人是如何变成恶魔的》[美]菲利普·津巴多 著　孙佩妏、陈雅馨 译
26 《阿司匹林传奇》[英]迪尔米德·杰弗里斯 著　暴永宁、王惠 译

27 《美味欺诈:食品造假与打假的历史》[英]比·威尔逊 著　周继岚 译

28 《英国人的言行潜规则》[英]凯特·福克斯 著　姚芸竹 译

29 《战争的文化》[以]马丁·范克勒韦尔德 著　李阳 译

30 《大背叛:科学中的欺诈》[美]霍勒斯·弗里兰·贾德森 著　张铁梅、徐国强 译

31 《多重宇宙:一个世界太少了?》[德]托比阿斯·胡阿特、马克斯·劳讷 著　车云 译

32 《现代医学的偶然发现》[美]默顿·迈耶斯 著　周子平 译

33 《咖啡机中的间谍:个人隐私的终结》[英]吉隆·奥哈拉、奈杰尔·沙德博尔特 著　毕小青 译

34 《洞穴奇案》[美]彼得·萨伯 著　陈福勇、张世泰 译

35 《权力的餐桌:从古希腊宴会到爱丽舍宫》[法]让－马克·阿尔贝 著　刘可有、刘惠杰 译

36 《致命元素:毒药的历史》[英]约翰·埃姆斯利 著　毕小青 译

37 《神祇、陵墓与学者:考古学传奇》[德]C. W. 策拉姆 著　张芸、孟薇 译

38 《谋杀手段:用刑侦科学破解致命罪案》[德]马克·贝内克 著　李响 译

39 《为什么不杀光?种族大屠杀的反思》[美]丹尼尔·希罗、克拉克·麦考利 著　薛绚 译

40 《伊索尔德的魔汤:春药的文化史》[德]克劳迪娅·米勒-埃贝林、克里斯蒂安·拉奇 著
　　王泰智、沈惠珠 译

41 《错引耶稣:〈圣经〉传抄、更改的内幕》[美]巴特·埃尔曼 著　黄恩邻 译

42 《百变小红帽:一则童话中的性、道德及演变》[美]凯瑟琳·奥兰丝汀 著　杨淑智 译

43 《穆斯林发现欧洲:天下大国的视野转换》[英]伯纳德·刘易斯 著　李中文 译

44 《烟火撩人:香烟的历史》[法]迪迪埃·努里松 著　陈睿、李欣 译

45 《菜单中的秘密:爱丽舍宫的飨宴》[日]西川惠 著　尤可欣 译

46 《气候创造历史》[瑞士]许靖华 著　甘锡安 译

47 《特权:哈佛与统治阶层的教育》[美]罗斯·格雷戈里·多塞特 著　珍栎 译

48 《死亡晚餐派对:真实医学探案故事集》[美]乔纳森·埃德罗 著　江孟蓉 译

49 《重返人类演化现场》[美]奇普·沃尔特 著　蔡承志 译

50 《破窗效应:失序世界的关键影响力》[美]乔治·凯林、凯瑟琳·科尔斯 著　陈智文 译

51 《违童之愿:冷战时期美国儿童医学实验秘史》[美]艾伦·M. 霍恩布鲁姆、朱迪斯·L. 纽曼、
　　格雷戈里·J. 多贝尔 著　丁立松 译

52 《活着有多久:关于死亡的科学和哲学》[加]理查德·贝利沃、丹尼斯·金格拉斯 著　白紫阳 译

53 《疯狂实验史Ⅱ》[瑞士]雷托·U. 施奈德 著　郭鑫、姚敏多 译

54 《猿形毕露:从猩猩看人类的权力、暴力、爱与性》[美]弗朗斯·德瓦尔 著　陈信宏 译

55 《正常的另一面:美貌、信任与养育的生物学》[美]乔丹·斯莫勒 著　郑嬿 译

56	《奇妙的尘埃》[美]汉娜·霍姆斯 著	陈芝仪 译
57	《卡路里与束身衣：跨越两千年的节食史》[英]路易丝·福克斯克罗夫特 著	王以勤 译
58	《哈希的故事：世界上最具暴利的毒品业内幕》[英]温斯利·克拉克森 著	珍栎 译
59	《黑色盛宴：嗜血动物的奇异生活》[美]比尔·舒特 著 帕特里曼·J.温 绘图	赵越 译
60	《城市的故事》[美]约翰·里德 著	郝笑丛 译
61	《树荫的温柔：亘古人类激情之源》[法]阿兰·科尔班 著	苜蓿 译
62	《水果猎人：关于自然、冒险、商业与痴迷的故事》[加]亚当·李斯·格尔纳 著	于是 译
63	《囚徒、情人与间谍：古今隐形墨水的故事》[美]克里斯蒂·马克拉奇斯 著	张哲、师小涵 译
64	《欧洲王室另类史》[美]迈克尔·法夸尔 著	康怡 译
65	《致命药瘾：让人沉迷的食品和药物》[美]辛西娅·库恩等 著	林慧珍、关莹 译
66	《拉丁文帝国》[法]弗朗索瓦·瓦克 著	陈绮文 译
67	《欲望之石：权力、谎言与爱情交织的钻石梦》[美]汤姆·佐尔纳 著	麦慧芬 译
68	《女人的起源》[英]伊莲·摩根 著	刘筠 译
69	《蒙娜丽莎传奇：新发现破解终极谜团》[美]让-皮埃尔·伊斯鲍茨、克里斯托弗·希斯·布朗 著 陈薇薇 译	
70	《无人读过的书：哥白尼〈天体运行论〉追寻记》[美]欧文·金格里奇 著	王今、徐国强 译
71	《人类时代：被我们改变的世界》[美]黛安娜·阿克曼 著	伍秋玉、澄影、王丹 译
72	《大气：万物的起源》[英]加布里埃尔·沃克 著	蔡承志 译
73	《碳时代：文明与毁灭》[美]埃里克·罗斯顿 著	吴妍仪 译
74	《一念之差：关于风险的故事与数字》[英]迈克尔·布拉斯兰德、戴维·施皮格哈尔特 著 威治 译	
75	《脂肪：文化与物质性》[美]克里斯托弗·E.福思、艾莉森·利奇 编著	李黎、丁立松 译
76	《笑的科学：解开笑与幽默感背后的大脑谜团》[美]斯科特·威姆斯 著	刘书维 译
77	《黑丝路：从里海到伦敦的石油溯源之旅》[英]詹姆斯·马里奥特、米卡·米尼奥-帕卢埃洛 著 黄煜文 译	
78	《通向世界尽头：跨西伯利亚大铁路的故事》[英]克里斯蒂安·沃尔玛 著	李阳 译
79	《生命的关键决定：从医生做主到患者赋权》[美]彼得·于贝尔 著	张琼懿 译
80	《艺术侦探：找寻失踪艺术瑰宝的故事》[英]菲利普·莫尔德 著	李欣 译